切り花の品質保持　正誤表

ページ・行	誤	正
34ページ，図2-11 説明文	左：常温，右：高温	右：常温，左：高温
35ページ，表2-3中の数値	シクラメン 3.4（未受粉） 9.2（受粉）	シクラメン 9.2（未受粉） 3.4（受粉）
56ページ，5行目	表皮細胞間の	柔細胞間の
80ページ，18行目	品質効果	品質保持効果
82ページ，7行目	図3-6A	図3-6右
82ページ，10行目	図3-6B	図3-6左
86ページ，23行目	できないという	できないといい
117ページ，図5-7 説明文	左：野生型，右：形質転換体	右：野生型，左：形質転換体
120ページ，5行目	導入により	導入による
125ページ，14行目	花持ちは長くなる	花持ちは短くなる
144ページ，7行目	気温20℃，相対湿度60％，光強度10 μmol m^{-2} s^{-1}（約600ルクス）	気温20±2℃，相対湿度60〜70％，照度1,000ルクス
170ページ，2行目	odorutus	odoratus
186ページ，22行目	Narcissus	Narcissus
188ページ，13行目	bellidifolia	bellidifolium
196ページ，17行目	caelurea	caerulea
203ページ，図8-19 説明文	左：無処理，右：10 μL/L エチレン処理	右：無処理，左：10 μL/L エチレン処理

写真1　大田市場のセリの様子

写真2　大田市場の荷捌き場

写真3　ガーベラの集出荷場
　　　　（PCガーベラ、静岡県浜松市）

写真4　シュッコンカスミソウの開花施設
（JAみなべいなみ、和歌山県）

写真5　ELFシステムで出荷された切り花

写真6　湿式輸送されたバラ切り花

写真7　湿式輸送されたトルコギキョウ切り花

写真8　STSで短期間処理されたカーネーション切り花
　　　左:蒸留水、右:STS、処理後20日目の状態

写真9　STSと糖質で短期間処理されたキンギョソウ切り花
　　　左から対照、STS、スクロース、スクロース＋STS、処理後6日目の状態

蒸留水　　　　　糖質＋抗菌剤

写真10　糖質と抗菌剤で連続処理したバラ切り花
　　　左:蒸留水、右:糖質＋抗菌剤、処理開始後15日目の状態

写真11　糖質と抗菌剤で連続処理したキク切り花
　　　左:蒸留水、右:糖質＋抗菌剤、処理開始後22日目の状態

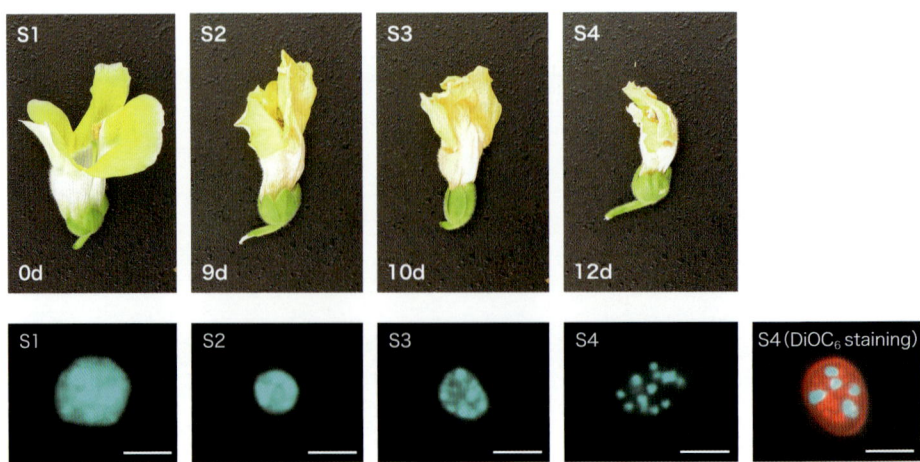

写真12 シクロヘキシミドがグラジオラスの老化に及ぼす影響
　　　　左:無処理、右:シクロヘキシミド処理、処理開始後4日目の状態

写真13 キンギョソウ花弁の老化にともなう核の断片化
　　　　左側4枚はDAPI染色、最も右はDAPIとDiOC$_6$で二重染色

写真14　大田市場内フラワーオークションジャパンの花持ち検定室

写真15　農研機構花き研究所の花持ち検定室

写真16　花持ち保証販売の様子
　　　（ヤオコー・新座店）

写真17　花持ち保証販売のパネル
　　　（ヤオコー・新座店）

切り花の品質保持

ブックデザイン
古村奈々＋Zapping Studio

はじめに

　日本国内の花き生産は、1998年頃に生産額、生産量ともにピークに達して以降、低迷が続いている。一方、輸入切り花の割合が年々増加している。特にカーネーションではその割合が40％を超え、国内の切り花生産を圧迫している。このような花き生産低迷の一因として、流通している切り花の花持ちが悪いことがあげられている。実際に各種アンケート調査により、消費者の花持ちに対するニーズは高いことが明らかにされている。そのため、花持ちのよい切り花の流通により、消費拡大が期待されている。

　欧米では花持ち保証販売が一般的となっており、これにより消費を著しく拡大した。この動きを受け、日本国内で花持ち保証販売が行われるようになってきた。花持ち保証に用いる切り花を考えた場合、輸送にかかる時間は一般に国内産切り花のほうが輸入切り花よりも短い。また、輸入切り花は主として航空機により輸送されるが、航空機輸送では鮮度保持に優れるバケット輸送が利用できない。したがって、花持ち保証販売は国産切り花に優位性のある方法といえる。

　2010年からの花き産業振興方針においても、花持ちのよい切り花の必要性が全面的に謳われている。このようなことから、切り花の品質保持技術はますます重要になっているといえる。

　浅学非才を顧みず、'切り花の鮮度保持'を上梓してから10年以上がたった。拙著発刊以降、10年の間に切り花を取り巻く環境は大きく変わった。この間の流通面での最も大きな変化は湿式輸送の普及であろう。湿式輸送は2002年にはわずか2％であったが、2008年には8％と、全体に占める割合はまだまだ低いものの、著しく増加した。加えて、切り花の輸出も試行的な段階が多いものの、実施されるようになってきている。分子生物学の進展にともない、この間、切り花の収穫後生理に関する理解も一段と進んだといえる。

　本書は、10年間の収穫後生理研究と品質保持技術の進展に基づき、拙著'切り花の鮮度保持'を全面的に書き直したものである。構成は前著とほぼ同様であるが、'つぼみ段階で収穫した切り花の開花調節・鮮度保持技術'の章は削除し、'切り花を生産する条件と品質保持'を新たに加えた。切り花の品質保持技術の全体

像が理解できるように記述につとめた。まず、花きの収穫後生理について述べ、さらに品質保持剤、保管輸送技術、育種、生産、切り花の実際的な取り扱いについても言及した。さらに、切り花の品質保持技術の各論についても述べた。第2章と第5章の一部については、生化学や分子生物学の基礎知識がない読者にはやや難解と思われる箇所もあるが、それらについてはとばして読んでいただければさしつかえない。さらに勉学したい読者のため、巻末には引用文献を記載した。

花き生産はいまだ停滞の傾向が抜け出せずにいる。今後さらに需要を拡大するためには、花持ちの優れた切り花を流通させることが必要である。本書が、この目的の達成に少しでも役立つことを願っている。

本書を執筆するに当たり、多くの方々のご協力をいただいた。間　竜太郎博士、石川高史氏、金森健一氏、黒島　学氏、宍戸貴洋氏、平谷敏彦氏、村濱　稔博士、宮前治加氏には写真・図提供をしていただいた。本書に記載した内容のかなりの部分は木幡勝則博士、中山真義博士、鈴木克己博士、湯本弘子博士、棚瀬幸司博士、渋谷健市博士、山田邦夫博士、U. K. Pun 博士、山田哲也博士、乗越亮博士、仁木朋子博士、森（旧姓後藤）理恵氏をはじめとする多数の共同研究者の方々との研究により達成されたものである。また、市場をはじめとする花き流通の情勢については大田花き花の生活研究所（株）桐生　進氏と（株）フラワーオークションジャパン　荒井祐紀氏をはじめとする多数の方々にご教示いただいた。以上の方々に厚くお礼申し上げる。最後に、本書執筆の機会を与えていただいた筑波書房　鶴見治彦社長に深く感謝申し上げたい。

切り花の品質保持【目次】

はじめに……… 3

【第1章】切り花の生産動向と流通 ……… 11

1. 生産の動向……… 11
2. 輸入の動向……… 12
3. 輸出の動向……… 13
4. 市場と小売の動向……… 14
5. 切り花流通の動向……… 15
   - （1）切り花の流通……… 15
   - （2）市場への出荷方式……… 15
   - （3）切り花の取引……… 16
   - （4）湿式低温流通の普及……… 17
6. 品質保持期間の表示……… 17

【第2章】切り花における収穫後の生理機構 ……… 21

1. 切り花が観賞価値を失う原因と老化……… 21
2. エチレンと切り花の老化……… 22
   - （1）切り花の老化とエチレン……… 22
   - （2）エチレンに対する感受性と生成量に基づく花きの類型……… 24
   - （3）花弁萎凋型花きとエチレン生成……… 25
   - （4）花弁脱離型花きとエチレン生成……… 27
   - （5）エチレンの生合成経路と生合成に関与する酵素および遺伝子……… 27
   - （6）エチレンの受容体とシグナル伝達……… 30
   - （7）エチレン阻害剤……… 33
   - （8）温度とエチレン生成および応答……… 34
   - （9）受粉による老化促進とエチレン……… 35
   - （10）傷害による老化促進とエチレン……… 37
3. エチレン以外の植物ホルモンと切り花の収穫後生理……… 38
   - （1）オーキシン……… 39
   - （2）ジベレリン……… 39

（3）サイトカイニン……40
　　　（4）アブシシン酸……40
　　　（5）ジャスモン酸……41
　4 切り花の収穫後生理における糖質の役割……42
　　　（1）糖質と花の老化……42
　　　（2）花弁に蓄積する糖質……43
　　　（3）開花に必要な糖質量……44
　　　（4）エチレンと糖質の関係……45
　　　（5）糖質の輸送と品質保持……46
　5 老化と高分子化合物、無機化合物および活性酸素……46
　　　（1）DNAとRNAの分解……46
　　　（2）タンパク質の分解とアミノ酸の合成……47
　　　（3）老化と細胞壁構成多糖……48
　　　（4）無機成分の変動……49
　　　（5）切り花の老化と活性酸素……49
　6 切り花の老化と生体膜……50
　　　（1）老化と生体膜……50
　　　（2）生体膜脂質組成の変化……50
　　　（3）老化にともなう生体膜の流動性と相転移温度の変化……51
　　　（4）生体膜の実験結果に関する問題点……52
　7 プログラム細胞死と遺伝子発現……53
　　　（1）プログラム細胞死……53
　　　（2）プログラム細胞死に関与する遺伝子の老化にともなう発現……55
　　　（3）老化にともなう花弁細胞の形態変化とオートファジー……56
　8 花弁展開のメカニズム……57
　　　（1）花弁展開と細胞肥大……57
　　　（2）花弁の展開における貯蔵炭水化物の役割……58
　　　（3）花弁の展開にともなう糖質細胞内分布とその濃度の変動……60
　　　（4）花弁展開に関わるタンパク質……62
　　　（5）開花と植物ホルモン……62
　9 花弁に含まれる色素と退色……63
　10 切り花の水分生理……64
　　　（1）切り花の老化にともなう水分状態の変化……64
　　　（2）導管閉塞の原因……65
　11 負の屈地性による茎の屈曲……70
　12 葉の黄化……71

【第3章】品質保持剤……73

　1 品質保持剤の成分……74
　　　（1）エチレン阻害剤……74
　　　（2）糖質……79

（3）抗菌剤………85
　　（4）界面活性剤………88
　　（5）植物成長調節剤………88
　　（6）無機塩類………89
　2 品質保持剤の種類………90
　　（1）生産者用品質保持剤………90
　　（2）小売用品質保持剤………91
　　（3）消費者用品質保持剤………91

【第4章】予冷、保管および輸送………93

　1 予冷………93
　　（1）予冷………93
　　（2）予冷の方法………93
　　（3）予冷の効果と予冷した切り花の輸送………94
　2 保管………94
　　（1）保管方法………94
　　（2）包装資材を利用した保管技術………95
　　（3）保管中の温度と湿度環境………97
　3 輸送技術………98
　　（1）輸送方法………98
　　（2）輸送に適切な温度………98
　　（3）湿式輸送の長所と短所………99
　　（4）給水用容器の種類と台車………100
　　（5）リターナブルバケット流通システム………101
　　（6）水質と品質保持剤………102
　　（7）湿式輸送に適した品目………102
　　（8）湿式輸送が切り花の鮮度・品質保持に及ぼす効果………102
　　（9）湿式輸送と品質保持剤を利用した品質保持技術………104
　4 貯蔵・輸送用資材………105
　　（1）給水資材………105
　　（2）包装用資材………106
　　（3）機能性段ボール………107
　　（4）エチレン除去資材・機器………107

【第5章】育種による花持ち性の改良………109

　1 従来育種による花持ち性の改良………109
　　（1）カーネーションの花持ち性育種………109
　　（2）バラの花持ち性の品種間差………110
　　（3）トルコギキョウの花持ち性の品種間差………112

- （4）デルフィニウムの花持ち性育種……………113
- （5）キンギョソウの花持ち性の品種間差……………114
- （6）ガーベラの花持ち性育種……………115

2 遺伝子組換えによる花持ち性の改良……………115
- （1）エチレン生合成に関与する遺伝子の導入による花持ち性の向上……………117
- （2）エチレン受容体遺伝子の導入による花持ち性の向上……………118
- （3）エチレンシグナル伝達系遺伝子導入による花持ち性の向上……………119
- （4）エチレン生合成とシグナル伝達に関与する遺伝子以外の遺伝子導入……………119
- （5）エチレンに対する感受性の低い花きの花持ち性改善に有効な遺伝子はあるのか……………120

3 花持ち性育種に関する今後の課題……………120

【第6章】切り花を生産する条件と品質保持……………123

1 栽培時の環境条件……………123
- （1）花持ちの季節間差と気温……………123
- （2）光……………124
- （3）相対湿度……………125
- （4）栽培時の環境条件の複合的な影響……………126
- （5）環境条件の測定による品質保持期間の予測……………127

2 栽培条件……………128
- （1）栽培方法……………128
- （2）肥料成分……………128
- （3）灌水条件……………129
- （4）送風処理による品質保持期間延長……………129

【第7章】切り花取り扱いの実際……………131

1 収穫から輸送までの取り扱い……………131
- （1）切り前……………131
- （2）収穫、水揚げ、出荷前処理および調整……………132
- （3）輸送環境条件……………133
- （4）灰色かび病……………134

2 保管および観賞時の水と容器……………135
- （1）生け水と容器……………135
- （2）切り花の長さと葉の有無……………135
- （3）水揚げ方法……………136
- （4）華道で行われている水揚げ方法とその科学的根拠……………137

3 切り花の品質保持に好適な環境……………139
- （1）気温……………139
- （2）相対湿度……………140
- （3）光……………140

（4）風 ……… 140
　　（5）気相 ……… 140
　　（6）低水温の有効性 ……… 140
　4　品質保持剤処方の開発・利用方法 ……… 141
　　（1）エチレンに対する感受性が高い切り花 ……… 141
　　（2）エチレンに対する感受性が高く多数の小花から構成される切り花 ……… 142
　　（3）エチレン感受性が比較的高く、葉が黄化しやすい切り花 ……… 143
　　（4）エチレン非依存性で蕾のある切り花 ……… 143
　　（5）エチレンに感受性が低く水揚げが悪化しやすい切り花 ……… 144
　5　切り花の品質保持期間を検定するための環境条件 ……… 144
　6　切り花の鮮度・品質の評価手法 ……… 145
　　（1）鮮度の評価 ……… 145
　　（2）品質保持期間の評価 ……… 145
　　（3）品質の評価 ……… 146
　7　切り花の品質保証を行うための品質・鮮度保持対策 ……… 147

【第8章】切り花の品質保持各論 ……… 149
　1　アイリス ……… 149
　2　アルストロメリア ……… 151
　3　カーネーション ……… 153
　4　ガーベラ ……… 157
　5　キク ……… 159
　6　キンギョソウ ……… 162
　7　グラジオラス ……… 165
　8　シュッコンカスミソウ ……… 167
　9　スイートピー ……… 170
　10　スターチス・シヌアータ ……… 172
　11　ストック ……… 174
　12　ダリア ……… 176
　13　チューリップ ……… 178
　14　デルフィニウム ……… 180
　15　トルコギキョウ ……… 183
　16　ニホンスイセン ……… 186
　17　ハイブリッドスターチス ……… 188
　18　バラ ……… 191
　19　フリージア ……… 195
　20　ブルースター ……… 196

21 ユリ類 198
22 洋ラン類 200
23 リンドウ 202

市販品質保持剤一覧 205

引用文献 209

第1章 切り花の生産動向と流通

1 生産の動向

　花き生産は順調に増加してきたが、長引く不況の影響もあり、1995年以降減少傾向にある。農業粗生産高に占める花きの割合は、2002年には6.4%に達したが、その後やや減少し2007年現在は5.9%となっている。

　花きの品目別にみると、切り花の生産額は1995年以降停滞気味である。また、順調な増加が続いていた鉢物と花壇苗も2002年以降、減少に転じた。また、花木類は著しい減少が続いている。一方、球根類は減少傾向が著しかったが、最近になって歯止めがかかった（図1-1）。

　わが国で、生産額が最も多い品目はキクであり、切り花全体の30%以上を占める（図1-2）。カーネーションは、かつてはキクに次いで2位の座にあったが、バラとユリ類にも抜かれ、依然として低下傾向にある。ユリは1987年以降、急

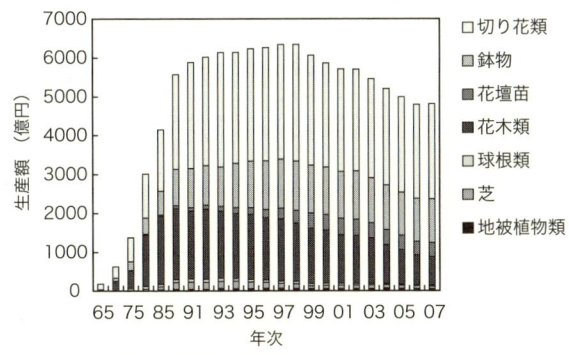

図1-1　花きの生産額の変動
（日本花普及センター（2009）より作成）

11

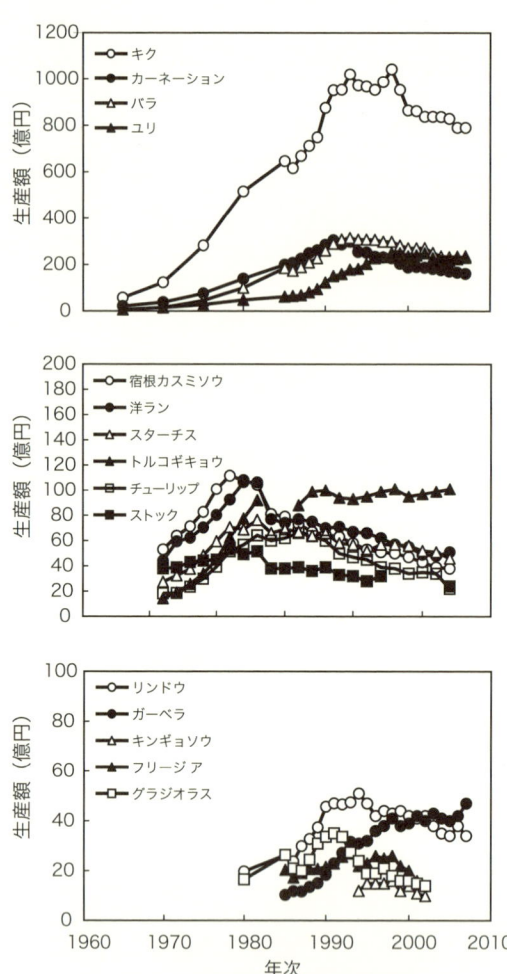

図1-2 切り花の品目別生産額の変動
（日本花普及センター（2009）より作成）

激に増加し、現在ではカーネーションとバラを抜いて2位の座を占めるに至っている。一方、順調に増加してきたのがトルコギキョウであり、現在では5位となっている。

他に順調な増加を示している品目にガーベラがある。一方、減少傾向にあるのがシュッコンカスミソウ、ラン類、ストック、グラジオラス、チューリップをはじめとした品目である。

他に農水省統計情報部の生産額調査の対象品目とはなっていないが、市場取扱量のデータから、デルフィニウム、ヒマワリ、カラー、ダリア、ソリダゴなどは主要品目とみなされる。

2 輸入の動向

花き類の輸入額はここ数年500億円前後に達している。切り花の輸入額は2007年まで著しく増加していたが、ここ2年間は減少した（図1-3）。2009年の切り花類の輸入金額は315億円となっており、国内の切り花の総供給量の19%を占めている。切り花の中にはアンスリウムのようにほとんど輸入で占め

られる品目もあるが、絶対量としては多くない。

輸入の相手国で2008年現在、最も多いのはマレーシアで、コロンビアがこれに次ぐ。以下、タイ、中国、台湾、韓国の順となっている。コロンビア、ケニアなどの熱帯高地は年間を通じて気温が20℃前後で推移しており、花き生産の適地

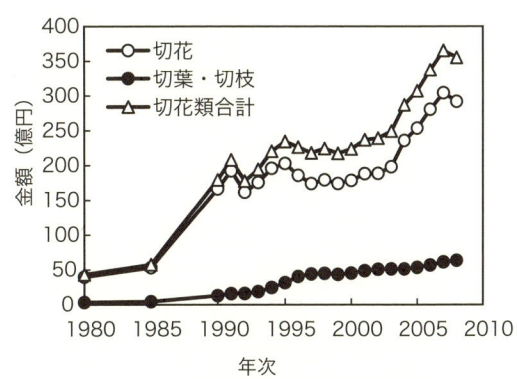

図1-3 切り花の輸入量と輸入額の変動
（日本花普及センター（2009）より作成）

であるといえる。生産技術の向上と収穫後の品質管理の徹底により、高品質の切り花が輸出されるようになった。マレーシアから輸入されるスプレーギクは高品質であり、高値で取引されていることはよく知られている。

輸入切り花の長所はロットが大きいことと価格が安いことである。また、品質の向上も著しく、品質保持対策も徹底している場合が多い。そのため、国産品よりも花持ちが優れる場合も少なくないといわれる。いずれにしても、切り花の輸入は今後増えることはあっても減ることはないような状況にあり、国産品とのすみ分けが必要になっている。

3 輸出の動向

'攻め'の農業政策の推進により、農産物が積極的に輸出されるようになってきた。日本産の農産物は高品質であることから高値で取引されている。この動きを受け、花きの輸出も年々増加しており、2008年現在、総輸出額は59億3千万となっている。主として輸出されているの

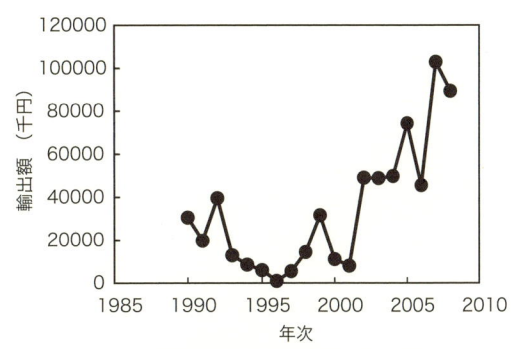

図1-4 切り花の輸出量と輸出額の変動
（日本花普及センター（2009）より作成）

は鉢物、盆栽、植木であり、合わせて56億1千万円と、全体の95％を占めている。一方、切り花の輸出額は約9千万円であり、総額に占める割合は1.5％にしかすぎない（図1-4）。しかし、年次変動は大きいものの、切り花の輸出は増加傾向にある。切り花で輸出されている品目には、リンドウ、グロリオサおよびボタンなどがある。これらの品目に共通するのはオリジナル性が高いことである。現段階では高品質というだけでは輸出は困難であり、品質に加え、オリジナル性が高いことも必要となっている。

4 市場と小売の動向

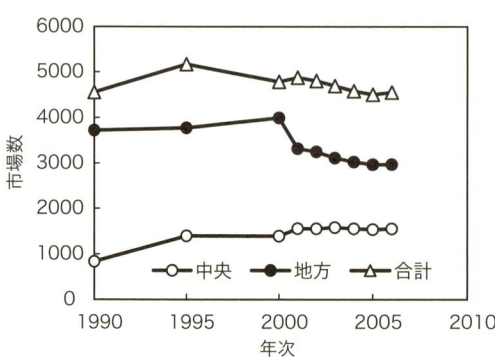

図1-5　1市場当たりの取扱額の変動
（日本花普及センター（2009）より作成）

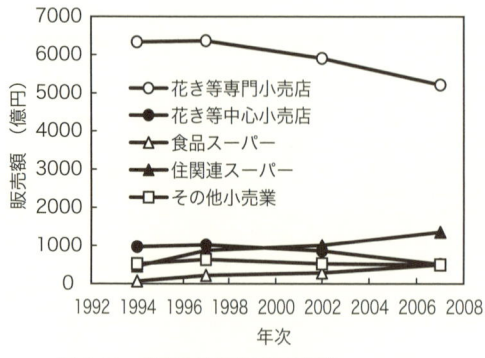

図1-6　小売商店販売額の変動
（日本花普及センター（2009）より作成）

卸売市場の開設は卸売市場法により規定されており、大別すると中央卸売市場、地方卸売市場ならびにそれ以外の市場がある。中央卸売市場は、農林水産大臣の認可が開設に必要であり、開設者は都道府県または人口が20万人以上の地方公共団体にほぼ限られている。地方卸売市場は、開設に都道府県知事の許可が必要な市場である。

市場の統合化が進んだため、特に地方卸売市場の数は減少傾向にある（図1-5）。市場当たりの取扱額は暫減しているが、卸売市場経由率はここ数年、上昇傾向が続いている。

花きを取り扱っている小売業者数は3万5千店以上に上っている。このうち、花き専門の

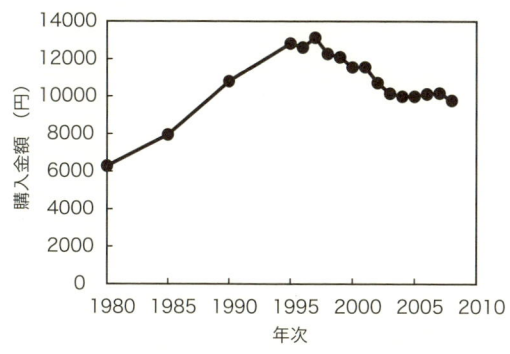

図1-7　家庭当たりの切り花購入金額の変動
（日本花普及センター（2009）より作成）

小売業は約2万6千店であり、それ以外にホームセンターやスーパーマーケット等での販売がある。専門店の販売額は減少傾向にあるが、スーパーマーケットやホームセンターの販売額は増加している（図1-6）。

家庭あたりの購入金額は1997年をピークに減少したが、ここ数年は横ばい傾向にある（図1-7）。また、半年の間に切り花を1回でも購入している家庭は80％程度となっている。

5 切り花流通の動向

（1）切り花の流通

切り花は図1-8に示すような流通経路をとる。生産者が農協や経済連等の出荷団体に出荷する。出荷団体は市場に出荷する。市場に出荷された切り花は、翌日セリにかけられ、小売業者および仲卸業者に販売される。現在では、かなり多くはセリの前の時間前取引により販売されている。

（2）市場への出荷方式

市場へ出荷する方式は共選共販、個選共販および個選個販に大別できる。共選共販は農協などの組織が共同で選別し、出荷するものである。個選共販は、

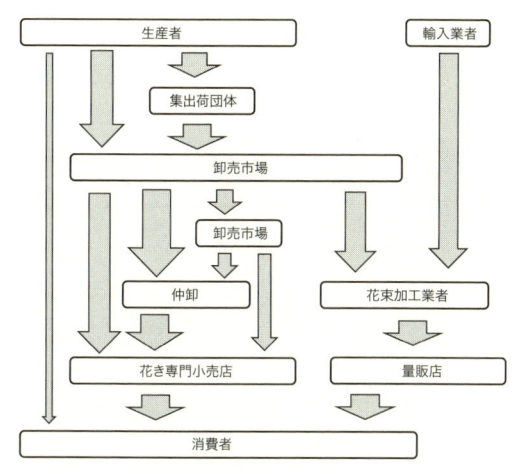

図1-8　切り花の主要な流通経路

第1章 ❖ 切り花の生産動向と流通　15

生産者団体に属する生産者が個々に選別するが、共同で出荷するものである。個選個販は個々の生産者の基準で選別し、単独で出荷するものである。鉢花では個選個販が主体であるが、切り花では共選共販が多い。ただし、共選共販と銘打っていても、選花を完全に共同で行っている場合は少なく、実際は個選共販に近いかたちが相当多い。共選共販は技術やマーケティング能力がない生産者には好都合であるが、優秀な生産者にとっては魅力がない面もある。また、共選共販はロットを確保できることが長所であるが、切り花の品質にばらつきが生じやすいという欠点がある。しかし、出荷団体全体で品質の向上を図るとともに、マーケティングに積極的に取り組むことにより、ブランド産地とすることも可能である。出荷方式はそれぞれ一長一短があり、どの方式がよいと簡単に結論することはできない。

（3）切り花の取引

　市場に出荷された切り花の取引方法には、予約相対とセリ開始時刻前の卸売り（先取り）の2つの時間前販売とセリがある。予約相対は葬儀用のキクやサカキなどの業務用需要の花きを購買するため、あらかじめ購入する切り花を予約しておく方法である。価格は原則として生産者側に決定権がある。先取りは切り花が市場に入荷する前日以降の予約による取引をさす。先取りの販売価格は、市場法では「当日における同種物品の当該市場における卸売価格を基準とする」としているが、実際はセリ値よりも若干高い金額設定となる場合が多い。大田市場では、年々先取りで販売される量が増加しており、セリで販売される切り花数量は3割以下になっているという。

　セリの方法として、以前のセリ上がり方式に変わって、大規模の市場を中心に機械を利用したセリ下がり方式が主流となっている。大田市場にあるフラワーオークションジャパン（FAJ）では液晶画面の掲示板を採用することにより、セリに

図1-9　大田市場のセリの様子

かかる切り花について、多様な情報を提供している（図1-9）。このような方式が今後主流になっていくであろう。

（4）湿式低温流通の普及

切り花の鮮度を維持するため、国内でも湿式低温輸送の普及が進んでいる。2002年には流通量に占める割合は2%であったが、年々上昇し、2008年には約8%に達している（図1-10）。そのうち、回収可能なバケット輸送の割合は2.9%となっている。このように、湿式流通の割合は年々上昇しているが、再利用可能なバケット流通の割合は、ここ数年頭打ち傾向にある。再利用可能なバケット流通は無駄なゴミが削減でき、環境負荷が小さい。今後、再利用可能なバケット流通の割合を増やしていくことが大きな課題といえる。

切り花の品目では、シュッコンカスミソウ、バラおよびトルコギキョウが湿式で輸送されている割合が高い。2008年の統計では、シュッコンカスミソウでは55％、バラとトルコギキョウではいずれも47％に達している。アルストロメリアがこれらに次ぎ、27％となっている。生産者にとっては経費の負担増は避けられないが、この動きは不可避であり、今後さらなる普及が期待される。

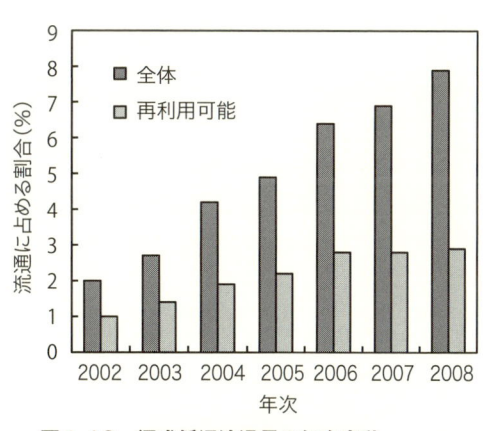

図1-10　湿式低温流通量の年次変動
（日本花普及センター（2009）より作成）

6 品質保持期間の表示

小売業者の切り花に対する知識・理解には様々なレベルがある。小売り販売上、最も問題な点は見かけ上は健全でも、2、3日で観賞価値を失ってしまう切り花の販売である。いかに品質保持対策が完璧であっても、小売り販売において、棚保ち期間を長くするために使われるだけであれば、消費者に渡ってからの観賞

期間はほとんどなく、品質保持対策を行った意味はまったくない。品質保持技術は小売業者ではなく、消費者が享受すべきものである。購入した切り花の花持ちがよいと次回以降の購買意欲を昂進し、これが結果として切り花の需要を増加させ、花きの消費拡大に貢献していくと考えられる。

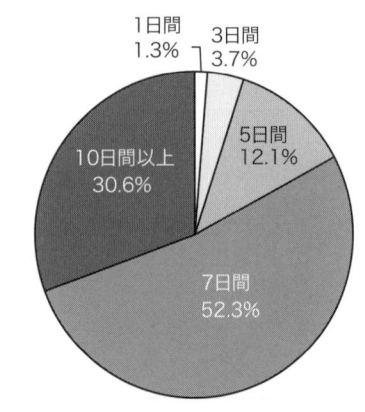

図1-11　消費者が満足する花持ち日数
（MPSジャパンによる2009年の調査）

　各種アンケート調査により、消費者が切り花に期待する最も大きな要素の一つは花持ちであることが示されている。また、消費者が満足する切り花の花持ち日数として、7日が最も多く選択されている（図1-11）。このため、購入した切り花の花持ちが悪いと、それ以後の購買意欲が失われるおそれがある。このようなことから、消費者が安心して切り花を購入できるようにするために、切り花において品質保持期限を設定した販売の重要性が増している。品質保持期限を設定した販売は品質（鮮度）保証販売あるいは日持ち（花持ち）保証販売と呼ばれている。

　品質保証販売はイギリスの大手スーパーマーケットで1993年から始められた。その結果、イギリスでは切り花の消費額は著しく増加した。この成功を受け、品質保証販売はドイツなど多くの国でも始められ、需要の拡大に貢献している。

　一方、日本国内でも、フランス資本スーパー、東京の専門チェーン店や大阪の小売店などで品質保証販売が行なわれた。しかし、消費者に十分認識されなかったことや、品目が少なかったことなどがあり、十分に浸透しないまま約5年前に姿を消した。

　しかし、消費者を対象とした各種のアンケート調査で日持ちのよさを求める消費者のニーズが非常に高いことが明らかにされ、最近になって再び品質保証販売が注目されるようになってきた。

　切り花の生産は停滞が続いている。切り花の需要として、業務用には限りがあ

り、これ以上の増加は困難であろう。したがって、切り花の需要をさらに増加させるには、家庭用需要しか期待できないのが現状であろう。実際に欧米諸国に比べて、家庭用の購買量は人口あたりでまだ半分程度であり、今後も伸びる余地は十分にあると思われる。購買意欲を増すためには、品質保持期限を明示して、花持ちのよい花を安心して買えるようにすることが、ますます重要になっている。

品質保証販売を実施するためには、生産者、市場、小売の各段階での努力が欠かせない。これら各層に対して、切り花の取り扱いや品質保持に関する知識を深める効果も期待できる。また、輸入切り花に対して、国産の切り花、特に近郊産地の切り花の利点を強調できる可能性が高い。

2009年から、埼玉県を中心に関東各県で店舗展開するスーパーマーケットの一部の店舗で、対面販売によって日持ち保証販売が始められた。現在、この店舗で日持ちを保証している日数は5日間である。2010年現在、他のいくつかの小売店でも試験的な販売が始まっている。

日本では過去の例にあるように、単なる品質保証販売では需要を拡大するのは難しいと思われる。対面販売で、切り花の取扱いなどを消費者に啓蒙することも必要であろう。

図1-12　花持ち保証販売の様子（ヤオコー・新座店）

第2章
切り花における収穫後の生理機構

1 切り花が観賞価値を失う原因と老化

　切り花が観賞価値を失う原因は様々である。切り花では蕾のように未成熟の組織でも、成熟する前に老化が進行することは一般的である。

　切り花が観賞価値を失う最大の原因は老化である。カーネーションのように萎れて観賞価値を失うタイプの切り花とデルフィニウムのように花弁あるいはがく片が脱離して観賞価値を失うタイプの切り花が存在する。花弁が萎凋するタイプの切り花では、老化にともない花弁の退色、さらには褐変が起こる場合が多い。また、花弁内では細胞内成分の分解も進行する。一方、花弁が萎れる前に脱離する花では、離脱した時点で生体内成分はほとんど変動しないことから、花弁そのものはほとんど老化せず、離層が形成されて花弁脱離にいたると考えられている。しかし、アルストロメリアのように、老化が進行し、脱離する時点で萎凋が進行しつつある花きもある。また、バラは本来、花弁の脱離により花持ちが終了

表2-1　切り花が観賞価値を失う主な原因

観賞価値を失う原因	切り花品目
花弁の萎れ	バラ、カーネーション、ラン類
花弁の萎れ、葉の黄化	キク、ヒマワリ、ユリ類、スイセン
花弁の萎れ、花首・茎折れ	ガーベラ
花弁の萎れ、不開花	シュッコンカスミソウ、グラジオラス
花弁の萎れ、落花、不開花、茎折れ	キンギョソウ
花弁の萎れ、不開花、葉の萎れ	トルコギキョウ、ストック
花弁の萎れ、花茎の徒長	チューリップ
落花	デルフィニウム
落花、葉の黄化	アルストロメリア

するが、切り花の状態では萎れにより花持ちが終わる場合が多い。加えて、最近は花弁が脱離しにくいバラ品種が多い。このように萎凋する型と脱離する型とを厳密に区別することが困難な花も少なくない。

　切り花は、厳しい水分ストレスにさらされると、収穫後間もなく萎れが起こる場合がある。また、茎が軟弱な場合には、曲がったり折れたりして、観賞価値を失う場合がある。これは組織の老化とは明らかに異なる現象であるため、区別しなければならない。ガーベラやキンギョソウのように、生け水中の細菌の増殖により茎が折れて観賞価値を失う品目も少なくない。特にガーベラでは、しばしば観察される。茎折れも純粋な老化とは異なる現象である。

　キクやアルストロメリアのように、花の老化に先だち、葉の黄化により観賞価値を失う品目も少なくない。

　このような生理的な要因以外に、灰色かび病により花弁にしみが生じ観賞価値を失う場合もある。

2 エチレンと切り花の老化

(1) 切り花の老化とエチレン

　エチレンは植物ホルモンの一つであり、2分子の炭素と4分子の水素からなる化合物である。常温では気体で存在し、植物の成熟と老化に関与している他、多くの生理作用を有する。多くの花きにおいて、エチレンにより花弁の萎凋あるいは離脱が促進される（図2-1）。

　エチレンに対する感受性は切り花を一定濃度のエチレンに曝露し、花に老化の兆候が認められるか否かで評価される。Wolteringとvan Doornは22科96種の花きを約3 ppmのエチレンで22〜24時間処理し、老化の状態により、感受性の

図2-1 エチレン処理がデルフィニウム切り花の落花に及ぼす影響
左：無処理、
右：10 μL/L エチレン処理、
エチレン処理開始後24時間目の状態

表2-2　切り花のエチレンに対する感受性(Nichols(1968)などから作成)

感受性	植物種
非常に高い	カーネーション
高い	シュッコンカスミソウ、スイートピー、デルフィニウム、デンドロビウム、バンダ
やや高い	カンパニュラ、キンギョソウ、ストック、トルコギキョウ、バラ、ブルースター
やや低い	アルストロメリア、スイセン
低い	キク、グラジオラス、チューリップ、テッポウユリ、ユリ(オリエンタルハイブリッド)

非常に高い:1 μL/L未満のエチレン処理で24時間以内に萎れが観察される、高い:1～10 μL/Lのエチレン処理で24時間以内に萎れあるいは落花が観察される、やや高い:1～10 μL/Lのエチレン処理で48時間以内に萎れあるいは落花が観察される、やや低い:エチレンあるいはエスレル処理により老化が有意に促進される、低い:エチレン処理による老化促進作用が観察されない

高低を評価した論文を発表しており、この結果が現在でも引用されることが多い。しかし、24時間処理では老化の兆候が現れないが、処理時間をさらに延長することにより、老化が認められる切り花品目は少なくない。例えばWolteringとvan Doornの論文では、スイセンはエチレン感受性が非常に低い花きに分類されているが、その後の研究でエチレンを連続的に処理することにより、老化が有意に促進され、エチレン阻害剤の老化遅延効果があることも判明している。また、エチレンに対する感受性は加齢にともない高まる場合が多い。ベラドンナ系のデルフィニウムでは、収穫当日においては40 μL/Lのエチレンで処理してもがく片は脱離しないが、収穫後1日経過した切り花では、がく片が脱離する。したがって、エチレンに対する感受性をある程度正確に評価するためには、処理時間、処理濃度および花の齢を考慮する必要がある。

　エチレンに対する感受性は花きの種類により著しい差がある。例えば、カーネーションでは0.2 μL/Lのエチレンで処理すると、6～8時間目には萎れが認められるが、バラでは1 μL/Lのエチレンで処理した場合、落花が起こるまで2日以上かかる。一方、キクでは1 μL/Lのエチレンで10日間以上処理しても、花に対する影響は認められない。表2-2にはエチレンに対する感受性を便宜的に分類した結果を示す。この表から類推できるように、キク科、アヤメ科あるいはユリ科に属する花はエチレン感受性が低く、ナデシコ科の花はエチレン感受性が高い。このようにエチレンに対する感受性は遺伝的な要因に依存している割合が高い。なお、エチレンに感受性の低い切り花をエチレン非感受性と断定的に表現する場合もあるが、エチレンに感受性が低いと表現するべきである。

デルフィニウム、トルコギキョウ、ハナスベリヒユ、トレニアなど多くの花では、エチレンに対する感受性は花の老化にともない上昇する。ところが代表的なエチレン感受性の花であるカーネーションでは、これらの花とはまったく逆に収穫後の時間の経過にともない、エチレンに対する感受性は低下する。

（2）エチレンに対する感受性と生成量に基づく花きの類型

　花きの老化様式はエチレンに対する感受性と生成量の違いに基づき、類型化することが可能である。花弁の脱離はエチレンにより制御されている場合が多いが、チューリップのようにエチレンとは独立しているとみなされている花きも存在する。

　エチレンに感受性の高い花きのエチレン反応として、花弁の萎凋を誘導するタイプ（花弁萎凋型）の花と花弁あるいはがく片が離層形成して離脱を引きおこすタイプ（花弁脱離型）の花がある。花弁萎凋型花きにはカーネーション、スイートピー、ラン類などがある。花弁脱離型花きはエチレンにより花弁あるいはがく片の離脱が促進されるタイプであり、デルフィニウムが代表的である。なお、スイートピーやブルースターのように花弁が萎れた後、花弁あるいは花そのものが脱離する花きも多い。花弁萎凋型であるか脱離型であるかは、花弁の萎れか脱離のどちらかが最初の老化の兆候であるかで評価される。ただし、アルストロメリアのように萎れと脱離が並行して起こるような花きもある。また、キンギョソウのように、エチレンの処理で花弁の脱離が促進されるが、自然老化時には萎れが

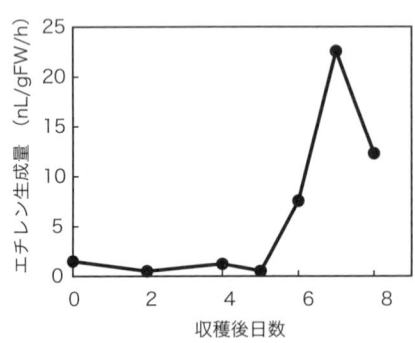

図2-2　カーネーションの老化にともなう　　エチレン生成量の変動
（Pun et al.（2005）を改変）

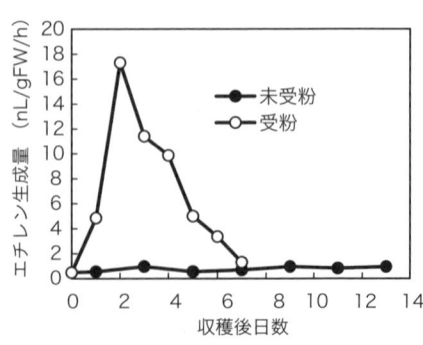

図2-3　カンパニュラのエチレン生成に　　及ぼす受粉の影響
（Kato et al.（2002）を改変）

みられる花きもある。このように花弁萎凋型と花弁脱離型のどちらかに明確に分類できない花きも少なくない。

　花弁萎凋型花きは自然老化時にエチレン生成が自己触媒的に著しく増加するタイプの花きと自然老化時、換言すると受粉しない場合にはエチレン生成が増加しない花きに分類される。後者はさらに、受粉することによってはじめてエチレン生成が上昇するタイプの花きと上昇しないタイプの花きに分類することができる。

　自然老化時にエチレン生成が著しく増加する花きにはカーネーション（図2-2）、スイートピー、トルコギキョウなどが、増加しない花きにはカンパニュラ（図2-3）、アサガオなどがある。自然老化時にエチレン生成が上昇する花きでは、一般にチオ硫酸銀錯体（STS）をはじめとするエチレン阻害剤により老化を遅延することができる。したがって、老化過程でエチレンが関与しているとみなされる。一方、自然に老化する過程でエチレン生成が上昇しない花きではエチレン阻害剤は老化遅延にほとんど効果がない。したがって、このような花きでは自然に老化する過程ではエチレンはほとんど老化に関与していないとみなされる。

　このうち、カンパニュラは受粉によりエチレン生成が著しく上昇し、花弁の老化が促進される（図2-3）。受粉した場合には、STSやエチレン合成阻害剤のアミノオキシ酢酸（AOA）処理によりエチレン生成の上昇を抑制し、受粉の影響を阻害することができる。

　アサガオの花の老化は受粉により促進されることはない。また、エチレン阻害剤による老化遅延効果は小さい。したがって、エチレンに対する感受性が高いにもかかわらず、花の老化におけるエチレンの関与は小さいと考えられる。

（3）花弁萎凋型花きとエチレン生成

　カーネーション、スイートピーあるいはトルコギキョウのように、エチレンに対する感受性が高く、花弁が萎れて寿命が終わる型（花弁萎凋型）では花弁からのエチレン生成量は老化にともない次第に増加する場合が多い。したがって、このような花きでは花弁の萎凋には花弁から生成するエチレンが直接的に関与していると考えられる。

　生成されたエチレンがその生合成を促進することを自己触媒的エチレン生成と

いう。カーネーションなどの切り花において、花弁の老化にともなうクライマクテリック様の急激なエチレン生成上昇は自己触媒的なエチレン生成により引き起こされる。急激な自己触媒的なエチレン生成にともない、花弁が萎凋することから、花弁の萎れと自己触媒的エチレン生成は不可分なものと考えられていた。しかし、エチレン生合成の最終段階を触媒するACC酸化酵素の遺伝子発現を抑制した遺伝子組換え体を用いた解析により、エチレン処理により、エチレン生合成は抑制されていても萎れは誘導されることから、自己触媒的エチレン生成と萎れは異なる経路に分けられることが明らかにされている。

　エチレンは花のどの器官でも生成されるが、器官によりその生成能は異なっている。また同じ器官でも部位により生成能に差があり、カーネーションの花弁では、基部のほうが頂部よりも新鮮重あたりで10倍以上も生成量が多い。

　カーネーションの切り花では、雌蕊からのエチレン生成が花弁からのそれに先立ち上昇する。このことから、雌蕊から生成するエチレンが花弁からのエチレン生成を上昇させ、花弁の萎れを引き起こしていると考えられてきた。実際に、雌蕊を除去すると、花弁の老化が著しく遅延し、花弁からのエチレン生成の上昇がみられなくなることが報告されており、花弁の老化は雌蕊から生成されるエチレンにより制御されていることが示唆されている。ただし、これとは異なる結果も報告されていることから、花弁の老化に雌蕊が不可欠であるか否かについては、より詳細な検討が必要であろう。

　花壇用の花きであるハナスベリヒユでは花弁や雌蕊に比較して、雄蕊から多量のエチレンが生成する。また、雄蕊が接触刺激を受けると雄蕊からのみ多量のエチレンが生成し、老化が進行する。一方、雌蕊や花弁の傷害では老化は促進されない。したがって、雄蕊から生成されるエチレンにより花弁の老化が制御されていると考えられる。

　スイートピーでも雄蕊からのエチレン生成量が他の器官に比較して多い。STS処理は小花全体のエチレン生成を低下させるが、雄蕊からのエチレン生成を低下させることはできない。さらには、花弁のみにした場合と小花全体で老化するまでの日数には差が認められない。したがってスイートピーでは、花弁の老化は他の器官と独立している可能性が高い。

（4）花弁脱離型花きとエチレン生成

花弁脱離型花きはデルフィニウムやトレニアのように自己触媒的なエチレン生成を示すような花きとゼラニウムのように自己触媒型のエチレン生成を示さない花きに大別できる。いずれの型においても、花弁からのエチレン生成の上昇は起こらない。

花弁脱離型（デルフィニウムの場合、正確にはがく片）の花ではカーネーションのような花弁萎凋型の花とは老化におけるエチレンの関与が異なっている。

デルフィニウムでは、エチレンを生成する主要な器官は雌蕊と花托である（図2-4）。これらの器官では老化にともないエチレン生成量は急増する。また、これらの器官を傷つけると多量のエチレンが発生し、落花を促進する。デルフィニウムでは、がく片は花托と直接結合しているため、がく片の脱離には特に花托から生成するエチレンが特に重要な役割を果たしていると考えられる（図2-5）。

トレニアとジギタリスにおいても、雌蕊からのエチレン生成量は老化にともない増加するが、花弁をはじめとする他の器官では増加が認められない。したがって、雌蕊から生成されたエチレンが離層に作用し、花弁の脱離に関与していると考えられる。

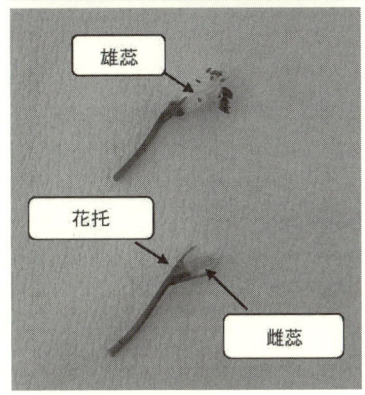

図2-4 デルフィニウムの花の形態

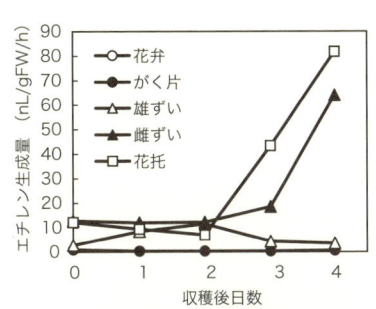

図2-5 デルフィニウムの老化にともなう器官別エチレン生成量の変動
（Ichimura et al.（2009a）を改変）

（5）エチレンの生合成経路と生合成に関与する酵素および遺伝子

エチレンはタンパク質を構成するアミノの一つであるメチオニンからS-アデ

図2-6 エチレンの生合成経路

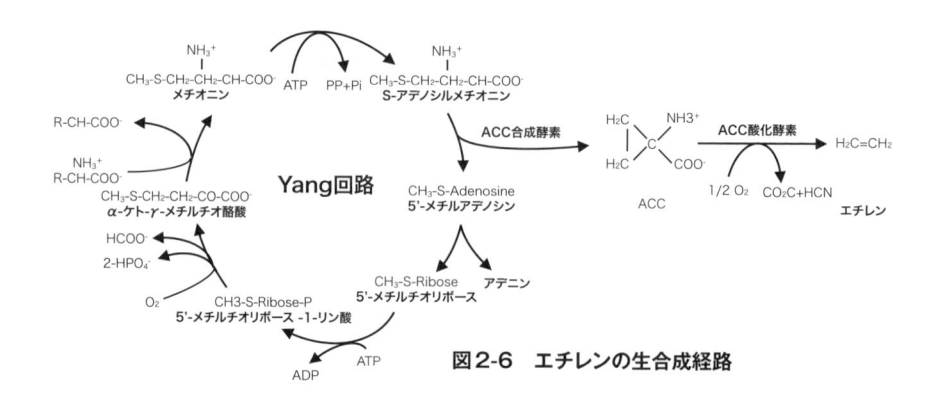

ノシルメチオニンおよび1-アミノシクロプロパン-1-カルボン酸（ACC）を経て合成される（図2-6）。メチオニンはYangサイクルにより再合成される。エチレンの生合成において重要な酵素は、エチレンの前駆物質ACCの合成に関わるACC合成酵素と最終段階を触媒するACC酸化酵素である。

　植物の栄養組織では、ACC合成酵素がエチレン生合成の律速段階であるとみなされている。しかし、カーネーションをはじめとした多くの花が老化する過程では、花弁においてACC合成酵素活性だけでなくACC酸化酵素活性も上昇することから、エチレン生合成には両者が重要であることが示唆されている（図2-7）。ただし、カーネーションの雌蕊ではACC酸化酵素活性は恒常的に高いことから、ACC合成酵素活性の上昇により、ACC濃度が高まり、雌蕊で生成されたエチレンが花弁に作用して、エチレン生成を誘導している可能性がある。

　これに対して、ハイビスカスおよびアサガオのような一日花の花弁では老化に到達するステージの前にもin vivoのACC酸化酵素活性がすでに上昇しているとする報告がある。しかし、ACC酸化酵素はACC処理により誘導されることか

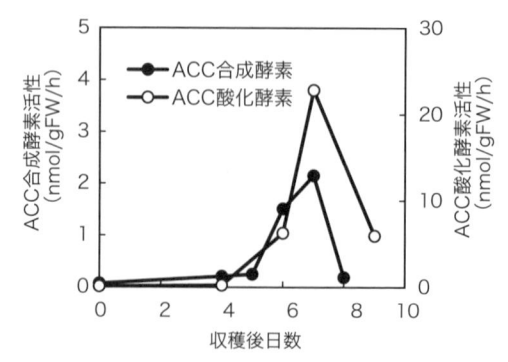

図2-7 カーネーション花弁の老化にともなうACC合成酵素とACC酸化酵素活性の変動
（Pun et al. (2005) を改変）

ら、ACC 酸化酵素活性が老化前に上昇しているか否かは in vitro の活性を調べないと結論することはできない。

多くの植物から ACC 合成酵素と ACC 酸化酵素をコードする遺伝子が単離され、塩基配列が決定されている。ACC 合成酵素遺伝子には、ピリドキサルリン酸に結合する活性中心部位をはじめとして、高度に保存された 7 箇所の共通の配列があることが明らかにされている。

ACC 合成酵素および ACC 酸化酵素をコードする遺伝子はともに、共通する塩基配列を持つ多数の遺伝子からなる遺伝子ファミリーを構成している。例えばシロイヌナズナでは活性型の ACC 合成酵素をコードする遺伝子は 9 種類、トマトでも 9 種類の遺伝子が存在する。ACC 合成酵素は成熟・老化、組織の傷害あるいはオーキシンにより誘導されるが、遺伝子の種類によりそれぞれの刺激で誘導される発現パターンは異なっており、特定の器官にのみ特異的に発現する遺伝子も存在する。

カーネーションの花弁では、ACC 合成酵素活性と ACC 酸化酵素活性の変動は遺伝子発現とほぼ一致する場合が多いことから、いずれの酵素活性も主として転写レベルで制御されていることが示唆されている。

カーネーションをはじめとする多くの花きで ACC 合成酵素の遺伝子が単離され、塩基配列が決定されている。そのうち、カーネーション、バラ、キンギョソウ、ファレノプシス、ゼラニウムおよびペチュニアからは複数の ACC 合成酵素の遺伝子が単離されている。

ACC 合成酵素遺伝子は、遺伝子の種類により異なる発現制御を受けていることが知られている。カーネーションでは、ACC 合成酵素をコードする 3 種類の遺伝子は *DcACS1*、*DcACS2*、*DcACS3* と命名されている。*DcACS1* は花弁で多量に発現しており、残りの二つは雌蕊で主に発現している。いずれも老化にともない発現量が増加する。

ACC 酸化酵素をコードする遺伝子もカーネーションをはじめとして、多くの花きで単離され、塩基配列が決定されている。そのうち、カーネーション、チューリップ、ペチュニアおよびゼラニウムからは複数の ACC 酸化酵素の遺伝子が単離されている。

カーネーションでは、ACC 酸化酵素は遺伝子の種類により異なる発現制御を受

けていることが明らかにされている。*DcACO1* は老化にともない発現が著しく上昇するのに対して、*DcACO2* は雌蕊で恒常的に発現していることが見出されている。ペチュニアでも ACC 酸化酵素の遺伝子の種類により異なる発現制御を受けている。

（6）エチレンの受容体とシグナル伝達

エチレンはエチレン受容体により受容された後、シグナル伝達経路により伝達される。

エチレンのシグナル伝達系はシロイヌナズナを用いてある程度確立されており、エチレン受容体をはじめとして、シグナル伝達に関わるタンパク質をコードする遺伝子が単離されている。

エチレンの受容体は膜タンパク質で、小胞体に存在することが示唆されているが、原形質膜あるいは核膜にも存在するという報告もある。

植物は複数のエチレン受容体を持っており、その構造からサブファミリー１とサブファミリー２に分けられている（図2-8）。膜貫通ドメインがサブファミリー１は３個、サブファミリー２は４個存在する。サブファミリー１はヒスチジンキナーゼ活性を有し、サブファミリー２はセリン／スレオニンキナーゼ活性を有するが、例外的にシロイヌナズナの ERS1 は両方の活性を有している。シロイヌナズナでは５種類のエチレン受容体遺伝子が単離されている。そのうちETR1とERS1はサブファミリー１に、他の３種類はサブファミリー２に属する。トマトでは６種類のエチレン受容体があり、３種類がサブファミリー１に属する。

エチレン受容体はエチレン結合部位が存在する膜貫通ドメイン、GAF ドメインおよびヒスチ

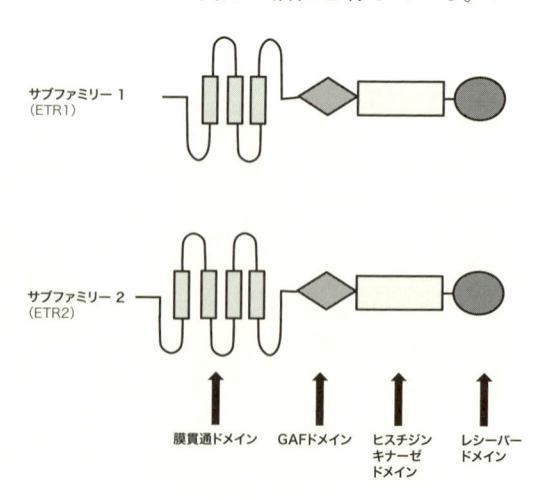

図2-8　エチレン受容体の構造の模式図

ジンキナーゼドメインから構成され、さらにヒスチジンキナーゼドメインのC末端側にレシーバードメインが存在するタイプと存在しないタイプがある。例えば、シロイヌナズナのETR1はレシーバードメインが存在するが、ERS1はそれが存在しない。受容体の機能発現にヒスチジンキナーゼ活性は必須であるが、レシーバードメインは必須でないことが示唆されている。また、GAFドメインは受容体タンパク質の相互作用に関係していると考えられている。

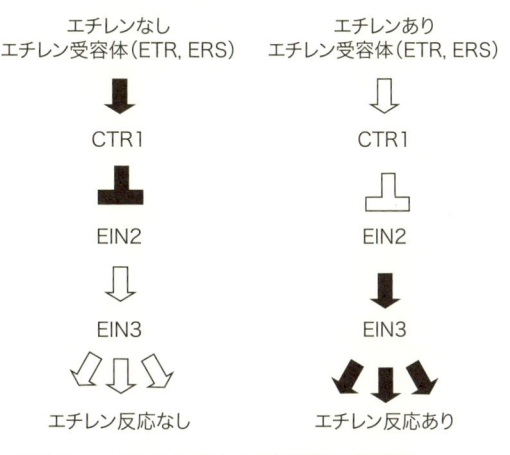

図2-9 エチレンシグナル伝達経路の模式図
↓は正の反応、⊥は負の反応を、また黒色の記号は信号が伝達されていることを、白抜きの記号は信号が伝達されていないことを示す。

エチレン受容体のタンパク質はジスルフィド結合により、ホモ2量体を形成しており、1分子の銅イオンが架橋している。2量体の形成がエチレンの結合に必要であると考えられている。

シロイヌナズナでは、複数存在するエチレン受容体タンパク質は重複する機能を有しているものの、受容体の機能を欠損させた変異体を用いた解析から、サブファミリー1に属する受容体がサブファミリー2に属する受容体より重要であることが明らかにされている。一方、トマトでは、サブファミリー2に属する受容体の発現量が多いことから、受容体により生理的な機能は異なることが示唆されている。

エチレンの刺激は受容体によるエチレン受容後、シグナル伝達因子であるCTRとEIN2を経て、転写調節因子であるEIN3により伝達される（図2-9）。CTRの機能発現は負に、EIN2とEIN3のそれは正に制御されていると考えられている。つまり、エチレンが存在しないときには、受容体とCTRは活性化され、EIN2とEIN3は動いていない状態となる。一方、エチレンが存在すると、受容体とCTRは不活性化され、その結果シグナルがEIN2とEIN3に伝達され、エチレン反応が誘導される。

CTRはキナーゼ活性を有し、エチレン受容体と結合して、複合体を形成し、反応を伝達することが示唆されている。シロイヌナズナでは1種類しか存在しないが、トマトでは2種類存在する。
　EIN2は巨大なタンパク質分子であり、どの植物でも1種類しか存在しないと考えられている。ペチュニアでは*EIN2*遺伝子の発現を抑制するとエチレン感受性を消失することが明らかにされている。このようなエチレン情報伝達経路とは別に、シロイヌナズナにおいて、EIN2はエチレンには非依存的と考えられる葉の老化にともなうプログラム細胞死に関係することが報告されている。
　EIN3は転写調節因子であり、核に局在する。EIN3は機能が重複する複数の遺伝子が存在する。シロイヌナズナではEIN3と同様の機能を持つということで、*EIL2*（*EIN-Like2*）、*EIL3*（*EIN-Like 3*）および*EIL4*（*EIN-Like 4*）と命名された3種類の遺伝子が存在する。
　エチレン受容体の遺伝子は多くの花きから単離されている。例えば、キクでは1種類、バラでは5種類、カーネーションでは3種類、デルフィニウムでは2種類、ペチュニアでは4種類、グラジオラスでは2種類の遺伝子が単離されている。キク、バラ、カーネーション、デルフィニウムから単離されたエチレン受容体遺伝子はいずれもサブファミリー1に属する。一方、ペチュニアではサブファミリー1とサブファミリー2、それぞれに属する遺伝子が存在する。
　シグナル伝達に関わる*CTR*遺伝子のホモログは、カーネーションでは1種類、バラでは2種類、デルフィニウムでは1種類単離されている。また、*EIN2*遺伝子のホモログはペチュニアから1種類、*EIN3*遺伝子のホモログはカーネーションでは3種類、バラでは2種類、ペチュニアでは3種類単離されている。
　エチレン受容体はエチレン応答を負に制御していることから、受容体の量が少なくなるほど感受性は高まるとするモデルが提唱されている。しかし、バラでは感受性の高い品種ほどエチレン受容体遺伝子の発現量が多いことが報告されるなど、受容体遺伝子の発現量でエチレンに対する感受性の高低を説明するにはいたっていない。トマトの果実では、エチレン受容体遺伝子の発現と受容体タンパク質量の変動は一致しない。果実の成熟にともないエチレンに対する感受性は上昇するが、エチレン受容体の遺伝子発現は変動しない。しかし、受容体タンパク質量が減少する。したがって、エチレン感受性の高低には受容体のタンパク質量

が関係しており、受容体タンパク質の減少による感受性の上昇が成熟に寄与していると考えられている。したがって、花きにおいてもエチレンに対する感受性と受容体との関係を明らかにするためには、遺伝子発現のみでなく、受容体タンパク質の定量が必要であろう。

（7）エチレン阻害剤

エチレンの生合成あるいは作用を阻害する薬剤をエチレン阻害剤という。

エチレン合成阻害剤は SAM 合成酵素、ACC 合成酵素あるいは ACC 酸化酵素のいずれかを阻害する薬剤である。SAM 合成酵素の阻害剤と考えられる物質にはエチオニンがある。ACC 合成酵素の阻害剤にはアミノエトキシビニルグリシン（AVG）とアミノオキシ酢酸（AOA）がある。ACC 酸化酵素の阻害剤にはアミノイソ酪酸（AIB）とコバルトイオンがある。他に阻害部位は特定されていないがエチレンの生合成を阻害する物質に 1,1-ジフェニル-4-フェニルスルホニルセミカルバジド（DPSS）がある。

エチレンの作用阻害剤としては、チオ硫酸銀錯体（STS）、1-メチルシクロプロペン（1-MCP）、2,5-ノルボルナジエン（NBD）などの物質が知られている。このうち、1-MCP と NBD は常温では気体である。

図2-10 には代表的なエチレン阻害剤の構造式を示す。次章で詳述するように、エチレン阻害剤のうち、現在品質保持剤の成分として実用化されているのは STS とエチオニンである。また、以前には AOA と DPSS が実用化されていた。

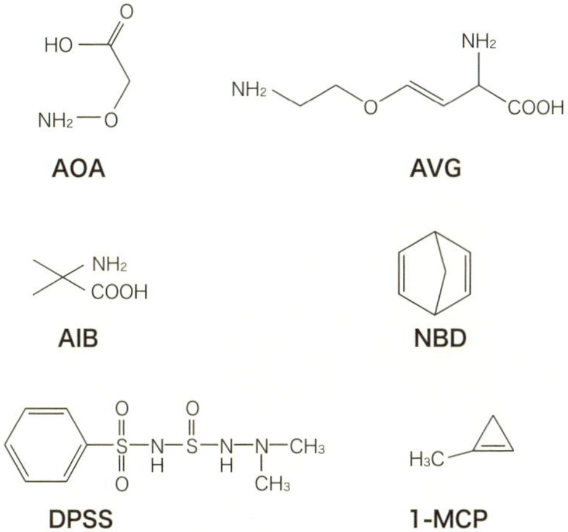

このような特異的な阻害剤以外にエタノール、スクロースあるいはグルコースなどの糖質もエチレンの生合成を阻害することが知られている。このうち、

図2-10　代表的なエチレン阻害剤の構造式

エタノールはACC合成酵素とACC酸化酵素の遺伝子発現の上昇を抑制することが明らかにされている。一方、スクロースなどの糖質は特にエチレンに感受性の高い切り花の品質保持期間延長に効果が高い。しかし、スクロース処理はエタノールなどとは異なり、ACC合成酵素とACC酸化酵素活性の上昇を遅延し、エチレン生成のピークも遅延するが、ピーク時の生成量はあまり減少させない。

(8) 温度とエチレン生成および応答

エチレンの生成と受容は温度により影響される。

カーネーションでは、低温ほどエチレン処理によって老化するまでの時間が長くなることから、エチレンに対する感受性は低温ほど低下することが示唆されている。ただし、呼吸など他の生理反応に比較して、低温によりエチレンに対する応答性が特に低下するか否かについてはよくわかっていない。一方、エチレンに対する感受性が低いユリでは、低温で2週間保管することにより、エチレンに対する感受性が上昇することが報告されている。

トマトあるいはモモなどの果実では、高温条件でエチレン生成が抑制されることが知られている。花きにおいても、カーネーション切り花において、高温条件下でエチレン生成が抑制される。カーネーション'バーバラ'では、32℃以上の高温条件で保持するとエチレン生成が抑制され、インローリングも起こらない。また、花持ちも常温で保持した場合よりもむしろ長くなる（図2-11）。それに加えて、高温条件下である程度の期間保持すると、エチレンに対する感受性も著しく低下する。常温で保持した切り花ではエチレン受容体およびシグナル伝達系に関与する遺伝子発現が老化にともない上昇するが、高温で保持した花では上昇がみられず、このようなエチレン受容とシグナル伝達に関わる遺伝子発現が高温条件下でのエチレン感受性の低下に関与していると推察される。

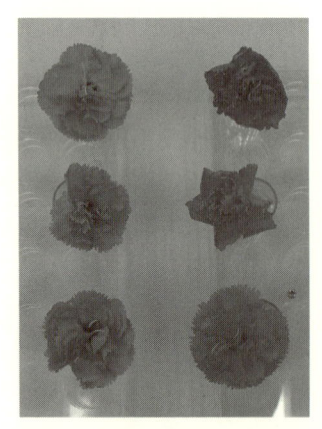

図2-11 常温（23℃）と高温（38℃）で保持したカーネーションの花の形態
左:常温、右:高温、収穫後5日目の状態

このように高温によりエチレン生成が抑制され、正常な老化の進行も抑制される。しかし、高温条件下では花弁の成長は抑制され、花弁の退色も著しい。したがって、現状では高温を品質保持技術に利用することは困難である。

カーネーション以外の花きでは、高温によるエチレン生成の抑制は報告されていない。しかし、高温条件下でエチレン生成が抑制される現象は多くの果実でみられていることから、他の花きにも共通する現象である可能性は高い。

(9) 受粉による老化促進とエチレン

ラン類、ペチュニア、トルコギキョウ、リンドウ、カーネーション、カンパニュラ、デルフィニウム、トレニアなど、エチレンに感受性の高い多くの花きにおいて、受粉により花弁の萎凋や離脱が促進される（表2-3、図2-12）。特にラン類では花の寿命の短縮が著しい。しかし、スイートピーやアサガオのように自家受粉が主体となる花きでは、受粉により老化は促進されないことが知られている。一方、スイセンのようにエチレンに対する感受性が高いとはいえない花きでも、受粉によりエチレン生成は著しく上昇し、老化が促進される。

受粉によりエチレン生成は著しく増大する（図2-13）。ま

表2-3 受粉が老化に及ぼす影響
(Kato et al. (2002)などから作成)

植物種	寿命（日）	
	未受粉	受粉
カンパニュラ	11.5	4.0
ファレノプシス	19.2	2.0
トレニア	7.1	3.3
トルコギキョウ	9.2	2.7
ペチュニア	9.2	4.6
シクラメン	3.4	9.2

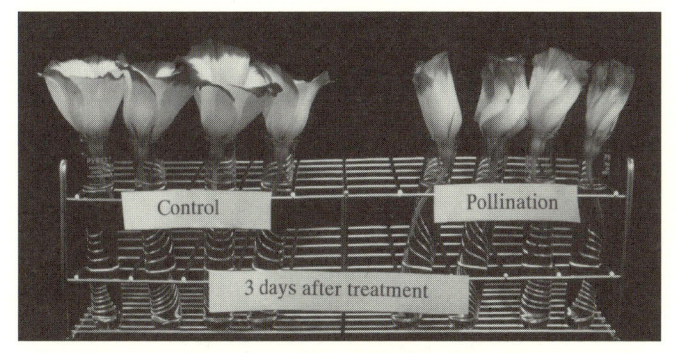

図2-12 受粉がトルコギキョウ切り花の老化に及ぼす影響
左：未受粉、右：受粉、受粉後3日目の状態

た、エチレン合成阻害剤あるいは作用阻害剤の処理により、受粉による老化促進作用は抑制される。したがって、エチレンが受粉による老化促進現象の主因であるとみなされる。

トルコギキョウ、ペチュニア、ジギタリスでは受粉に用いる花粉量が多いほど、老化促進程度は高まり、老化を抑制するには高濃度のエチレン阻害剤処理が必要であることが明らかにされている。

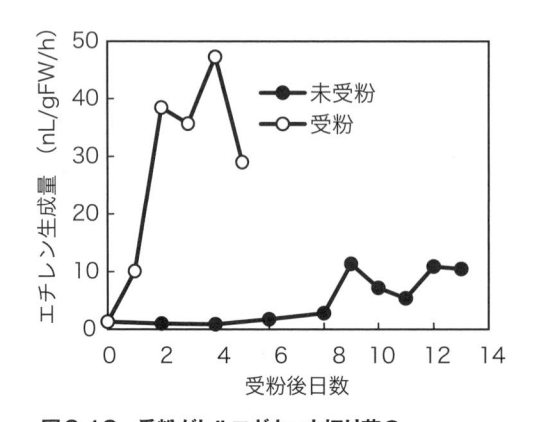

図2-13 受粉がトルコギキョウ切り花のエチレン生成量に及ぼす影響
(Ichimura and Goto (2000)を改変)

受粉による老化促進は受粉された花粉と雌蕊との和合性に関係することが知られている。ペチュニアでは和合性の組み合わせで受粉したほうが不和合性の組み合わせで受粉した場合よりも、エチレン生成が増大し、老化が促進される。カーネーションでは、和合性の組合せで受粉すると、エチレン生成が上昇し、老化が促進されるが、不和合性の組合せで受粉してもエチレン生成は増大せず、老化も促進されないことが報告されている。一方、キンギョソウでは、和合性の組み合わせであっても、受粉により花冠脱離が促進される組合せと促進されない組合せが存在する。

ラン類では受粉後、エチレン生成に先立ち、エチレン感受性が上昇する。この上昇はエチレン合成阻害剤であるAOAで処理しても生じることから、エチレン生合成とは独立した反応であることが示唆される。またSTSであらかじめ処理するとエチレン生成は抑制されることから、受粉によるエチレン生成の著しい増加はエチレン感受性の上昇により、植物体中に基本的に存在するごく微量のエチレンの自己触媒的な反応により生成する可能性を示唆している。

受粉後のエチレン生成量の変動はペチュニア、カーネーションおよびファレノプシスで詳細に調査されている。ペチュニアでは、受粉後3時間以内に花柱で増加し、2～3日後には花弁からの生成が観察される。カーネーションでは受粉

後12時間目には花柱で、24時間目には子房で増加し、36時間目には花弁で増加する。ファレノプシスでは、受粉後12時間目には柱頭と花柱に相当する蕊柱と呼ばれる組織から、24時間目には唇弁から、48時間目以降、花被から上昇する。

ファレノプシスでは3種類のACC合成酵素の遺伝子は、受粉後、異なる発現制御を受けており、このうちの2種類（*PhalACS2*と*PhalACS3*）が受粉により初発的に誘導される遺伝子であることが明らかにされている。なお、ファレノプシスでは、受粉後のACC合成酵素とACC酸化酵素をコードする遺伝子の発現は、雌蕊では上昇するが、ACC合成酵素のmRNAは花被には検出されなかったという実験結果から、花被のACCは他の器官から輸送されるとする仮説が提案された。しかし、遺伝子発現の検出方法が、高感度とはいえない方法で行われていることに加えて、他の研究者によりACC合成酵素活性は花被に検出されていることから、単にACC合成酵素の遺伝子発現を検出できなかっただけの可能性が高い。

多くの植物では、受粉後、花粉管が到達する前に子房からのエチレン生成は上昇する。また、ペチュニアでは受粉後数時間以内に花柱を取り除くと、老化を促進する作用はみられなくなる。これらの知見から、受粉後、花弁の老化を誘導する何らかのシグナルが存在することを示唆している。その候補としてみなされているのはACCとエチレンである。カーネーションでは放射性同位元素で標識したACCを処理すると、標識されたエチレンが花弁と雌蕊から生成されることから、ACCがシグナル伝達物質である可能性が示唆されている。一方、シンビジウムやペチュニアではACCは放射性同位元素で標識した物質を用いることにより、移動しないことが示されている。また、ペチュニアでは花柱からの溶出物は萎れを誘導できるが、溶出物中にACC含量は検出されないことから、ACCはシグナル伝達物質にはなりえないことが報告されている。このような化学物質の他、電気シグナルが関与している可能性も指摘されている。

（10）傷害による老化促進とエチレン

受粉により老化が促進される花きでは、雌蕊が傷害を受けることにより老化が促進される場合が多い（表2-4）。トルコギキョウとペチュニアでは柱頭を傷つ

表2-4 花器官の傷害が老化に及ぼす影響
(Ichimura et al. (2009)などから作成)

植物種	寿命（日）	
	無処理	傷害
デルフィニウム	4.5	2.4
トレニア	7.1	3.4
トルコギキョウ	8.9	2.6
ハナスベリヒユ	8.7	4.9
ペチュニア	9.2	7.1

けると花弁の老化が促進される。また、トレニアでは花弁の脱離が促進される。デルフィニウムでは、子房あるいは花托の傷害により落花が促進される。

受粉では老化は促進されないが、特定の器官の傷害により老化が促進される花きもある。花壇用の花きであるハナスベリヒユは、花糸の切断傷害、あるいは花糸基部の接触刺激により老化が著しく促進される。

傷害により老化が促進される現象においても、エチレン生成の増加が促進され、受粉による老化促進との類似性が示唆される。しかし、ペチュニアにおいて、受粉と傷害によるエチレン生合成のパターンが異なることから、傷害による老化促進のメカニズムは受粉によるそれとは異なることが示唆されている。ペチュニアでは、柱頭を傷つけることにより、数時間以内に柱頭と花柱以外の部位において、エチレン生成が上昇するが、受粉では上昇しないことから、傷害によるシグナル伝達物質はエチレンであるのに対して、受粉による伝達物質ではそうではないことが示唆されている。

3 エチレン以外の植物ホルモンと切り花の収穫後生理

エチレン以外の植物ホルモンとして、オーキシン、ジベレリン、サイトカイニン、アブシシン酸（ABA）、ブラシノライドおよびジャスモン酸が広く認識されている。最近では、サリチル酸とストリゴラクトンも植物ホルモンとして認識されつつあ

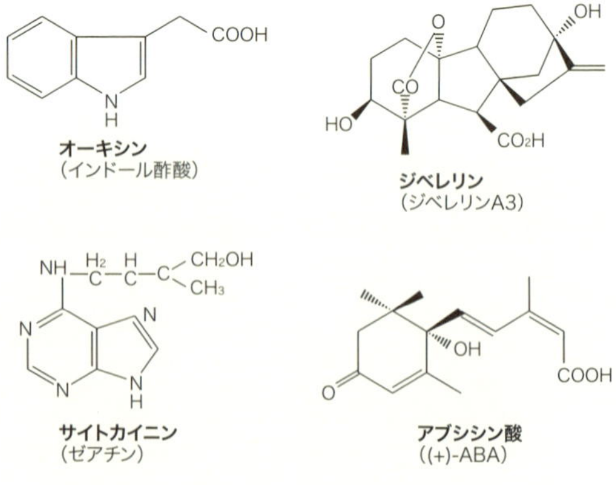

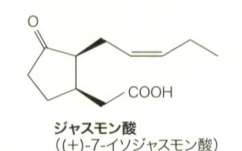

図2-14 花きの老化との関連が研究されている植物ホルモンの構造式

る。このうち、花の老化との関係が調べられている植物ホルモンは、オーキシン、ジベレリン、サイトカイニン、アブシシン酸、ジャスモン酸である（図2-14）。

（1）オーキシン

オーキシンと老化との関係に関する研究は少ない。オーキシンは比較的高濃度でエチレン生成を促進することが知られている。カーネーションではインドール酢酸（IAA）と合成オーキシンである2,4-ジクロロフェノキシ酢酸（2,4-D）がエチレン生成を増加させ、老化を促進することが報告されている。これは比較的高濃度のオーキシンがACC合成酵素を誘導することにより、エチレン生成を促進するためと考えられる。一方、合成オーキシンであるナフタレン酢酸（NAA）はブーゲンビリアの落花を抑制する。

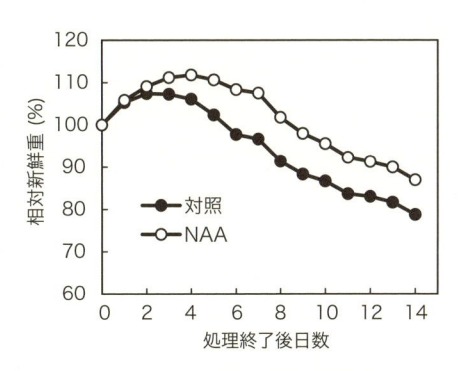

図2-15　トルコギキョウ切り花の新鮮重に及ぼすNAA処理の影響
(Shimizu-Yumoto and Ichimura (2009)を改変)

最近、トルコギキョウ切り花では合成オーキシンではナフタレン酢酸（NAA）は新鮮重の増加を促進すること（図2-15）、ならびにエチレン合成阻害剤であるAVGと組合わせた処理により、品質保持期間延長に著しい効果があることが明らかにされた。切り花の収穫後生理におけるオーキシンの役割については、今後さらなる研究が必要である。

（2）ジベレリン

カーネーション切り花では、ジレリンはエチレン生成を抑制することにより、その花持ちが延長する。エチレンに対する感受性が比較的低いスイセンでも、ジベレリンにより花持ちが延長する。バラでは花弁を大きくする作用があることも示されている。また、アルストロメリア、テッポウユリ、ニホンスイセンなどの切り花の葉の黄化を著しく抑制する作用がある。しかし、これらの詳細な作用機

構についてはよくわかっていない。

　ジベレリンの正確な定量は難しいため、切り花中の動態についてはほとんど明らかにされておらず、今後の研究の進展に待つところが大きい。

（3）サイトカイニン

　サイトカイニンは一般に植物の老化を抑制する生理作用がある。バラとカーネーションの切り花において、老化した花弁ではサイトカイニン様活性は減少する。また老化していない花弁に合成サイトカイニンであるベンジルアデニン（BA）を処理すると、花弁の老化は抑制される。

　サイトカイニンの老化抑制機構に関して、カーネーション切り花では、BA処理により外生ACCはエチレンに転換されず、エチレンを処理しても、内生のエチレンレベルは増加しない。しかしながら、エチレン生成が上昇した花にBAを処理しても、エチレン生成が抑制されることはみられない。これらの結果はサイトカイニンがエチレン生合成に関与する酵素活性を直接に抑制することはないが、酵素タンパク質の合成を抑制しているか、あるいはエチレンに対する感受性を低下させていることを示唆している。

　合成サイトカイニンであるチジアズロンはエチレンに感受性が低いアイリスの花持ちを延長することも報告されている。

　ペチュニアでは、サイトカイニンの生合成に関与するイソペンテニル転移酵素遺伝子の導入により、サイトカイニン濃度が高まり、花の寿命が延長した形質転換体が作出されている。受粉した場合には5倍以上、自然老化の場合には約2倍に延長する。この形質転換体では、エチレン生成のピークが遅延し、エチレンに対する感受性も低下する。また、ABA含量も低くなる。

　以上のようにサイトカイニンは、エチレンに感受性にかかわらず、多くの花きの老化抑制に関与していることが示唆される。しかし、老化にともなう組織中のサイトカイニンの消長はほとんど明らかにされておらず、今後の研究が必要である。

（4）アブシシン酸

　アブシシン酸（ABA）は、一般的に老化促進に作用する植物ホルモンと考え

られている。

花弁中のABA含量は、バラとカーネーションではエチレンと同様に老化にともない増加する。この増加は水分を失ったことによる乾燥ストレスにより引き起こされた二次的な現象の可能性がある。

表2-5　トルコギキョウ切り花の葉の気孔コンダクタンスに及ぼすABA処理の影響
（湯本（2009））

処理	気孔コンダクタンス (mmol m^{-2} s^{-1})
対照	104.8
スクロース	64.3
スクロース+ABA	16.3

スクロースは4%、ABAは10 μMを24時間処理

カーネーションでは外生的に処理したABAはエチレン生成を促進させるだけでなく、エチレン感受性も高め、老化を促進させる。一方、エチレン処理はABA含量を増加させる。

エチレンに対する感受性の低いヘメロカリスとスイセン切り花においても、ABA処理は老化を促進する。また、スイセンでは老化にともないABA濃度が上昇する。キンギョソウではABAの合成阻害剤であるフロリドン処理により、老化が遅延することも明らかにされている。

バラでは、ABAを葉を除いた切り花に処理したときは老化が促進されるのに対して、葉を付けた切り花に処理するとむしろ老化は抑制される。これは葉を除いた切り花に処理したときは単にABAが老化を促進したためであるのに対して、葉を付けた切り花に処理したとき老化が抑制されたのは、蒸散の抑制により切り花の水揚げが良くなり、結果として老化が抑制されたためであると考えられている。

トルコギキョウ切り花では、ABA処理は蒸散を抑制して（表2-5）、葉の萎凋を抑制し、むしろ花持ちを延長することが報告されている。また、糖質の転流を促進することが示唆されている。

以上のようにABAは切り花の品質保持に悪影響を及ぼす場合と好影響を及ぼす場合がある。花そのものに対しては老化を促進する場合が多いが、蒸散抑制により水分状態を良好にし、結果として品質保持効果がある場合も多い。

（5）ジャスモン酸

ジャスモン酸と老化との関係について研究は少ない。ペチュニア、デンドロビ

ウム、ファレノプシスでは、メチルジャスモン酸処理により老化の促進が報告されている。ジャスモン酸はその生合成阻害剤が開発されており、その利用により老化が制御できる可能性がある。

4 切り花の収穫後生理における糖質の役割

(1) 糖質と花の老化

切り花は暗所に置かれることが多く、光合成による炭水化物の合成は限られる。したがって、呼吸により貯蔵炭水化物を消費し、結果として老化にいたる（図2-16）。花が開く過程では、多量のエネルギー源が必要である。そのため、糖質の不足により、蕾からの開花が不完全になりやすい。

呼吸量は温度が上昇するほど多くなる。したがって、切り花を保持する気温が高いほど、貯蔵炭水化物量が減少し、老化が早まることになる。

糖質が品質保持効果を示す最大の理由は、花弁細胞の膨圧を維持するとともに、吸水を促進し、水分バランスを良好にすることであると考えられている。しかし、3-O-メチルグルコースなどの非代謝糖の品質保持効果はほとんどない。また、マンニトールを主要な構成糖質とするデルフィニウムでは、マンニトールがある程度の品質保持効果を示すが、マンニトールをほとんど代謝できないバラ切り花では、マンニトールが花弁展開を著しく抑制する

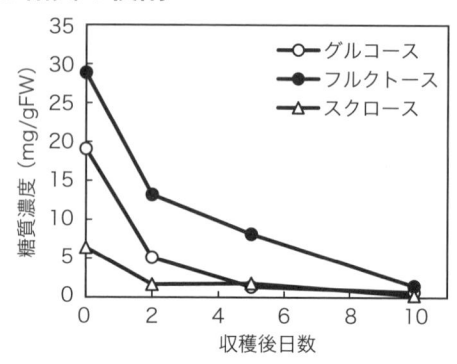

図2-16　キンギョソウ切り花における収穫後の花弁中糖質濃度の変動
(Ichimura and Hisamatsu（1999）を改変)

図2-17　バラの花弁展開に及ぼす各種糖質処理の影響
(Ichimura et al.（1999）を改変)
左から対照、グルコース、メチルグルコシド、ミオイノシトール、マンニトール
処理した糖質濃度は40 g/L、いずれも抗菌剤として8-HQSを含む

（図2-17）。したがって、糖質は単に浸透圧調節剤としてのみ機能しているわけではなく、呼吸基質としての機能も大きいことが示唆される。

（2）花弁に蓄積する糖質

　植物に存在する低分子の糖質にはさまざまな種類があるが、含まれる糖質は植物種により異なっている。そのうち、グルコース（ブドウ糖）、フルクトース（果糖）およびスクロース（ショ糖）はどのような器官においてもほとんど普遍的に存在し、相互に容易に変換する。いずれも呼吸基質および浸透圧調節物質として機能している。花きではバラ、キクおよびカーネーションなどをはじめとして、花弁の展開にともない蓄積する糖質はグルコースとフルクトースであるものが多い。トルコギキョウあるいはスイートピーのようにフルクトースがほとんど蓄積しない植物種ではグルコースとスクロースが蓄積する。

　このような普遍的な代謝糖以外に、植物種により特異的な糖質が蓄積する場合がある。ゲンチオビオースはリンドウの花弁において、最も主要な構成糖質となっている。また、リンドウの蕾ではゲンチオトリオースも存在するが、開花した花弁では検出されない。一方、開花にともない単糖が増加することから、ゲンチオトリオースの分解が単糖の増加に関与している可能性が示唆される。また、バラではキシロースとメチルグルコシドが構成糖質となっている。

　一部の花きではポリオール（糖アルコール）が主要な構成糖質となっている。デルフィニウムではマンニトール、フロックスでは2-C-メチルエリトリトールが花弁中の主要な糖質であり、これらの濃度は花弁の展開にともない上昇する。また、デルフィニウムではマンニトール処理により蕾の成長は促進される。したがって、これらの花きではこのような糖質が浸透圧調節物質だけでなく、呼吸基質としても重要であることが示唆される。

　シクリトール（イノシトール）が主要な構成糖質となっている花きもある。ミオイノシトールは植物に普遍的に分布する。カーネーションではメトキシ化したイノシトールであるピニトールが主要な構成糖質である。また、キクではL-イノシトールとシリトール、トルコギキョウとスイートピーではボルネシトールが主要な構成糖質である。しかし、これらシクリトール類の濃度は比較的高いが、開花にともなう濃度の上昇はみられない。また、カーネーションでは、ピニトー

ル処理は蕾の成長を促進しない。したがって、切り花の品質保持において、シクリトールの重要性は低いとみなされる。

　植物において、多糖であるデンプンとフルクタンは貯蔵炭水化物として重要である。バラの樹上で開花した花では、花弁の展開にともなうデンプン含量の減少は、増加した単糖含量に比較するとごくわずかである。したがって、花弁の展開には、葉からの光合成産物の供給が不可欠であり、花弁展開におけるデンプンの貯蔵炭水化物しての役割は限られたものとみなされる。一方、ヘメロカリスとキクではフルクタンが貯蔵炭水化物として重要であることが明らかにされている。

（3）開花に必要な糖質量

　バラの花弁が展開する過程における花弁中の糖質含量の変動を図2-18に示す。バラ品種'ローテローゼ'切り花の収穫適期はまだ花弁が展開していないステージ2である。この段階では花弁中の糖質含量は非常に少なく、70 mg弱であるが、それ以降急激に増加する。花弁が完全に展開し、露芯するステージ5では500 mg弱と、花あたりの花弁中の糖質含量は7倍以上に増加する。花弁の展開には、花弁に存在している糖質に加えて、呼吸基質として利用された糖質も必要であるため、花が完全に開花するためには、さらにこれを上回る糖質が必要になる。一方、茎と葉に存在する貯蔵糖質は、切り花の長さと葉の枚数に依存するが、60 cmの切り花では130 mg程度である。そのため、貯蔵糖質のみでは花弁展開に必要な糖質量をまかなうことはできない。したがって、糖質の不足により、花弁が

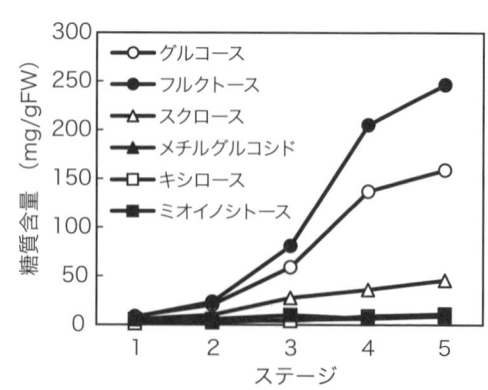

図2-18　バラ'ローテローゼ'の開花にともなう花弁中の糖質含量の変動
（市村、未発表）
写真は左からステージ1、2、3、4、5を示す

十分に展開することができず、老化が促進されると考えられる。

実際に、バラをはじめとする各種切り花に糖質を与えると、開花が著しく促進され、品質保持期間が延長する。バラでは、抗菌剤を含む1％グルコース溶液に生けると、花弁が展開するまでに切り花1本あたり約1gのグルコースを吸収する。この結果からも、花弁展開には多量の糖質の必要性が示唆される。

（4）エチレンと糖質の関係

エチレンと糖質は切り花の品質保持において、相互に密接にかかわりあっている場合が多い。

カーネーションはエチレンに対して非常に感受性の高い切り花であるが、スクロースをはじめとする糖質の処理により老化が遅延する。カーネーションの切り花では老化にともない、エチレン生成量が増加し、花弁は萎れる。ところが、スクロース溶液の連続処理によりエチレン生成のピークは遅延する。ACC合成酵素とACC酸化酵素の活性上昇も糖質により遅延する。

スイートピーの切り花においても、スクロース処理により2倍〜3倍花持ちが延びる。水に挿した切り花では、花弁の糖質は急激に減少し、それにともない、エチレンの生成は増大し、花弁は萎れる。一方、スクロースで処理すると、花弁中の糖質は増加し、エチレン生成量は低下する（図2-19）。この結果として、花持ちは延びる。デルフィニウムでも同様にグルコース処理がエチレン生成を遅延させるとともに、エチレンに対する感受性を低下させることが明らかになっている。

このように、エチレンに感受性の高い切り花では、糖質とエチレンは密接に関係しており、糖質を処理することにより、エチレン生成が遅延し、品質保持期間延長に効果がある。

糖質はエチレン生成の上昇を遅延

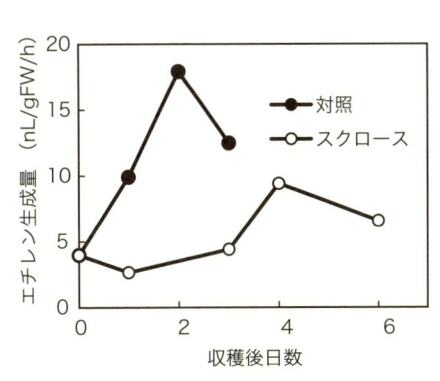

図2-19 スイートピー切り花のエチレン生成に及ぼすスクロース処理の影響
(Ichimura et al.（1998）を改変)

スクロースは40 g/Lを連続処理、いずれも抗菌剤として8-HQSを含む

するだけでなく、エチレンに対する感受性を低下させることがカーネーション、デルフィニウムなどの切り花で報告されている。しかし、カーネーションでは、エチレン合成阻害剤である AVG ほど、エチレンの感受性を低下させることはない。AVG のようなエチレン阻害剤は見かけ上、エチレン感受性を低下させることができる。したがって、糖質処理がエチレン感受性を真に低下させることを明らかにするためには、エチレン合成阻害剤と同時に処理し、評価することが必要である。

(5) 糖質の輸送と品質保持

グラジオラス、ヘメロカリスなど、小花が多数ついた切り花では、その老化にともない、糖質は再転流し、上位の小花に輸送される。一般に植物の転流糖質はスクロースである。ヘメロカリスでは、老化した花では篩管液中のスクロース濃度は 14 倍に上昇する。グラジオラスでは、放射性同位元素で標識した糖質が下位小花から上位小花に移動することが報告されている。しかし、小花を分離しても老化の遅延はほとんどみられない。この結果は、糖質の移動が老化の引き金としては重要でないことを示唆している。

キンギョソウでも上位小花への糖質の輸送が示唆されている。キンギョソウでは分離した小花の花持ちは花穂から分離しなかった場合に比較して、寿命は約 2 倍に延長する。また、分離しない場合は花弁の糖質濃度が急激に低下する。したがって、キンギョソウでは糖質の減少が老化の引き金になっていると考えられる。

5 老化と高分子化合物、無機化合物および活性酸素

(1) DNA と RNA の分解

アサガオ、ペチュニア、キンギョソウ、マーガレット、バラをはじめとする多くの花きにおいて、DNA 含量は老化にともない減少する。また、これらをはじめとする多くの花きにおいて、DNA は断片化することが明らかにされている（図2-20）。後述するように DNA の断片化はプログラム細胞死の指標となっている。また、アサガオではデオキシリボヌクレアーゼ活性が老化にともない上昇

する。ヘメロカリス、スイセンおよびペチュニアではデオキシリボヌクレアーゼ遺伝子の発現が老化にともない上昇する。

アサガオとバラの花弁では老化にともないRNA含量が著しく減少する。また、アサガオとヘメロカリスでは、老化にともないリボヌクレアーゼ活性が上昇する。ペチュニアではRNA含量の減少は構成的に存在するリボヌクレアーゼ活性によることが示されている。

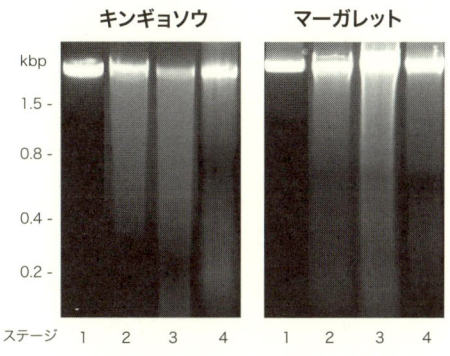

図2-20　キンギョソウとマーガレットの老化にともなうDNAの断片化
（Yamada et al.（2006）を改変）
1：開花当日、2：花弁が萎れ始める、3：花弁が萎れる、4：花弁が著しく萎れる

（2）タンパク質の分解とアミノ酸の合成

タンパク質の分解は大別するとユビキチン・プロテアソーム系と非プロテアソーム系に大別できる。

ユビキチン・プロテアソーム系はユビキチン化したタンパク質の分解に関与している。タンパク質のユビキチン化にはE1（活性化酵素）、E2（結合酵素）およびE3（ユビキチンリガーゼ）の働きにより標的タンパク質をユビキチン化する。ユビキチン化したタンパク質はプロテアソームと呼ばれる巨大なタンパク質分解酵素複合体により分解される（図2-21）。

カーネーション、スイセンおよびヘメロカリスにおいて、ユビキチン・プロテアソームに依存するタンパク質分解活性は老化にともない上昇する。また、アルストロメリア、スイセン、カーネーショ

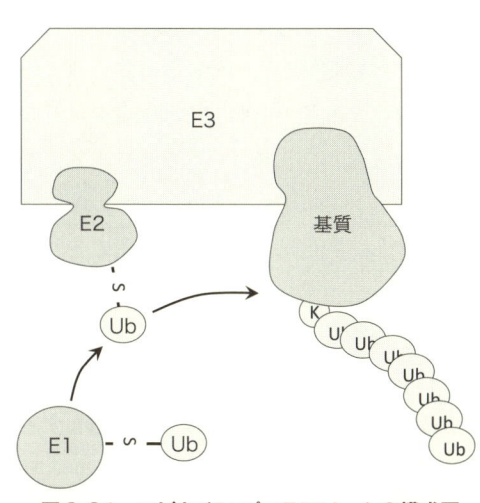

図2-21　ユビキチン・プロテアソームの模式図

ン、ペチュニア、アサガオおよびオシロイバナでは、ユビキチン化に関わる遺伝子発現が老化にともない上昇する。アイリスではプロテアソーム系の阻害剤により、有意に老化が遅延する。同様に、E3 タンパク質の RING ドメインの遺伝子発現を抑制することにより、老化が遅延する。これらの結果はユビキチン・プロテアソーム系が老化と関わっていることを示している。

　カーネーション、アルストロメリア、アイリス、スイセン、サンダーソニア、ヘメロカリスなど多くの花きにおいて、プロテアソームに依存しないプロテイナーゼ活性も老化にともない上昇する。カーネーション、アルストロメリア、スイセン、サンダーソニアおよびアサガオではシステインプロテイナーゼ遺伝子の発現も老化にともない上昇する。また、サンダーソニアとアイリスではプロテアーゼ阻害剤処理により老化が遅延する。これらの結果はタンパク質分解が老化に重要な役割を果たしていることを示唆している。

　このようなタンパク質の分解にともない、アミノ酸は他の器官に転流すると考えられる。実際に、サンダーソニアでは、老化にともないアスパラギンとグルタミン含量が増加し、これらの合成に関与するアスパラギン合成酵素とグルタミン合成酵素の遺伝子発現も上昇する。

（3）老化と細胞壁構成多糖

　花弁の老化にともない細胞壁がどの程度分解しているかは植物種により異なることが知られている。アサガオとアイリスでは細胞壁が相当分解されていることが示唆されている。アイリス花弁の柔細胞では、液胞の崩壊前に細胞壁の分解の進行が観察されている。また、アサガオでは、セルロースとヘミセルロース含量の減少が開花時点から開始する。カーネーションでは主として細胞壁中の中性糖質であるガラクトースとアラビノースが減少し、老化にともない細胞壁の分解が起こることが示唆されている。一方、サンダーソニアでは、老化した花弁において、細胞壁中のガラクトース含量はほとんど減少しない。したがって、細胞壁の分解はほとんど起こらないことが示唆される。

　アサガオ、サンダーソニア、ヘメロカリスなどでは、細胞壁の分解に関与するβ-ガラクトシダーゼ、β-グルコシダーゼ、ポリガラクツロナーゼ活性が上昇する。

アイリスではβ-ガラクトシダーゼ、ペクチンエステラーゼ、エンド型キシログルカン転移酵素/加水分解酵素（XTH）、カーネーションではβ-グルコシダーゼとエクスパンシン、またアルストロメリアではXTHの遺伝子発現が老化にともない上昇する。この上昇は細胞壁の分解に寄与していると考えられている。

（4）無機成分の変動

アサガオではリン酸、カリウム、マグネシウムは老化にともない減少する。この減少は他の器官に輸送されたためと考えられている。ペチュニアでは、老化にともないリン酸が著しく減少する他、窒素とカリウム含量の低下が明らかにされている。ペチュニアにおいて、リン酸含量の著しい低下には、リン酸トランスポーター遺伝子の発現が関与しており、その発現はエチレンにより上昇することが報告されている。

アルストロメリアとスイセンでは、老化にともないメタロチオネイン遺伝子の発現が上昇する。メタロチオネインは銅と亜鉛イオンに結合することから、金属の輸送に関与していると考えられている。

（5）切り花の老化と活性酸素

酸化の過程で生成する活性酸素種にはヒドロキシルラジカル、過酸化水素、スーパーオキシド、一重項酸素が含まれる。このような活性酸素種は一般に酸化障害を引き起こし、細胞死を誘導する。一方、スーパーオキシドジスムターゼ、カタラーゼ、アスコルビン酸パーオキシダーゼおよびアスコルビン酸―グルタチオンサイクルに関与するデヒドロアスコルビン酸還元酵素とグルタチオン還元酵素などの酵素は、活性酸素消去系として機能している。植物において、このような活性酸素は細胞死を誘導することが報告されているため、花の老化と活性酸素との関連についての報告は少なくない。

活性酸素の分解に関与するスーパーオキシドジスムターゼ（SOD）活性は、カーネーション、グラジオラスおよびアイリスでは老化にともない低下するが、逆にヘメロカリスでは上昇することが報告されている。カタラーゼ活性は、グラジオラスでは上昇後、低下し、アイリスとカーネーションでは次第に上昇する。

一方、ヘメロカリスでは低下する。ペルオキダーゼ活性は、グラジオラスとヘメロカリスでは次第に上昇し、カーネーションでもやや上昇する傾向を示す。このように活性酸素の分解に関与する酵素活性の変動パターンは、植物種により著しく異なることが報告されている。

カーネーションでは活性酸素を捕捉する機能を持つ 3,4,5-トリクロロフェノールの処理により、飽和脂肪酸の増加は抑制され、その花持ちは 1.5 倍以上延長する。逆に、フリーラジカルの発生源といわれる紫外線の照射は老化を著しく促進する。しかし、アイリスでは、抗酸化物質が老化を遅延しないことが報告されている。このように、活性酸素と花の老化との関係は明確でなく、今後さらなる研究が必要である。

6 切り花の老化と生体膜

（1）老化と生体膜

花弁の萎凋は膨圧が減少することにより引き起こされるため、老化にともない生体膜に損傷が生じていると考えられる。実際に、老化した花弁では色素、糖質、アミノ酸あるいは無機イオンなどの溶出は著しく増加する。これらの物質の多くは液胞に貯蔵されているため、原形質膜だけでなく、液胞膜も老化花弁で損傷すると考えられる。

花弁において、物質の漏出から評価した膜の透過性の上昇は、多くの場合、花弁の老化の非常に遅い段階でのみ観察されるため、膜の透過性が実際に老化の初期過程に関与しているとは考えにくい。実際に膜を顕微鏡で観察した結果、光学顕微鏡ではバラで老化が始まるまで原形質膜と液胞膜はともに健全であることおよびカーネーションではクライマクテリック様のエチレン生成上昇以降に原形質膜に崩壊が見られることが明らかにされている。

（2）生体膜脂質組成の変化

生体膜は図 2-22 に示すように、親水基を外側に、疎水基を内側に配置したリン脂質の二重層の内に、同じく両性分子であるタンパク質が割り込んでいると考えられている。生体膜が老化の初期過程で形態的には傷害を受けていないのにも

かかわらず、生体膜の脂質組成は開花後すぐに変化し始める。すなわちリン脂質およびその結合脂肪酸を含む極性脂質は老化にともない減少する。このようなリン脂質の減少は、リン脂質を合成する活性が低下するだけでなく、分解する活性が上昇することの両者により制御されている。

　一般的に、植物生体膜のリン脂質はホスファチジルコリンとホスファチジルエタノールアミンを合わせると約70％であり、それ以外にホスファチジルセリン、ホスファチジルイノシトールおよびホスファチジン酸がそれぞれ10％程度存在する。アサガオ、ムラサキツユクサおよびバラの花弁の膜のリン脂質の分子種の組成比に老化にともなう変化はみられない。また膜のリン脂質の構成成分である脂肪酸は老化にともない減少する。脂肪酸の種類により減少のパターンは異なっており、リノレン酸などの不飽和脂肪酸ほど早く減少する。

　また、カーネーション、アイリス、ヘメロカリス、ペチュニアにおいて、リン脂質の分解に関与するアレンオキシド合成酵素とリパーゼならびにリン脂質と脂肪酸の分解に関与する遺伝子発現は上昇する。

　バラとカーネーションでは老化にともないリン脂質は減少するが、ステロールの量はほとんど変動しないため、リン脂質に対するステロールの割合は増加することになる。ステロールとリン脂質の割合は生体膜の流動性を決定する最も重要な要因の一つであるとみなされている。また膜の粘度の測定により、膜の流動性の程度について調べることができるが、これにより、花弁の老化にともない膜の流動性が低下することが明らかにされている。バラ、カーネーションおよびペチュニアでは膜の粘度は老化にともない2倍に増加する。

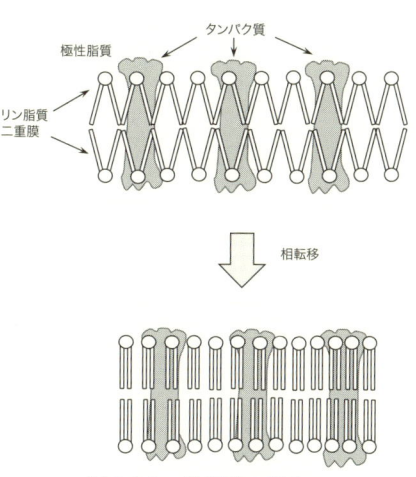

図2-22　生体膜の模式図

（3）老化にともなう生体膜の流動性と相転移温度の変化

　老化にともないリン脂質が減少するだけでなく、脂質の構成成分である脂肪酸

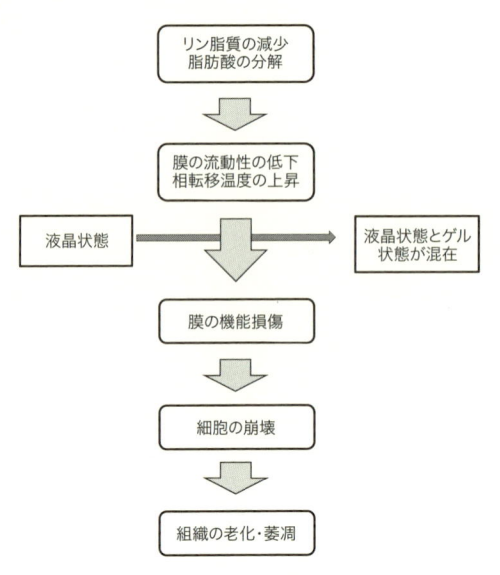

```
リン脂質の減少
脂肪酸の分解
   ↓
膜の流動性の低下
相転移温度の上昇
   ↓
液晶状態 → 液晶状態とゲル
            状態が混在
   ↓
膜の機能損傷
   ↓
細胞の崩壊
   ↓
組織の老化・萎凋
```

図2-23 老化にともなう生体膜崩壊のモデル

においては、リノレン酸などの不飽和脂肪酸ほど早く減少し、脂質の飽和度が増加する。このような脂質組成の変化、特に脂質を構成する脂肪酸の飽和度の増加は膜の流動性を減少させるだけでなく、相転移温度を上昇させる。生体膜の主要構成成分である極性脂質は、通常の状態では液晶と呼ばれる流動性の高い状態にあり、このことが生体膜の機能を果たすために必須となっている。ところが相転移温度が上昇すると、一部の脂質は相転移を起こして液晶状態からゲル状態になり、膜中に液晶とゲルが混在する相分離状態になる。実際に、バラの老化していない花弁では、脂質はほとんどが液晶状態で存在しているが、老化花弁では生理的な温度条件下でゲル相の脂質が存在することが明らかにされている。このような相分離状態では膜の機能が損なわれ、低分子物質が自由に透過することとなる。また膜に存在するATPアーゼなどの酵素活性は低下もしくは失活する。このような状態では生体膜はその機能を果たすことができず、細胞は次第に破壊に向かうことになると考えられている（図2-23）。

カーネーションでは、エチレン処理によりリン脂質の減少、流動性の低下あるいは相転移温度の上昇といった老化にともなう生体膜の理化学的性質の変化は著しく促進されるもの、脂質組成の変化はエチレン生成がみられる前からすでに起こっている。したがって、エチレンそのものは脂質組成を変化させる引き金ではなく、その変化を促進する役割を果たしているものと考えられる。

（4）生体膜の実験結果に関する問題点

生体膜には原形質膜だけでなく、細胞内に液胞膜あるいは核膜など各種の膜が

存在する。老化過程で重要と考えられているのは液胞膜の機能消失であり、細胞死において液胞膜の崩壊が原形質膜のそれに先立つことが示唆されている。しかし、これまでの報告は細胞中の生体膜全体をまとめて解析したものである。また、生体膜と老化に関する実験結果の多くはバラ切り花を材料として得られたものである。しかし、バラ切り花では水分状態の悪化により花弁が萎れ観賞価値を失う。そのため、バラを材料とした実験では、本来の老化現象を解析していない可能性が高い。また、膜の透過性を電気伝導度で評価しているが、この評価法は死んだ細胞の割合を表しているだけに過ぎない可能性も高い。

このように、生体膜研究の結果は再検討の余地が多く、一部の研究者からは厳しい批判が浴びせられている。今後は異なる細胞で各生体膜の老化にともなう物理化学的性質を解析することが不可欠であろう。

7 プログラム細胞死と遺伝子発現

（1）プログラム細胞死

花の寿命はそれぞれの花の種類で遺伝的にある程度決まっている。また、カーネーションやグラジオラスをはじめとして多くの花では、タンパク質合成阻害剤であるシクロヘキシミド処理により、老化が遅延する（図2-24）。また、アサガオではRNA合成阻害剤であるアクチノマイシンD処理によっても老化は遅延する。同様に、真核生物転写開始因子（eIF-5A）の合成に関与するデオキシンヒプシン合成酵素の遺伝子発現を抑制することにより、カーネーションの老化が遅延することも報告されている。したがって、花の老化は能動的な死の過程であるプログラム細胞死（PCD）により制御されているとみなされている。

動物細胞では、DNAと核の断片化を特徴とする、プログラ

図2-24 グラジオラス切り花の老化に及ぼすシクロヘキシミドの影響
左：無処理、右：シクロヘキシミド(1 mM)処理、処理開始後3日目の状態

図2-25 ペチュニア花弁の老化にともなう核の断片化(Yamada et al.（2006a）を改変)

ムされた細胞死をアポトーシスと呼んでいる。アポトーシスを起こした細胞はアポトーシス小体を形成した後、食細胞や隣接する細胞により貪食除去される。植物でも細胞死の過程でDNAと核の断片化は起こるが、貪食除去はみられないため、単にプログラム細胞死（PCD）と呼ぶことが一般的になっている。

一般に動物のPCDに特徴的な現象は核とDNAの断片化である。花弁が老化する過程で、最初に検出されるPCDの徴候はクロマチンの凝縮である。カーネーション、アサガオなど花弁が萎凋するタイプの花では、PCDの特徴であるDNAの断片化が老化の過程で起こる。動物と同様に、アサガオ、ペチュニアなどでは、細胞死の過程で核が分裂する（図2-25）。一方、カーネーションやキンギョソウでは、核そのものは分裂せず、核内でクロマチンが分裂する。一方、花弁が脱離するサクラでは、花弁が脱離した時点ではDNAの断片化と核の分裂は起こらない。したがって、このような花きではPCDが起こらないことが示唆されている。

カーネーションでは、エチレンがPCDの引き金となっているだけでなく、正常なPCDの進行にもエチレンが必要であることが示唆されている。バラでは花弁が脱離するタイプの品種としないタイプの品種でPCDの進行に差異がみられることが明らかにされている。

（2）プログラム細胞死に関与する遺伝子の老化にともなう発現

アイリス、アサガオ、アルストロメリア、オシロイバナ、カーネーション、スイセンおよびヘメロカリスにおいて、マイクロアレイ解析あるいはサブトラクション解析により、老化にともなう遺伝子発現の変動が解析されている。多くの花きに共通して発現の上昇がみられるのは、システインプロテイナーゼ、アスパラギン酸プロテイナーゼなどのタンパク質分解に関わる酵素をコードする遺伝子およびリン脂質分解に関与する遺伝子である。これ以外に、発現上昇が認められる遺伝子として、カーネーションからはグルタチオントランスフェラーゼ遺伝子が、ヘメロカリスからは脂肪酸ヒドロキシラーゼ、脂肪酸エロンガーゼ、アレンオキシド合成酵素遺伝子が単離されている。グルタチオントランスフェラーゼは毒物とグルタチオンの結合を触媒することにより、解毒反応に関与している酵素である。

動物のPCDにおいて、システインプロテイナーゼの一種であるカスパーゼは非常に重要な酵素である。植物ではカスパーゼそのものは見出されていないが、カスパーゼと同様の機能を有するのが、液胞プロセシング酵素（VPE）である。VPEは基質タンパク質のアスパラギンまたはアスパラギン酸残基のC末端側を切断するシステインプロテアーゼである。VPEとカスパーゼの相同性は高くないが、VPEはカスパーゼの基質を認識することから、カスパーゼと共通する基質認識部位と活性中心の立体構造をもつと考えられており、植物においてカスパーゼ活性を示す酵素であることが明らかとなっている。アサガオ、カーネーションおよびスイセンにおいて、VPEの遺伝子発現も老化にともない上昇する。

Bax-インヒビターは動物のPCDに重要な機能を有するBaxの阻害タンパク質である。植物では、Baxタンパク質は発見されていないが、アサガオではBax-インヒビター遺伝子は、老化にともない上昇することが報告されている。

DAD1 (defender against apoptotic cell death) は動物のPCDを抑制するタンパク質である。植物でも*DAD1*の相同遺伝子が単離されている。アルストロメリアでは老化の初期段階で発現が低下し始めるが、カーネーション、グラジオラスおよびアイリスでは老化の後期に発現が低下する。しかし、花弁の老化における役割は、ほとんどわかっていない。

このように老化に関わる遺伝子は多数単離されているが、エチレンに感受性の

低い花きにおいて、花弁老化の鍵となる遺伝子は特定されていない。単離した遺伝子の機能解析により、老化を制御する遺伝子の発見が期待される。

（3）老化にともなう花弁細胞の形態変化とオートファジー

　花弁は主として向軸側および背軸側表皮細胞および柔細胞から構成される。アイリスにおいて、老化にともない最初に観察される形態変化は表皮細胞間の原形質連絡の遮断であり、これは開花2日前にすでに観察される。また、アイリスとアルストロメリアなど多くの花では、柔細胞のほうが表皮細胞より前に崩壊する。アイリスでは開花後2日目には柔細胞の崩壊が始まり、4日目にはほぼ完全に崩壊するが、表皮細胞は4日目においても健全であることが観察されている。同様に、アルストロメリアにおいても、開花後4日目には表皮細胞は健全であるが、柔細胞では崩壊が始まっている。

　植物の老化後期段階ではオートファジーが起こる。オートファジーとは液胞などのリソソームに細胞内小器官が取り込まれて、分解される自食作用のことをいう。オートファジーにはマクロオートファジーとミクロオートファジーがある。マクロオートファジーは、オートファゴソームと呼ばれる二重膜を持つ小胞が形成され、オルガネラを取り込み、さらに液胞中で分解される現象である（図2-26）。ミクロオートファジーは液胞膜が陥没し、そこに取り込んだオルガネラが分解される現象をいう。

　アサガオとアイリスでは、細胞内小器官を飲み込む小胞としてオートファゴソームが形成され、液胞に取り込まれる。また、老化にともない液胞中に細胞内小器官が観察される。したがって、花弁の老化にはオートファジーが関与していると考えられている。

　オートファジーに必須な遺伝子は酵母のオートファジー欠損変異体（*autophagy*-deficient mutants）から単離された。*ATG* に数字が付され

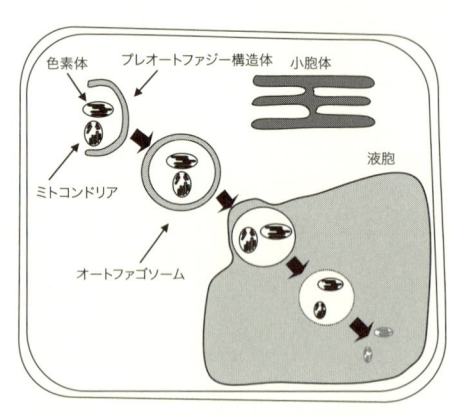

図2-26　マクロオートファジーの模式図

た名称となっており、特に*ATG1*～*18*が重要である。アサガオでは、*ATG4*と*ATG8*の発現のみが調べられており、いずれも老化にともない上昇する。

アサガオでは、エチレン処理とオートファジー阻害剤である3-メチルアデニン処理の両者により老化が促進される。エチレン処理により、オートファジー関連遺伝子である*ATG4*と*ATG8*だけでなく、*VPE*、Bax-インヒビターなどのPCD関連遺伝子も、発現のピークが早まる。アサガオでは、老化過程で発現が上昇し、膜タンパク質をコードすると考えられる遺伝子（*InPSR26*）の導入により、その遺伝子の発現を抑えると、オートファジー活性は低下するものの、老化が早まることが見出されている。*ATG4*および*ATG8*遺伝子発現も低下する傾向がみられる。

オートファジーがPCDに関与しているのであれば、オートファジーを抑制すれば、老化が遅延することが予想される。それとは逆の結果をどう説明すればよいのであろうか。これに関して、オートファジーは物質の再利用に関与しており、オートファジーの機能を阻害すると再利用の過程の消失により、老化の進行が早まるという仮説が提案されている。シロイヌナズナの葉でも、*ATG8*などのオートファジー関連遺伝子の発現を抑制すると、むしろ老化が促進されることが明らかにされている。

8 花弁展開のメカニズム

（1）花弁展開と細胞肥大

バラでは観賞の主体が蕾から開花に至る過程にあること、あるいはスイートピー、デルフィニウム、トルコギキョウなど、多くの花きでは1本の花茎にステージの異なる小花が多数存在しており、蕾を開花させることが非常に重要であることなどから、花弁の展開を何らかの方法で制御することが望まれている。

開花はシンク器官である花弁に糖質と水が急速に蓄積し、細胞が急激に肥大するとともに花弁が背軸側に反転する反応である。アサガオやマツヨイグサのような一日花では開花は特定時間に起こることがよく知られている。バラにおいても花弁の肥大は暗期終了直前から明期開始後数時間という一日のうちの特定の時間のみにみられる現象である。

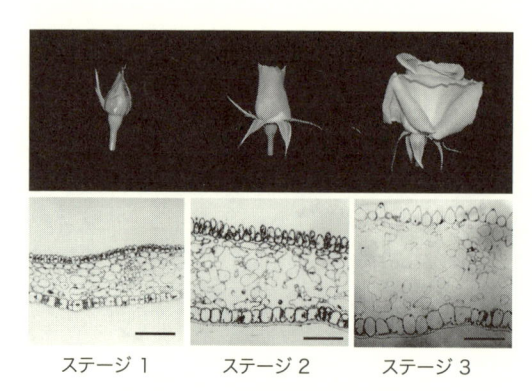

図2-27　バラ'ソニア'の花弁展開にともなう形態の変化(Yamada et al.(2009b)を改変)
バーは10μmを示す

花弁は展開しながら成長する。これに関してガイラルディアの舌状花では、花弁を構成する細胞の分裂は比較的早い段階で停止する。また、カーネーションでは、花弁中のDNA含量の増加は花弁ががく片から現れた時期にプラトーに達することが報告されている。バラにおいても、開花にともなう花弁成長は、主として細胞肥大であることが明らかにされている。これらの結果から、展開にともなう花弁の成長は主として細胞の肥大成長によって起こるとされている。

細胞が肥大するためには細胞内へ水が流入することと細胞壁がゆるむことが必要である。細胞への水の流入は、糖質、無機イオンあるいは有機酸などの物質が細胞内に蓄積し浸透圧が上昇することによって起こると考えられている。糖質が浸透圧上昇に最も寄与していることに加え、切り花への糖質の処理は花弁の展開を促進する。したがって、花弁の展開には糖質が最も重要な浸透圧調節物質であると考えられている。

花弁が展開する過程では花弁は成長する（図2-27）。バラでは、細胞分裂が緩慢になった蕾のステージから花弁が完全に展開する間（写真のステージ1から3の間）、花弁の向軸側および背軸側表皮細胞の投影面積はそれぞれ約9および6倍に増加することは、花弁の展開にともない細胞が著しく肥大することを示している。

（2）花弁の展開における貯蔵炭水化物の役割

細胞の肥大には、浸透圧調節物質以外に、多量のエネルギー源と細胞壁の合成基質が必要である。糖質はエネルギー源、細胞壁の合成基質および浸透圧調節物質として花弁の展開に不可欠の物質である。

植物において、デンプンは重要な貯蔵炭水化物である。バラ切り花を用いた実

験では、花弁が展開する過程でデンプン含量は減少し、単糖含量が増加することが報告されている。そのため、花弁に貯蔵されたデンプンが花弁展開にともなう糖質濃度の上昇に寄与していると考えられてきた。しかし、バラの樹上で開花した花では、花弁の展開にともないデンプン含量は減少するが、その減少は増加した単糖含量に比較するとごくわずかである。したがって、樹上で開花した花のように花弁が十分に展開するためには、花弁中に貯蔵されていたデンプンだけでは不十分であり、葉からの光合成産物の供給が不可欠であると考えられる。

バラ以外にも、カーネーション、キンギョソウ、トルコギキョウなど、多くの花きで、花弁の展開にともない糖質濃度は上昇するが、この上昇はデンプンの分解では説明できないことが見出されている。したがって、花弁展開におけるデンプンの貯蔵炭水化物しての役割は限られたものとみなされる。

一日花であるヘメロカリスではフルクタンが貯蔵炭水化物として重要であることが明らかにされており、花弁が展開する過程でフルクタンが分解し、その最終的な分解産物であるグルコースとフルクトースが花弁に蓄積し、浸透圧の上昇に寄与していることが報告されている。また、カンパニュラでもフルクタンが重要であることが示唆されている。

バラでは、グルコースやフルクトースをはじめとする単糖の濃度は開花にともない著しく上昇する（図2-28）。同様に、キク、カーネーションあるいはグラジオラスをはじめとする多くの花きでは開花にともないスクロース濃度はほとんど上昇しないか、あるいは低下するのに対して、グルコースとフルクトース濃度は上昇する。この現象にはスクロースをグルコースとフルクトースに分解するインベルターゼが関与している。一方、トルコギキョウとスイートピーのように、フルクトースがほとんど蓄積しない花きでは、花弁の展開にともないグルコースとスクロース濃度が

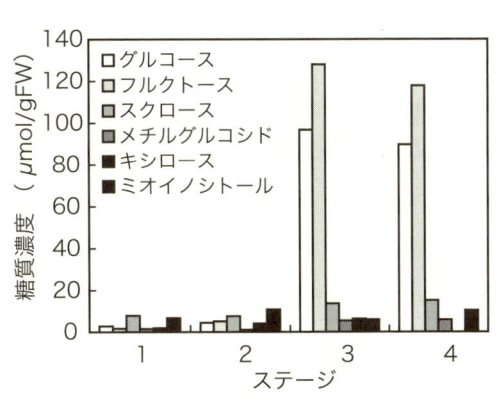

図2-28　バラ'ソニア'の花弁展開にともなう糖質濃度の変動（Yamada et al. (2009) を改変）

上昇する。リンドウでは三糖であるゲンチオトリオースが一度増加した後、減少し、それに引き続いて二糖であるゲンチオビオースが増加した後、やや減少する。このような二糖あるいはオリゴ糖の分解による単糖の蓄積は、浸透圧の上昇に寄与していると考えられる。

ポリオール（糖アルコール）を主要な構成糖質とする花きでは様相は異なる。デルフィニウムでは、マンニトールが最も主要な構成糖質であるが、マンニトール濃度は上昇せず、グルコースとフルクトース濃度が上昇する。フロックスでは、グルコースに加えて、特殊なポリオールである 2-C-メチルエリトリトール濃度が上昇する。

（3）花弁の展開にともなう糖質細胞内分布とその濃度の変動

植物の細胞では、液胞に蓄積した糖質が膨圧を生じさせることにより肥大成長すると考えられている。実際に、アマリリスおよびチューリップの花弁においても、グルコースなどの代謝糖質は液胞に蓄積することが報告されている。

液胞が肥大するためには、シンプラスト（液胞、細胞質など原形質膜の内側の部分）の浸透圧はアポプラスト（細胞壁など原形質膜の外側の部分）よりも高いことが必要である。シンプラストの大部分は液胞であり、細胞質も含む。バラでは、花弁展開にともない、シンプラストとアポプラストの浸透圧はそれぞれ上昇

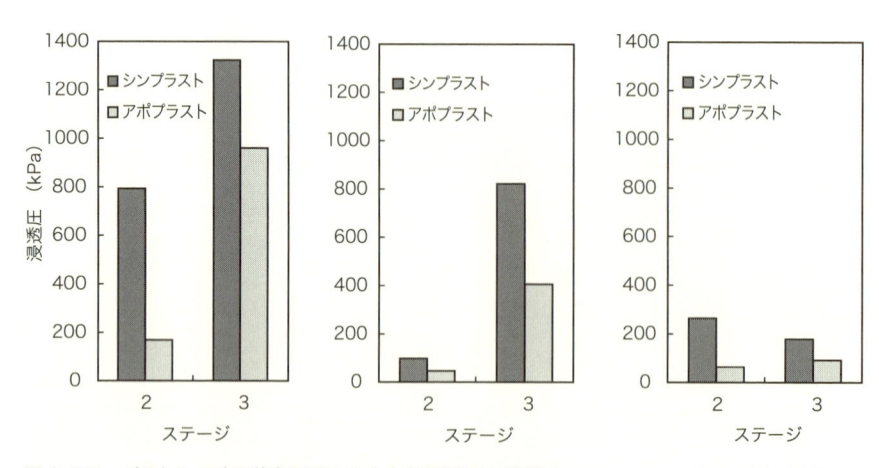

図2-29　バラ'ソニア'の花弁展開にともなう浸透圧の変動（Yamada et al.（2009）を改変）
ステージは図2-27と同じ

するが、花弁が展開する前のステージではシンプラストの浸透圧のほうがアポプラストのそれよりもはるかに高い。したがって、両者の浸透圧差により水の流入が可能である（図2-29）。花弁が展開する前のステージ2では、シンプラストとアポプラストにおける糖質由来の浸透圧の差は小さいが、無機イオン由来の浸透圧の差は比較的大きい。したがって、展開する前のステージでは、シンプラストとアポプラストとの浸透圧差には無機イオンの関与が大きいことが示唆される。また、花弁の展開にともない、シンプラストにおける浸透圧の上昇は糖質に由来する浸透圧の上昇とほぼ一致することから、花弁展開にともなう浸透圧の上昇は液胞への糖質の蓄積によることが示唆される。

花弁の展開にともない、特に液胞において、グルコースとフルクトース濃度が著しく上昇することを考え合わせると、花弁細胞の肥大機構を以下のように説明することが可能である。すなわち、無機イオンなど、糖質以外の物質によりシンプラストとアポプラストとの間に浸透圧差を生じさせる。それとともに糖質を連続的にアポプラストさらには液胞に輸送することにより浸透圧を上昇させる。浸透圧を高めながら細胞内外の浸透圧差を維持することにより、水を多量に液胞に流入させ、これにより細胞を肥大させることが可能になると考えられる。

糖質が細胞あるいは液胞に多量に蓄積するためには原形質膜と液胞膜上に糖質の輸送に関わる特異的なトランスポーターの存在が必要である。また、組織内に水が流入するために、水チャンネルが必要であることが示唆されてきた。トランスポーターあるいは水チャンネルに関わるタンパク質と遺伝子を単離し、これらの遺伝子を導入することにより物質の輸送を制御し、開花速度を調節できる可能性もあろう。

花弁が展開する過程では、向軸側と背軸側の細胞の成長速度に差があり、それが花弁展開に関与していることが示唆されている。ユリでは向軸側表皮細胞、柔細胞および背軸側表皮細胞を比較的簡単に分離することができる。細胞により糖質濃度は異なり、表皮細胞のほうが柔細胞よりも明らかに高いこと、また花弁展開前には向軸側表皮細胞のほうが背軸側表皮細胞より高いことから、これが花弁展開に関与していることが示唆されている。

（4）花弁展開に関わるタンパク質

　糖質の輸送と代謝にはさまざまな酵素タンパク質が関与している。また、細胞が肥大するためには、細胞に水が流入するとともに細胞壁が緩むことが必要であると考えられている。細胞壁の緩みに関与しているタンパク質にはエクスパンシンなど、多くの酵素タンパク質がある。

　バラの花弁展開にともなう細胞肥大において、花弁展開にともない細胞壁の緩みが起こっている。さらに、細胞壁の緩みに関係すると考えられているエクスパンシンとXTHの遺伝子発現は花弁成長にともない著しく上昇することから、これらのタンパク質が細胞肥大に重要な役割を果たしていることが示唆される。

　バラでは切り花にすると花弁展開が抑制される品種がある。株上に比較して、花弁のインベルターゼ活性は低く推移することから、花弁展開におけるインベルターゼの重要性も示唆されている。

　チューリップは温度上昇により花弁が展開し、温度低下により花弁が閉じる。温度上昇にともなう花弁の展開には水チャンネルをコードするアクアポリンタンパク質のリン酸化の関与が示唆されている。

（5）開花と植物ホルモン

　植物ホルモンの中では、ジベレリンとエチレンが開花に関与していることが報告されている。ジベレリンはバラとスターチス切り花の開花を促進的する。一方、フリージアとグラジオラスでは、蕾の開花がSTS処理により促進されることから、エチレンは開花に抑制的に作用すると考えられる。

　興味深いことにバラの開花においては、エチレンが促進的に作用する品種と、抑制する品種さらには無関係な品種があることが報告されている。

　Gaoのグループはエチレンにより開花が促進される品種と抑制される品種を用いて、開花とエチレンとの関係について研究を進めている。品種'サマンサ'では、エチレン処理により花弁展開は促進されるが、背軸側表皮細胞の肥大はむしろ抑制される。したがって、エチレンによる花弁展開促進は背軸側表皮細胞の成長抑制が原因であることが示唆される。水チャンネルをコードするアクアポリン遺伝子の発現はエチレン処理により低下する。また、アクアポリン遺伝子の発現を抑制することにより、花弁細胞の肥大が抑制される。したがって、エチレン

による細胞肥大の抑制はアクアポリン遺伝子が関わっていることが示唆される。

バラ'サマンサ'では、エチレン受容体遺伝子の発現はエチレン処理により著しく上昇する。一方、エチレン処理により開花が抑制される品種'カーディナル'では、エチレンによりエチレン受容体遺伝子の発現が促進されない。しかし、CTRとEIN3ホモログの遺伝子発現には両品種で差はみられない。したがって、バラではエチレン受容能の品種間差が開花に及ぼすエチレンの影響の差異になっている可能性がある。

9 花弁に含まれる色素と退色

花弁の構成色素は大別すると、アントシアニン・フラボノイド類、カロテノイド類およびベタシアニン類に大別される。このうち、アントシアニン・フラボノイド類とベタシアニン類は水溶性であり液胞に蓄積する。カロテノイド類は脂溶性でクロモプラストに蓄積する。紫色あるいはピンク色の花色発現に関与する色素はアントシアニンである。赤色あるいはオレンジ色に関与する色素もアントシアニンが多い。黄色の花色発現に関与する色素はカロテノイドが一般的であるが、フラボノイドとその類縁体のオーロンが関与している場合もある。ベタシアニンは赤、ピンク、黄色の花色発現に関与しているが、アントシアニンを蓄積するタイプの花弁ではベタシアニンは含まれていない。それとは対照的に、ベタシアニンを含む花弁ではアントシアニンは含まれていない。ただし、ベタシアニンを花弁の主要な構成色素とする花きは、オシロイバナ、マツバボタンなど限られている。

アントシアニンを主要な花色素とする切り花品目では、単に水に生けた場合には、蕾の花色が十分に発現しない場合が多い。この原因はアントシアニンの色素そのものの合成が抑制されるためである。切り花への糖質処理は、基質を供給するだけでなく、アントシアニン生合成に関与する遺伝子発現を促進し、アントシアニンを増加させ、花色発現を向上できる。

アントシアニンを主要な構成色素とする花弁では、老化にともない退色が起こる。特に、ピンク色のバラが、紫がかる現象はブルーイングと呼ばれる。本来、赤い花色のバラが黒ずんでくることもブルーイングの一種である。ブルーイング

表2-6 糖質と抗菌剤処理がバラ花弁の色相角度に及ぼす影響(Ichimura et al. (2003)から作成)

処理	色相角度
対照	7.7
8-HQS	8.8
スクロース	17.1
スクロース+8-HQS	17.0

スクロースは20 g/L、8-HQSは200 mg/Lを連続処理

の原因は花弁細胞中のpHの変化が原因であることが示唆されている。ブルーイングは色相角度の測定により定量的な評価が可能であり、ブルーイングが生じている花弁では色相角度が低下する。糖質処理によりブルーイングの発生を抑制できる（表2-6）。

スイートピーでは花弁が退色し、白みがかる。この原因はpHの変化だけでなく、花色発現を促進するコピグメント物質の蓄積と発現を抑制する物質の蓄積のバランスによることが最近明らかにされた。

10 切り花の水分生理

（1）切り花の老化にともなう水分状態の変化

切り花において、その水分状態は切り花の品質保持期間に影響を及ぼす重大な要因である。切り花の水分状態は吸水量と蒸散量の差し引きにより決まる。水揚げが悪化すると切り花の萎凋が引き起こされるが、この直接の原因は吸水量より蒸散量が多いことである。したがって、水揚げは単に'水の吸収'を意味する語ではなく、'切り花の水分状態'を表す語であるとみなすべきである。吸水量が多くても、それよりも蒸散量が多ければ水揚げが悪化する。したがって、吸水量が多ければ水揚げがよいということにはならない。吸水の原動力は蒸発散による蒸散流である。

蒸散には二つの経路がある。気孔内の葉肉細胞を通じて行なわれるものを気孔蒸散といい、表皮細胞のクチクラ層を通じて行なわれるものをクチクラ蒸散という。全蒸散量に対するクチクラ蒸散の割合は10％以下と少ないことが普通である。気孔蒸散の速度は、気孔内の水蒸気濃度と周辺大気の水蒸気濃度の差に比例し、その間の拡散抵抗に反比例する。拡散抵抗は、気孔内から葉表面までの抵抗である気孔抵抗と葉表面から自由大気までの拡散抵抗である葉面境界層抵抗からなる。

一般に気孔は明所および低湿度条件では開きやすく、水揚げが悪化しやすい。そのため、切り花は暗所で高湿度条件下での保管が有効である。バラなど、水揚げが悪化しやすい切り花では、葉を除去する、あるいは気孔の閉鎖を促進する ABA を処理すると、水揚げが改善され、品質保持期間が延長する（図2-30）。

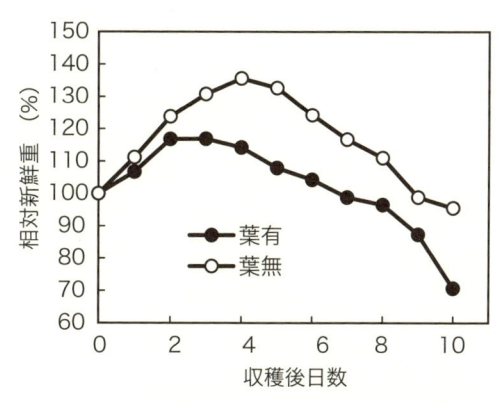

図2-30 葉の除去がバラ'ソニア'切り花の新鮮重に及ぼす影響
（Ueyama and Ichimura (1998) を改変）

切り花の水分状態は水ポテンシャルの値により定量的に表すことができる。バラでは、$-0.2 \sim -0.4$ MPa でキャビテーション（導管中の水柱が不連続となる現象）が起こり、-0.9 MPa になると水分が10%損失し、ベントネックが発生し始める。また-4 MPa になると、水分は50%損失し、通導抵抗が0になる。

バラ切り花では、蒸散は明暗周期のある条件下では日変動する。明期には気孔が開いて蒸散が促進され水分状態が悪化しやすいが、暗期には蒸散が抑制され水分状態が回復する。連続照明下で保持した場合でも、日周変動の傾向は維持されるが、暗黒条件下で保持すると、蒸散量の変動はみられず、低いレベルで推移する。

バラでは茎の表面から水は吸収されないが、キクとガーベラでは茎の表面からも吸収されることが明らかにされている。この違いはクチクラ層の発達の違いが原因になっているかもしれない。

導管の閉塞により通導抵抗は上昇する。また、水通導性は通導抵抗の逆数であり、導管閉塞にともない低下し、吸水が抑制される。その結果、蒸発散による水の損失が吸収を上回ると、水揚げが悪化する。

（2）導管閉塞の原因

導管の閉塞は水分状態悪化の直接的な原因である。導管閉塞は収穫してから数日後に問題となる場合が多い。導管を閉塞させる原因として細菌の繁殖、切り口

の気泡などいくつかのことがらがあげられている。

1）細菌と導管閉塞

　導管閉塞の最も重大な原因と考えられているのが細菌をはじめとする微生物の増殖である。生け水および導管において細菌などの微生物の増殖にともない導管閉塞が進行し（図2-31）、細菌を生け水中に添加すると導管閉塞が促進される。また、抗菌剤処理は細菌濃度を低下させるとともに、導管閉塞を抑制する。このような研究結果は、生け水中の細菌などの微生物が導管を閉塞させる原因であることを強く支持している。

　細菌に対する感受性は切り花の種類により異なっており、バラとガーベラは弱く、10^6 CFU（colony forming unit）/mL以上の濃度で著しく花持ちが短縮するが、カーネーションは比較的強く、その濃度では花持ちに影響しない。

　バラでは、シュードモナス属が生け水中に増殖する主要な細菌であることが報告されている。切り花は乾式すなわち水に挿さない状態で輸送されることが一般的であるが、このような状態でも、細菌は生け水に挿したときと同様に増殖する。

　微生物の種類により花持ちに及ぼす影響が異なり、シュードモナス属の細菌と酵母の特定の系統はカーネーションとバラの花持ちを著しく短縮させることが明らかにされている。

　細菌が導管閉塞を引き起こす機構については、依然として不明の点が多い。バラの茎の断面積の3分の2の部分にかみそりを挿しても、水揚げ程度は変化しないことが報告されている。したがって、水揚げの悪化には大部分の導管が閉塞されることが必要であることを示唆している。顕微鏡観察による結果において、切り口が分泌物をともなった細菌でおおわれていることを示す報告もある

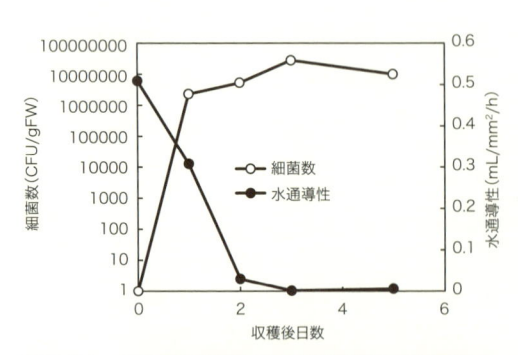

図2-31　バラの茎基部における細菌数と水通導性の変動(Ueyama and Ichimura（1998）を改変)

が、閉塞している導管の割合は2〜4%程度にしかすぎないとする報告もある。

　また、死滅させた細菌の懸濁液でも導管閉塞を引き起こすことから、細菌は導管を物理的に閉塞させているという見解がある。しかし、PutとJansenによる詳細な解析により、生きている細菌のほうが死んだ細菌よりも導管を閉塞させる作用が大きいことが明らかにされている。したがって、導管閉塞は細菌そのものによる物理的な作用のみではないことが示唆される。これに関して、細菌の分泌産物が、その生理的作用により導管を閉塞させていることを示唆する報告がある。カーネーション切り花では、4種類の細菌の分泌産物のうち、3種類により水揚げが低下する。導管中には細菌の分泌産物あるいは細菌の酵素により分解された植物由来と考えられるペクチンなどの多糖およびタンパク質が集積していることが組織化学的な方法により示されている。また、バラの切り花において、細菌から精製されたペクチン分解に関与する酵素であるペクチンリアーゼとポリガラクツロナーゼを生け水に添加すると、水揚げが低下することが報告されている。これらの結果は分泌産物が悪影響を及ぼしていることを支持するものである。しかしながら、実際に与えた濃度と同等の濃度の酵素を分泌しているかは不明であることに加えて、生け水から単離された細菌にペクチン分解活性は検出されなかった報告もあることから、ペクチン分解酵素が導管閉塞に関与しているかはさらに検討する必要があろう。細菌の分泌産物の成分については未知のところが多いが、酵素以外の分泌物が導管閉塞に関与している可能性もある。分泌物と導管閉塞との関係を解明するためには、さらなる研究が必要である。

2）切り口に入り込んだ空気およびキャビテーションによる導管閉塞

　切り口を空気にさらすと、空気が導管に入り込む。このような空気による導管閉塞は水の吸収を阻害する。切り口から入り込んだ空気に加え、キャビテーションと呼ばれる茎の内部に生じる気泡も吸水を阻害する。

　バラ切り花では、脱気した水あるいは濾過した水を生け水に用いると吸水が促進される。それとは逆に、生け水を通気することにより、吸水が抑制される。これらの知見は生け水中の気泡が導管閉塞に関与していることを支持している。

　乾式輸送は湿式輸送に比較して水通導性の低下が著しく、花持ちが短縮しやすい。乾式輸送では、このような空気による導管閉塞により、切り花の水分状態が

悪化し、品質保持期間が短縮する。

　バラ切り花では、水揚げに品種間差が存在し、空気にさらす時間の長短によりその後の吸水が阻害される時間が品種により異なっている。4品種を用いて行った試験では、最も水揚げがよい'フリスコ'では36時間でも吸水は抑制されないが、最も水揚げが悪化しやすい'キャラミア'では3時間で吸水が著しく抑制される。

　キャビテーションは切り花にせず、花茎が株に付いた状態でも起こる。株上のバラでは、キャビテーションの発生は夜明け後徐々に増加し、10時前後にピークに達し、次第に低下する。これは、昼間の蒸散により水分が損失したことにより起こると推定される。

　バラ切り花では、キャビテーションが起こる時間には著しい品種間差がある。最も水揚げが悪い'キャラミア'では切り口を空気にさらした3時間後には、その発生がピークに達するのに対して、水揚げが比較的優れる'ソニア'では、発生がピークに達するのは20時間以降であることが報告されている。このように水揚げの品種間差はキャビテーション発生の品種間差と対応していることから、バラ切り花ではキャビテーションが導管閉塞に関与していることが示唆される。

3) 傷害により誘導される生理的要因

　植物の茎が切断されると傷口を治癒するため、スベリンやリグニンをはじめとして、表皮を保護する物質の合成と蓄積が起こる。キクとアスチルベ切り花では、切断傷害により誘導される生理的な反応が導管閉塞に関与していることが明らかにされている。

　キクでは、切り花をポリエチレン袋に入れて高湿度条件で12時間保持した後、切り花を水に生けると、葉の萎れが進行する。この原因として、細菌、切り口に侵入した空気およびキャビテーションが関与している可能性が考えられる。しかし、保管中には細菌はほとんど増殖しない。また、切り口から空気を吹き込むと、空気の吸収は20分程度で止まるが、葉の萎れはそれよりもはるか後に起こる。また、キャビテーションは萎れが起こった後、観察される。これらの結果は、細菌、切り口に侵入した空気およびキャビテーションは導管閉塞の原因ではなく、切断傷害による何らかの生理的応答が導管閉塞の原因になっていることを

示唆している。この生理応答に関して、アスコルビン酸、安息香酸などの酸化防止剤で処理すると、細菌の増殖は抑制できないが、葉の萎れは抑制される。また、パーオキシダーゼとカテコール酸化酵素阻害剤の処理により、導管閉塞が遅延することから、酸化が関わるリグニン生合成が関与していることが示唆される。

図2-32 ブルースターの切り口から溢泌する白色の汁液

　同様に、アスチルベ切り花では乾式で高湿度条件下での保管により、萎れが促進される。抗菌作用のない酸化酵素阻害剤であらかじめ処理した後、空気にさらすと萎れが抑制される。これらの結果から、アスチルベ切り花では、傷害による酸化反応により導管閉塞が引き起こされると考えられる。
　ブバルディア切り花でも、空気中に短時間さらすことにより萎れが起こり、パーオキシダーゼおよびカテコールオキシダーゼ阻害剤の処理により萎れが抑制されることから、酸化反応が導管閉塞に関係していることが示唆される。
　バラでも、茎を無菌条件下で保持した場合でも導管が閉塞することが示されているが、異なる結果も報告されていることから、バラの導管閉塞に傷害応答が関与しているか否かについては詳細な検討が必要であろう。
　このような可視的には識別できない傷害による導管閉塞とは別に、ブルースターやポインセチアのように切断により汁液を溢泌する植物種もあり、これらは汁液が固化することにより導管が閉塞する（図2-32）。

4）導管閉塞を引き起こす要因の相互関係

　バラ切り花では細菌の増殖は吸水を阻害し、結果として導管中に気泡が生じキャビテーションを引き起こす。また、乾式輸送の時間が長くなるとキャビテーションが起こることが示唆されている。このような複合的な要因により、導管閉塞は進行するのであろう。導管閉塞を引き起こす要因の解析にあたり、抗菌剤は植物そのものの細胞死を引き起こし、傷害反応を抑制することが少なくない。また、酸化防止剤も抗菌効果がある場合が多く、導管閉塞を引き起こす要因の解析

を複雑にしている。

　キク切り花を空気中に放置すると導管閉塞が誘導され、その時間が短い場合には、脱気により導管閉塞から回復する。しかし、放置時間が長い場合、脱気しても導管は閉塞したままとなるが、カテコール酸化酵素の阻害剤であらかじめ処理した切り花では、脱気により導管閉塞から回復する。したがって、乾式輸送した場合、初期段階では導管閉塞に空気が関与しており、時間の経過にともない酸化反応も導管閉塞に関与することが示唆される。なお、キク切り花においても、抗菌剤処理は水分状態を良好にすることから、水に生けた場合には細菌も導管閉塞の原因になっていると考えられる。

　このように、導管閉塞には複数の要因が相互に関わりあっていることが明らかになりつつある。

11 負の屈地性による茎の屈曲

　負の屈地性により、切り花を横置きにすると花穂が上方に屈曲し、結果として花穂が曲がる切り花がある。代表的なものにキンギョソウ、ストック、グラジオラスなどがある（図2-33）。

　キンギョソウでは、負の屈地性により茎が屈曲する機構が詳細に研究されている。屈曲する過程で茎の下側の細胞肥大が促進され、上側の細胞肥大は抑制される。この肥大の差が屈曲を引き起こす。下側の細胞では縦軸方向への成長が促進される。

　カルシウムイオンチャンネルの阻害剤である塩化ランタンあるいはEGTAなどのカルシウムイオンのキレート化合物の処理により屈曲が抑制される。それとは逆に塩化カルシウム処理により屈曲は促進される。また、茎の屈曲はカルシウムのイオノフォア処理によりさらに促進される。これらの結果は負の屈地性にカルシウムイオンが関与していることを示唆

図2-33　キンギョソウ花穂の屈地性による屈曲

する。しかし、塩化カリウムも塩化カルシウムと同様に屈曲を促進することから、屈曲はカルシウムイオンのみでは説明できない可能性も残されている。

キンギョソウの切り花を水平に置くと、屈曲するが、そのとき茎の下に置かれた部位からのエチレン生成が促進される。エチレン処理は屈曲を促進し、エチレン作用阻害剤であるSTSと1-MCP処理およびエチレン合成阻害剤である塩化コバルト処理は屈曲を抑制することから、屈曲にはエチレンが関与していることが示唆される。しかし、エチレン阻害剤の屈曲抑制効果は塩化ランタンのそれほどは高くない。

屈曲は安息香酸処理によっても著しく抑制されるが、小花の萎凋を引き起こす。また、pHを8に調整したトリス-メス緩衝液によっても屈曲は抑制されるが、pHを低くすると抑制効果は小さくなる。なお、安息香酸およびトリス-メス緩衝液とカルシウムイオンの関係はまったくわかっていない。

球根性の花きであるオーニソガラムにおいても、カルシウムイオンチャンネルの阻害剤である塩化ランタンあるいはEGTAなどのカルシウムイオンのキレート化合物の処理により屈曲が抑制される。また、水平に置くと、茎の下に置かれた部位からのエチレン生成が促進される。オーニソガラムはキンギョソウとは遠縁の単子葉植物であることから、茎の屈曲には植物種に共通した機構の存在が示唆される。

12 葉の黄化

花そのものが萎れるよりも前に葉が黄化して、観賞価値を失う花きがある。代表的な品目はアルストロメリアである。他に、ユリやスイセンでも葉が黄色くなって観賞価値を失う場合もある。キクでも、花の萎れに先立って葉が黄化し、観賞価値を失う場合が多い。

アルストロメリア切り花の葉では、老化にともない活性型のジベレリン含量が減少する。また、ジベレリン処理により葉の黄化が抑制される。合成サイトカニン処理でも葉の黄化を抑制できるが、その効果はジベレリンほど高くない。このようなことから、葉の黄化はジベレリンの不足によって起こると考えられている。スイセンおよびユリ切り花においても、ジベレリンの水溶液を吸収させる

と、葉の黄化を抑制できることが明らかにされている（図2-34）。

一方、キクの切り花では、葉の黄化はエチレンにより引き起こされていることが明らかにされている。具体的には、キクをエチレンに曝すと、花が萎れることはないが、葉が黄化する。これにはかなりの品種間差がある。1 ppmのエチレンで14日間曝露処理した場合、'秀芳の力'では6日目以降、'精興の誠'では10日目以降、葉の黄化が観察されるが、'神馬'や'岩の白扇'のようにまったく黄化しない品種も存在する。エチレンにより黄化しやすい品種でも、エチレンの作用を阻害するSTS剤で処理すると、葉の黄化を抑えることができる。したがって、キク切り花の葉の黄化にはエチレンの生成が関係していると考えられている。また、'秀芳の力'では収穫後の時間経過にともない、葉のエチレンに対する感受性は上昇し、葉のACC含量も増加する。このような知見は、キクではエチレンが葉の黄化に密接に関係していることを示している。

アルストロメリアをはじめとする単子葉の花きではジベレリンの不足が、またキクではエチレン生成が葉の黄化に関与していることが明らかにされてきた。では、ジベレリンとエチレンの関係はどのようなものであろうか。これに関して、ユリでは、エチレン処理により葉の黄化が促進されず、エチレン阻害剤STS処理により葉の黄化を抑制できないことが報告されている。したがって、エチレンはユリ葉の黄化に重要な役割は果たしていないと考えられる。一方、ジベレリンがキクの葉の黄化抑制に及ぼす効果はわかっていない。

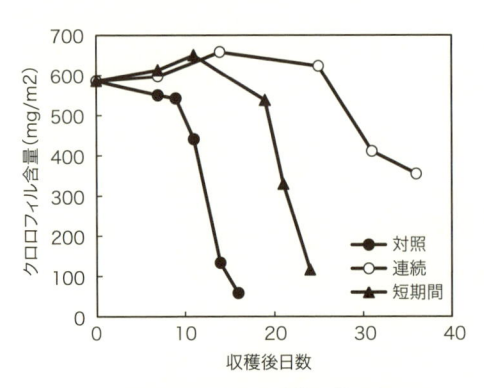

図2-34 ニホンスイセン切り花の葉のクロロフィル含量に及ぼすジベレリン処理の影響
（Ichimura and Goto（2000）を改変）
ジベレリン（GA_3）濃度は0.1 mM、短期間処理は20時間行う

第3章
品質保持剤

　品質保持剤は鮮度保持剤とも呼ばれている。品質保持剤は延命剤と呼ばれることも少なくない。しかし、品質保持剤は蕾の開花を促進することに加え、花色の発現を良好にする作用がある。このように単に老化を遅延するだけでなく、品質を向上させる効果もあるため、萎れかかった花の寿命を単に延長するようなニュアンスしか持たない延命剤という呼び方は適当ではない。

　品質保持剤には生産者用、小売用および消費者用がある。生産者用品質保持剤には出荷前処理用と湿式輸送用の品質保持剤がある。出荷前処理剤は生産者が出荷前に短期間処理する薬剤である。輸送用処理剤は、前処理剤と後処理剤の中間に用いられることから、中間処理剤と呼ばれることもあり、生産者が湿式輸送により出荷するときに用いる薬剤である。消費者用品質保持剤は後処理剤あるいはフラワーフードとも呼ばれ、消費者が用いる薬剤である。使用目的が異なるため、その成分はそれぞれ異なっている。

　品質保持剤にはエチレン阻害剤、糖質、抗菌剤、植物成長調節剤、界面活性剤などが含まれている。市販の品質保持剤はこれらの各種薬剤の混合物から構成されている。

　巻末には市販されている品質保持剤の一覧を示した。

◼ 品質保持剤の成分

（1）エチレン阻害剤

　切り花にはカーネーション、スイートピーおよびデルフィニウムのようにエチレンに感受性の高い品目が多数ある。このような切り花の品質保持に高い効果があるのが、エチレンの作用を阻害するかエチレンの生合成を阻害するエチレン阻害剤である。エチレン阻害剤の代表的な存在はチオ硫酸銀錯体（STS）であり、エチレンの作用を阻害する。

　エチレン生合成には、S-アデノシルメチオニン（SAM）合成酵素、1-アミノシクロプロパンカルボン酸（ACC）合成酵素およびACC酸化酵素が関与している。SAM合成酵素の阻害剤と考えられる物質はエチオニンである。ACC合成酵素の阻害剤にはアミノエトキシビニルグリシン（AVG）、アミノオキシ酢酸（AOA）、イソプロピリデンアミノオキシ酢酸=2-メトキシ-2オキソエチル=エステル（PACME）がある。ACC酸化酵素の阻害剤にはα-アミノイソ酪酸（AIB）、(+)-(1R、2S)-アロコロナミン酸がある。一方、阻害部位は未解明であるがエチレンの合成を阻害する薬剤には1,1-ジフェニル-4-フェニルスルホニルセミカルバジド（DPSS）、ホウ酸、アリルイソチオシアネートなどがある。

　STS以外のエチレンの作用阻害剤には、シスプロペニルホスホン酸、2.5-ノルボルナジエン（NBD）、1-メチルシクロプロペン（1-MCP）、アミノトリアゾールなどがある。

　これらの薬剤は実験的にはいずれもカーネーションでSTSに匹敵する効果を示している。しかし、後述するようにカーネーションでは効果を示しても、他の花きでは効果がない阻害剤も多い。これらの薬剤を品質保持剤として実用化するためには、切り花の種類ごとの詳細な試験が必要であろう。以下、代表的なエチレン阻害剤について概説する。

1）チオ硫酸銀錯体（STS）

　STSはオランダのVeenにより開発された画期的な薬剤であり、現在、エチレン阻害剤の中で最も一般的に使用されている。STSはエチレンの受容体に結合

することにより、エチレンの作用を阻害すると考えられている（図3-1）。STS処理により自己触媒的なエチレン生成も抑制されるが、これは作用を抑制した結果とみなされる。

銀がエチレンの作用を抑制することは古くから知られていたが、銀イオンは植物体内を移動しにくいため、花の老化を抑制する効果は少なかった。ところが、Veenは硝酸銀とチオ硫酸ナトリウムを混合することにより生成されるSTSは、植物体内を速やかに移行することを見いだし、カーネーションの花持ちを著しく延長することを明らかにした。これについて、通常植物の導管はマイナスに帯電しているため、硝酸銀などの形で与えると銀は陽イオンとなり、移動しにくい。それに対して、STSは硝酸銀とチオ硫酸ナトリウムを混合することにより、銀が陰イオン性の錯体である［$Ag(S_2O_3)_2$］$^{3-}$となるため、植物体内を速やかに移動することができるといわれている。

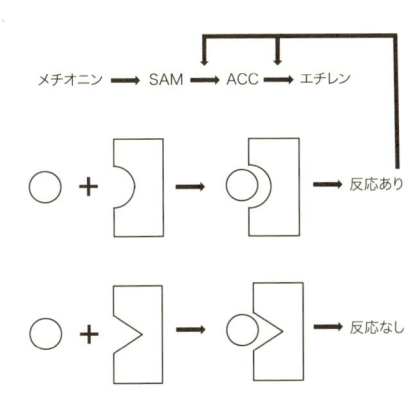

図3-1 STS作用機構のモデル

STSの名称に関して、チオ硫酸銀と呼ばれることがあるが、チオ硫酸銀は硝酸銀とチオ硫酸ナトリウムを混合することにより生じる不溶性の塩のことであり、正確にはチオ硫酸銀錯体とは異なる物質であるため、注意されたい。

STSはカーネーションをはじめとして、多くのエチレンに感受性の高い切り花の花持ち延長に効果がある（図3-2）。表3-1には花持ち延長に及ぼすSTSの効果が高い品目から低い品目まで3段階に分類した結果を示す。スイートピーあ

図3-2 カーネーション切り花の品質保持に及ぼすSTS短期間処理の影響
左：蒸留水（対照）、右：STS、0.2 mM STSを1日処理、処理後20日目の状態

表3-1　STSが切り花の品質保持に及ぼす効果

効果	切り花品目
1.5倍以上延長	カーネーション、スイートピー、デルフィニウム
1.5倍弱延長	トルコギキョウ、キンギョソウ、ストック、アルストロメリア、スイセン
ほとんど延長しない	キク、ガーベラ、ユリ類、チューリップ、ダリア、ヒマワリ、グラジオラス

いはデルフィニウムといった花持ち性の悪い花が切り花として流通可能になったのもSTSの開発によるといっても過言ではなく、これらの品目用の品質保持剤の主成分はSTSとなっている。STSは低濃度で効果が高く、安価である。

STSは硝酸銀とチオ硫酸ナトリウムの溶液を混合することにより調製する。通常は0.1 M程度の硝酸銀とチオ硫酸ナトリウムの原液を作っておき、冷蔵庫に保存する。STS溶液を調製する際は、これらを混合するが、原液どうしを混合すると沈殿が生じやすい。そこで、原液同士の混合は避け、あらかじめ水を容器に入れておき、そこに原液を薄めることが必要である。混合する割合は1：4から1：16の間で効果があり、1：8が最適である。チオ硫酸ナトリウムの割合が低いと、不溶性の塩であるチオ硫酸銀が生じる。なお、市販のSTS剤は硝酸銀とチオ硫酸ナトリウムの溶液をあらかじめ混合してあるが、亜硫酸塩などを加えて沈殿しないような工夫がなされている。

2）アミノエトキシビニルグリシン（AVG）

AVGはピリドキサルリン酸を補酵素とする酵素活性を阻害する。ACC合成酵素はピリドキサルリン酸を補酵素とするため、AVGはACC合成酵素の阻害剤として機能している。カーネーションをはじめとして多くの切り花の品質保持に高い効果を示す場合が多い。特にトルコギキョウの花持ちを著しく延長するが、花弁の成長を阻害し、花をきれいに展開させないという欠点がある。また、エチレンに感受性の高い品目であっても、スイートピーのように品質保持効果が非常に小さい品目も存在する。

高価であることが最大の問題点であったが、米国のアボット社（現ベーレント社）はAVGを微生物利用により大量に合成する技術を開発した。米国ではAVGを含む薬剤がリンゴの落果防止剤として実用化されている。しかし、開発した企業の方針により、現在、切り花用として実用化される可能性はほとんどない。

3）α-アミノイソ酪酸（AIB）

　AIB はエチレン生合成の最終段階を触媒する ACC 酸化酵素の阻害剤であり、ACC に類似した構造を有する。この薬剤は拮抗阻害により ACC 酸化酵素の活性を阻害するが、酵素との親和性が低いため、かなり高濃度の溶液を必要とする。比較的安価であるが、カーネーション、ハイブリッドスターチスなど効果がみられる花きが限られていることが欠点である。

　AIB に硝酸カルシウムを加えることにより、短期間処理ではその品質保持効果がさらに高まること、また連続処理では AIB の使用量が半減できることを明らかにされている。

　ハイブリッドスターチスにおいて、スクロースに AIB を併用処理すると、蕾の開花が促進されるだけでなく、寿命も延長し、結果として高い品質保持効果を示す。

4）アミノオキシ酢酸（AOA）

　ピリドキサルリン酸を補酵素とする酵素の活性を阻害する。したがって、AVG と同様に ACC 合成酵素活性を阻害するが、ACC 合成酵素の特異的な阻害剤ではない。かつて、オランダでは品質保持剤の主成分として実用化されていた。試薬として購入すると安価とはいえないが、AOA を主成分とする品質保持剤は低価格で市販されていた。高濃度では薬害が出やすい。また、アントシアニン生合成に関与するフェニルアラニンアンモニアリアーゼ活性を阻害する作用があることから、花色の発現を抑制する可能性もある。また、ラークスパーやスイートピーには効果がないという欠点もある。

　このようなエチレン阻害剤としての作用の他、ユリ切り花では、香気成分の生合成を抑制し、ときとして過剰な香りを弱める作用があることが見出されている。

5）エチオニン

　メチオニンの類縁体であることから、SAM 合成酵素の阻害剤と考えられている。カーネーション切り花に対しては、STS と同等の効果があるとされる。パレス化学からは、これを主成分とする生産者用品質保持剤が市販されている。

6）1,1-ジフェニル-4-フェニルスルホニルセミカルバジド（DPSS）

明治製菓により開発されたエチレン生合成の阻害剤であるが、作用部位は明らかにされていない。安全性に問題がないことが確認されており、メイライフの名称で市販されていた。ごく低濃度でカーネーション、デルフィニウムなど多くのエチレン感受性の高い切り花の品質保持期間延長に効果がある。しかし、スイートピーには効果がない。

7）シスプロペニルホスホン酸（PPOH）

協和発酵工業により開発された薬剤である。2重結合を有しエチレンと類似の構造を示すことから、エチレン作用阻害剤であると考えられている。カーネーションの花持ち延長に連続処理では効果があるが、短期間の処理では効果がない。また、特に低温下でバラの開花を遅延する効果もあるため、バラ用の前処理剤として市販されていた。

8）1-メチルシクロプロペン（1-MCP）

1-MCPは強力なエチレンの作用阻害剤である。1-MCPはエチレンの受容体に不可逆的に結合することにより、受容体とエチレンとの結合を阻害し、品質保持効果を示すとされている。常温では気体であるが、1-MCPを吸着した粉剤が開発されており、水に溶解することにより、活性成分である1-MCPが遊離する。また、安全性も確認されている。

1-MCPはカーネーションだけでなく、スイートピー、リンドウおよびラン類切り花の品質保持に効果を示す（図3-3）。しかし、短期間処理した場合、その品質保持効果はSTSのそ

図3-3 スイートピー切り花の花持ちに及ぼす1-MCPとSTS短期間処理の影響
(Ichimura et al.（2002）を改変)
左：対照、中：STS（0.2 mM）、右：1-MCP（1 μL/L）、1-MCPとSTSは4時間処理、収穫後5日目の状態

れに劣る場合が多い。また、デルフィニウム切り花の花持ちはほとんど延長しない。STSよりも品質保持効果が劣る理由は、処理終了後、新たにつくられたエチレン受容体には結合できないためと考えられている。しかし、カトレアをはじめとするラン類に対しては、STSよりも品質保持効果が高い。また、STSとは異なり高濃度で処理しても薬害を生じないという長所もある。

1-MCPはSTSとは異なり気体であることから、鉢物花きへの処理も有効である。また、スイートピーのように曇天が続くと落蕾するような品目でも、落蕾防止に利用できる可能性もある。

(2) 糖質

切り花は通常光合成ができない環境下におかれるため、炭素源が限られる。そのため、糖質処理は多くの切り花の品質保持に効果がある。特に蕾が開花するためには多量の糖質が必要であるとされ、蕾段階で収穫した切り花の品質保持に顕著な効果を示す。

これまでバラ、カーネーション、グラジオラス、シュッコンカスミソウ、ハイブリッドスターチス、スイートピー、トルコギキョウなど多くの切り花において、スクロース（ショ糖）などの糖質が切り花の開花促進に効果を示すことが明らかにされている（図3-4）。

切り花に処理した糖質は速やかに代謝される。したがって、短期間処理する場合にはできるだけ多量の糖質が吸収されるように、高濃度での処理が必要となる。しかし、濃度が高すぎると、葉に薬害を生じる場合があるので、薬害が出ない濃度を検討しなければならない。

短期間処理する場合には5％程度が適当な場合が多く、消費者が連続的に処理するためには

図3-4　バラ切り花の品質保持に及ぼす糖質と抗菌剤処理の影響
左：蒸留水（対照）、右：糖質（1％グルコース）と抗菌剤（0.5 mL/L CMIT/MIT、50 mg/L 硫酸アルミニウム）、収穫後15日目の状態

1〜2％が適当な場合が多い。

1）糖質の種類

　糖質として、グルコース（ブドウ糖）、フルクトース（果糖）およびスクロースが使用されることが多い。いずれも代謝されやすく、比較的安価であるが、糖質の種類により切り花の品質保持効果は異なる。

　スクロースの分子量はグルコースおよびフルクトースの2倍近いため、同じ％濃度ではグルコースおよびフルクトースの浸透圧はスクロースのそれの2倍近くになる。したがって、出荷前処理のように高濃度で処理する場合は、スクロースのほうがこれらの単糖よりも障害が起きる危険性が低く、前処理用として適当であると考えられる。

　連続処理する場合では、バラ、カーネーションおよびキンギョソウなど多くの切り花において、グルコースとフルクトースのほうがスクロースよりも花持ち延長効果が高いことが明らかにされているが、その理由はわかっていない。

　一方、ポリオール（糖アルコール）とミオイノシトールをはじめとするシクリトールは、グルコース、フルクトースおよびスクロースに比較して、代謝されにくい。このような糖質を構成糖質とする切り花であっても、グルコースなどに比べると品質保持効果は明らかに劣る場合がほとんどである。また、3-O-メチルグルコースのような非代謝糖は品質効果がない（図3-5）。

　トレハロースはブドウ糖が結合した二糖であり、植物にはほとんど含まれてい

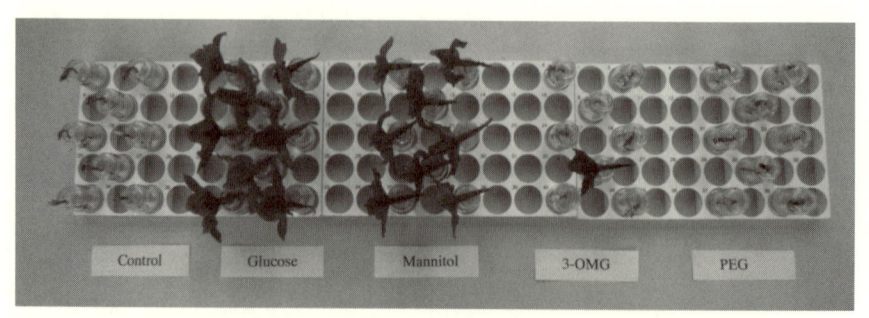

図3-5　デルフィニウム切り花のがく片脱離に及ぼす各種糖質と浸透圧調節物質の影響
　　　　左から対照、グルコース、マンニトール、3-o-メチルグルコース、ポリエチレングリコール200
　　　　糖質濃度は0.55 M、いずれも抗菌剤として8-HQSを含む
　　　　処理開始後5日目の状態

ないが、グラジオラスとチューリップ切り花ではスクロースよりも花持ち延長効果が高いことが報告されている。

他に、品質保持効果のある糖質にニゲロオリゴ糖とマルトオリゴ糖がある。キンギョソウではこれらの糖質をスクロースあるいはグルコースと組み合わせた処理により、グルコースあるいはスクロース単独処理も優れた品質保持効果を示す。

2）切り花の品質保持における糖質の役割

糖質は切り花の老化を抑制して花持ちを延長するだけでなく、蕾の開花を著しく促進し、花を大きくする作用がある。また、花色の発現も良好にする。糖質が切り花の品質保持に効果を示す最大の理由は、花弁細胞の膨圧を維持するとともに、吸水を促進し、水分バランスを良好にすることであると考えられている。しかし、非代謝糖あるいはポリオールなどの代謝されにくい糖質の品質保持効果はほとんどないことから、糖質が単に浸透圧調節物質としてのみ機能しているわけではなく、呼吸あるいは合成基質として代謝されることが重要であることを示している。それ以外に、ミトコンドリアの構造を維持する効果があることが報告されている。次に開花、老化および花色発現において、糖質の果たす役割について述べる。

① 開花における糖質の役割

蕾が開花するためには呼吸および細胞壁の合成基質ならびに浸透圧調節物質として多量の糖質が必要である。蕾が開花する過程は花弁の細胞分裂が終了した後の細胞の肥大成長に依存した反応である。細胞が肥大するためには、浸透圧調節物質が細胞内に蓄積し、水が多量に流入することが必要である。しかし、切り花では光合成による糖質の供給が限定されるため、蕾の開花促進にはスクロースをはじめとする糖質が著しい効果がある。また、シュッコンカスミソウ、キンギョソウなど、多数の蕾を含む切り花ではスクロースは開花促進に著しい効果を示す。

② 糖質による老化抑制の機構

スクロースをはじめとする糖質の処理は切り花の老化を抑制する効果がある。

ここではスイートピーの実験例を紹介し、老化抑制における糖質の役割について述べる。

スイートピーはエチレンに対する感受性が非常に高い花きであり、切り花の寿命は非常に短かく、3日程度の花持ち日数しか示さない。一方、スクロースはスイートピーの品質保持に著しい効果を示す。スクロースを連続処理したときと収穫後24時間のみ処理したときの花持ち日数はそれぞれ8日と6日である。花弁の糖質濃度は、連続処理した場合には高い値で維持される（図3-6A）。しかし、収穫後24時間のみ処理した場合には、時間の経過にともなって糖質濃度は低下する。また、収穫後24時間のみ処理したときのほうが連続処理した場合よりもエチレン生成のピークが2日早まる（図3-6B）。これらのことから、エチレン生成量と花弁の糖質含量との間には密接な関係があり、花弁の糖質含量が高くなるほどエチレン生成量が減少することが示唆される。このように、スクロース処理はエチレン生成の上昇を遅延することにより、花持ちを延長していると考えられる。

スクロースなどの糖質はエチレン生成の上昇を遅延するだけでなく、エチレンに対する感受性を低下させることも報告されている。しかし、第2章で述べたように、エチレン合成阻害剤もエチレン生合成を抑制することにより、見かけ上、エチレンに対する感受性を低下させる。糖質が真にエチレン感受性を低下させるか否かを評価するためには、エチレン合成阻害剤と同時に処理し、エチレン合成阻害剤よりも感受性の低下程度が大きいことを示さなければならない。

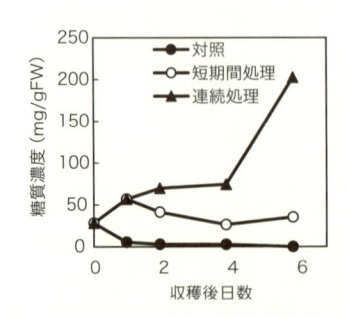

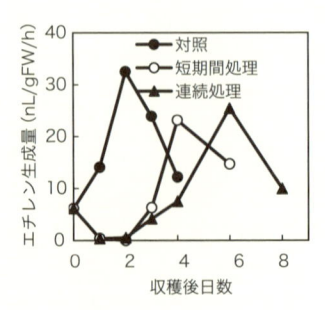

図3-6 スイートピー切り花の糖質濃度とエチレン生成量に及ぼすスクロース処理時期の影響
(Ichimura and Suto（1999）を改変)
スクロースは100 g/L、いずれも抗菌剤として8-HQSを含む
左：花弁中の糖質濃度、右：小花からのエチレン生成量

③ 糖質による花色発現促進の機構

アントシアニンとフラボノイド類は花弁における主要な色素である。バラ、トルコギキョウ、スイートピーをはじめとする多くの切り花で、スクロースを処理することによりこれらの色素濃度が上昇し、花色の発現が促進される（表3-2）。アントシアニンは通常配糖体の形で存在するため、糖質により花色発現が良好となる原因の一つは、アントシアニンの基質の増加が関与していることではないかと考えられる。

アントシアニンはいくつかの酵素反応を経て合成される。基本骨格の生合成にはカルコンシンターゼ（CHS）、カルコンイソメラーゼ（CHI）、フラバノン3-水酸化酵素（F3H）、ジヒドロフラボノール4-還元酵素（DFR）、アントシアニジン合成酵素（ANS）およびUDP-グルコース3-O-グリコシル転移酵素（UF3GT）が関与している。ペチュニアでは、CHSの遺伝子発現がスクロースにより誘導されることが知られている。またトルコギキョウにおいても、CHSだけでなく、CHIとDFRの遺伝子発現もスクロース処理により発現が促進される。キンギョソウではCHS、CHI、DFRに加えて、F3H、ANSおよびUF3GTの遺伝子発現が糖質処理により上昇し、スクロースの効果はグルコースやフルクトースよりも高いことが明らかにされている。このように、糖質により花色発現が良好となる機構には遺伝子発現が関与している。

キンギョソウの黄色の品種ではオーロンが主要な色素である。オーロン生合成にはCHS、カルコン4'-O-グルコシルトランスフェラーゼおよびオーレウシジン合成酵素が関与している。カルコン合成酵素に加えてカルコン4'-O-グルコシルトランスフェラーゼの遺伝子発現は糖質により促進されるが、むしろオーレシジン合成酵素の遺伝子発現は抑制される。

花色素はアントシニン以外にも、カロテノイド類とベタシアニン類がある。また、葉と同様に緑色の花色ではクロロフィルが構成色素となっている。これ

表3-2 スクロース連続処理がトルコギキョウ切り花の花色発現に及ぼす影響
(Ichimura and Korenaga (1998))

品種	アントシアニン濃度 (OD530nm/gFW)	
	対照	スクロース＋8-HQS
あずまの銀河	0.40	4.31
あずまの霞	0.17	2.52
あずまの調	0.17	0.18
ピッコルブルー	3.65	10.10
ピッコロローズ	1.20	4.85

スクロースは20 g/L、8-HQSは200 mg/Lを連続処理

らの花色素が糖質処理により増加するかについては不明な点が多く、今後の研究が必要である。

④ 糖質による花弁退色の抑制

糖質処理により花弁の退色を抑制することができる。退色は色素そのものが分解されるわけでなく、液胞内のpHの上昇が関与していることが明らかにされている。バラでは、糖質処理により、pHの上昇を抑制し、退色を抑制することが報告されている。

3）処理した糖質の移動と分配

バラでは放射性同位元素（^{14}C）で標識したスクロースを利用することにより、処理した糖質は葉に移動した後、花に輸送されることが示唆されている。糖質の輸送経路については不明な点が多いが、葉までは導管経由、葉から花までは篩管経由であることが示唆されている。一方、カーネーションでは、同様のトレーサー実験により、葉を経由せず、直接的に花に輸送されることが示唆されている。この結果は、比較的高濃度といえる4％スクロースを処理した場合でも、葉の糖質濃度はほとんど上昇しないことからも支持される。

トルコギキョウでは、安定同位元素（^{13}C）で標識したスクロースの利用により、処理したスクロースの分布が調べられている。その結果、処理直後では花に直接的に輸送されたスクロースも多いが、葉と茎にも蓄積する。葉と茎に蓄積した糖質は次第に減少し、花への蓄積が増加することから、葉と茎にいったん移動した糖質が花に移動することが示唆されている。

4）糖質処理による薬害とその回避方法

キク、バラ、トルコギキョウ、ブルースターなど多くの切り花品目では、糖質処理により薬害が生じる場合がある。これらの品目では、処理するスクロース濃度が1％を超えると葉に薬害が生じやすい。最初は水浸状の症状が観察され、やがて褐変して観賞価値を著しく損なう（図3-7）。一方、薬害が起こりにくい品目もあり、その代表がカーネーションやキンギョソウである。カーネーションでは高濃度の糖質を処理しても葉の糖質濃度は上昇せず、これにより薬害が生じな

いと考えられている。

　薬害を防ぐ方法には、処理時の相対湿度を上昇する方法と蒸散を抑制する物質であるアブシシン酸（ABA）を処理する方法がある。トルコギキョウでは、抗菌剤を含む糖質溶液にABAを加えると薬害の発生を防ぐことが可能である。簡便な方法としては、処理時に濡らした新聞紙で切り花を巻きながら処理すると、蒸散が抑えられ薬害の発生を防ぐことが可能である。

図3-7　スクロース処理により生じたバラ切り花の葉の薬害

（3）抗菌剤

　生け水中には細菌が増殖しやすく、増殖した細菌は切り花の水揚げを低下させ、花持ちを短縮させる。花きの種類により細菌に対する感受性には差があり、バラやガーベラ切り花は細菌の増殖により導管が閉塞し、花持ちが短縮する。このような切り花では、抗菌剤処理により導管閉塞が抑制され（図3-8）、花持ち延長に効果がある。

　抗菌剤は、硝酸銀あるいは硫酸アルミニウムのような金属化合物と8-ヒドロキシキノリン硫酸塩（8-HQS）のような有機化合物とに分類される。抗菌剤の種類により抗菌効果は異なっており、たとえばジクロロイソシアヌル酸ナトリウム（DICA）は抗菌剤としてよく用いられている8-ヒドロキシキノリンクエン酸塩（8-HQC）よりも抗菌作用ははるかに高い。

　抗菌剤の利用にあたっては、抗菌効果に加えて、薬害の生じやすさや安全性あるい

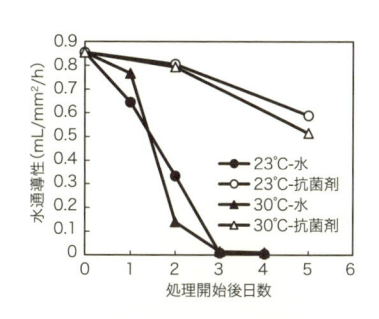

図3-8　バラ切り花の水通導性に及ぼすCMIT/MIT処理の影響
（市村、未発表）
CMIT/MIT濃度は0.5 mL/Lで連続処理

は持続性などを総合的に評価する必要がある。

1) 金属塩

品質保持剤の成分として汎用されている金属塩は硝酸銀と硫酸アルミニウムである。

硝酸銀は銀イオンの抗菌作用を利用しており、抗菌効果はかなり高い。陽イオンであるため、マイナスに帯電した導管内を移動することはほとんどできないが、後述するようにRNA加水分解物と錯体を形成することにより、植物体の移動が容易となる。

硫酸アルミニウムの抗菌効果は高くないが、ヨーロッパでは水の性質が劣るため、常用されている。水中の物質や塩類を凝集・沈殿させる作用がある。また、他の抗菌剤と組み合わせることにより、抗菌効果を高める作用がある。アルミニウムイオンには気孔の閉鎖を促進し、蒸散を抑制する作用があるため、水分状態を良好にする効果もある。高濃度ではバラの落葉を促進するような障害を生じる。

このようなイオン性の銀以外に、最近、ナノ銀が注目を集めている。ナノ銀は銀を微細にした粒子であり、抗菌剤として利用される。ガーベラやバラ切り花の品質保持に効果があることが報告されている。

2) 塩素系化合物

次亜塩素酸ナトリウム、1-ブロモ-3-クロロ-5,5-ジメチルヒダントイン(BCDMH)、1,3-ジクロロ-5,5-ジメチルヒダントイン(DDMH)、DICAなどがある。これらの物質は遊離する塩素化合物の酸化作用により、かなり強力な殺菌効果がある。抗菌作用を有する塩素化合物が揮発してしまうため、長期間、使用できなという欠点がある。

3) 4級アンモニウム塩系化合物

Physan-20が代表的な薬剤である。Physan-20は商品名で、10% n-アルキル (60% C_{12}、30% C_{14}、5% C_{16}、5% C_{18}) ベンジルアンモニウムクロライドと10% n-アルキル (68% C_{12}、32% C_{14}) アンモニウムクロライドの混合物であ

り、アルキル基が殺菌力を有する。Physan 20 は単なる抗菌剤にとどまらず、界面活性剤としての効果も有している。バラに効果のある品質保持剤ポリ2-ヒドロキシプロピルジメチルアンモニウムクロライド（PHPA；以前は2-ヒドロキシ-3-イオネンクロライドポリマー（HICP）と呼ばれていた物質）もこの化合物の範疇に入るが、殺菌力は弱く、界面活性剤として機能している可能性が指摘されている。

4）キノリン化合物

硫酸塩（8-HQS）あるいはクエン酸塩（8-HQC）の形で使用される。殺菌効果は高くはない。クエン酸塩は試薬として市販されていないが、通常は8-ヒドロキシキノリンとクエン酸を混合することにより調製する。比較的安全であるが、茎を褐変させやすいことが欠点である。また、'ローテローゼ'をはじめとする最近のバラ品種では、おそらくその毒性により花持ち延長にほとんど効果がない場合が多く、花持ちを短縮させるような品種も存在する。したがって、少なくともバラには使用するべきではない。

これらのキノリン化合物は細菌の増殖を抑制する以外に、蒸散を抑制する作用とエチレン生合成を抑制する作用があるといわれている。しかし、著者らが8-HQS を用いて、スイートピーとキンギョソウで試験した限りではエチレン生合成を抑制するような作用は認められなかった。同様に、バラ切り花において、葉からの蒸散を抑制するような作用も認められなかった。

5）クロロメチルイソチアゾリノンとメチルイソチアゾリノンの混合物（CMIT/MIT）

本剤はクロロメチルイソチアゾリノン（CMIT）とメチルイソチアゾリノン（MIT）という2有効成分の混合水溶液であり、レジェンドMK あるいはケーソンCG という商品名で知られており、これを用いた品質保持剤が市販されている。バラでは、薬害が起こりにくく、抗菌剤として優れている。多くの切り花にも有効である。ただし、濃度が高いと、茎の液に浸っている部分が変色する。

(4) 界面活性剤

　品質保持剤を含む生け水の吸収をよくするために用いられる補助的な薬剤である。化学構造的には、分子内に親水性原子団と疎水性原子団をもついわゆる両親媒性物質である。水に溶解したときに、イオンに解離するイオン性界面活性剤とイオンに解離しない非イオン性界面活性剤とがある。イオン性界面活性剤は解離するときの電荷の種類により陰イオン界面活性剤、陽イオン界面活性剤および両性界面活性剤に分類される。

　ストックでは陰イオン系の高級アルコール硫酸エステル塩や、非イオン性のポリオキシエチレンラウリルエーテルが水の吸収促進に効果があることが報告されている。ポリオキシエチレンラウリルエーテルは他の切り花にも効果がある。また、市販の界面活性剤として入手容易なトゥイーン系界面活性剤は非イオン系界面活性剤の1種であり、ポリオキシエチレンソルビタンアルキルエーテル類の商品名である。このうち、トゥイーン20はハイブリッドスターチスの水の吸収促進に著しい効果があることが明らかにされている。またトゥイーン80も同様な効果がある。

　市販の中性洗剤の主成分は界面活性剤であり、商品により組成は異なるが、界面活性剤としてポリオキシエチレンアルキルエーテル、脂肪酸アルカノードアミド、アルキルエーテル硫酸エステルナトリウムなどが含まれている。中性洗剤が界面活性剤の効果を代替できることを示した報告もあるが、専用の界面活性剤を使用したほうが安全である。

(5) 植物成長調節剤

　植物成長調節剤は植物ホルモンをはじめとして微量で植物の成長を調節することができる物質の総称であり、補助的に使われる薬剤である。

　ジベレリンはアルストロメリアなどの切り花の葉の黄化抑制に高い効果があるため、市販のアルストロメリア用品質保持剤にはジベレリンが添加されている。テッポウユリやニホンスイセンでも葉の黄化を抑制するだけでなく（図3-9）、花持ちを延長させる効果もあることから、多くの単子葉の球根性の切り花に有効であると考えられる。

　サイトカイニンの1種であるベンジルアミノプリン（BA）は蕾段階で収穫し

た切り花のがく割れ防止に効果がある。
また、アルストロメリアをはじめとする多くの切り花の葉の黄化抑制に効果があるが、ジベレリンのそれよりは劣るとされている。

アブシシン酸（ABA）は蒸散を抑制する作用があり、それにより水分状態を良好にし、花持ち延長に効果があるが、品質保持剤の成分としてはまだ利用されていないようである。

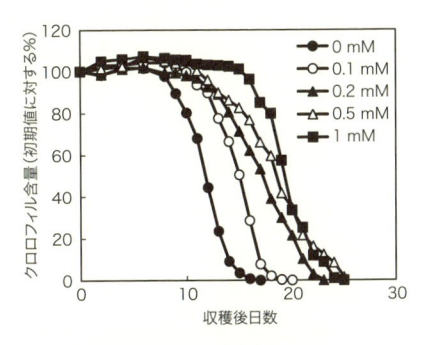

図3-9 ニホンスイセン切り花の葉の葉緑素含量に及ぼすジベレリン濃度の影響
（Ichimura and Goto（2002）を改変）
ジベレリン(GA_3)は20時間処理

（6）無機塩類

1）カリウム

カリウムは窒素、リン酸とならび植物で最も重要な無機成分の一つである。植物体内でカリウムは浸透圧を調節する物質として機能している。バラ切り花では塩化カリウムが、またカーネーション切り花では硝酸カリウム処理が品質保持に効果がある。一部の市販品質保持剤にはカリウム塩が添加されているといわれる。

2）カルシウム

カルシウムは植物の多量必須元素の一つである。細胞壁に結合して、組織を強固にする作用がある。バラ切り花では、塩化カルシウム処理は品質保持期間を延長する。また、硝酸カルシウムはカーネーションや球根性切り花の品質保持に効果がある。カーネーション切り花では硝酸カルシウムなどのカルシウム塩をAIBと組み合わせて処理すると、AIB単独処理以上の品質保持効果を示す。また、ガーベラとキンギョソウの切り花では、塩化カルシウム処理は茎の折れ曲がりを抑える作用がある。

現在、カルシウム塩が品質保持剤の成分として用いられているかは不明であるが、今後の利用が期待される物質である。

2 品質保持剤の種類

品質保持剤は使用する段階により生産者用、小売用および消費者用に分類される。使用目的が異なるため、その成分はそれぞれ異なっている。図3-10には切り花の流通経路と品質保持剤を示す。

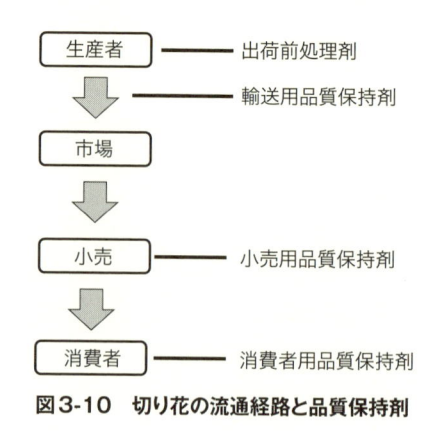

図3-10 切り花の流通経路と品質保持剤

（1）生産者用品質保持剤

生産者用品質保持剤は出荷前処理剤と輸送用品質保持剤に大別される。

1）出荷前処理剤

生産者が出荷前に短期間処理するものである。表3-3に出荷前処理剤の主要成分と対象切り花を示す。

最も汎用されているのは、STSを主成分とする薬剤であり、エチレンに感受性の高い切り花の花持ち延長に効果が高い。カーネーション、デルフィニウム、スイートピー切り花の花持ちを延長する効果が非常に高く、これらの品目ではSTS処理が必須となっている。

シュッコンカスミソウ、ハイブリッドスターチスおよびトルコギキョウの切り花に対しては、専用の前処理剤が市販されている。いずれもSTSに加え、小花の開花を促進するために糖質が含まれている。ただし、組成はそれぞれ異なって

表3-3 市販生産者用品質保持剤に含まれる主要成分とその対象品目

品質保持剤の主要成分	対象品目
STS	カーネーション、スイートピー、デルフィニウム
STS＋糖質	シュッコンカスミソウ、ハイブリッドスターチス、トルコギキョウ
STS＋ジベレリン	アルストロメリア、ユリ、スイセン
STS＋界面活性剤	ブバルディア、キンギョソウ、アジサイ
抗菌剤	全品目

いると考えられる。また、STS を用いていないハイブリッドスターチス用の前処理剤が市販されている。

アルストロメリア用の前処理剤は、STS とジベレリンが主成分であるといわれる。ジベレリンは葉の黄化を抑制するために添加されている。

バラおよびガーベラ用の前処理剤は抗菌剤が主成分となっている。

上記以外に糖質、抗菌剤および無機塩を主成分とする汎用性のある前処理剤も市販されている。

2）輸送用品質保持剤

湿式輸送に用いるために開発された薬剤である。主成分は抗菌剤であり、糖質が含まれる場合もある。中間処理剤と呼ばれることもある。

（2）小売用品質保持剤

小売店で使用するものである。比較的低濃度の糖質と抗菌剤が主成分である。抗菌剤のみの製品を使用する場合も多い。

（3）消費者用品質保持剤

後処理剤あるいはフラワーフードとも呼ばれる。消費者が連続的に処理するものである。各社から市販されているが、特定の切り花用の製品も市販されている。

消費者用品質保持剤は糖質、抗菌剤、界面活性剤などから構成される。エチレン阻害剤は生産者段階での処理が一般的であるため、通常は含まれていない。糖質ではスクロース、グルコースあるいはフルクトースなどが含まれている。

一般に多くの切り花品目の品質保持に効果があるが、ユリ類のようにほとんど効果のない品目も存在する。

第4章
予冷、保管および輸送

1 予冷

(1) 予冷

　収穫後あるいは出荷前にすみやかに温度を低下させることを予冷と呼ぶ。収穫された切り花は、呼吸により体内の糖質などの養分を消費する。呼吸にともない呼吸熱の発生により切り花の品温を上昇させ、さらに呼吸を促進させ、品質が低下する。呼吸量は温度が高いほど大きくなり、貯蔵糖質の消費量も増大する。このような輸送中の呼吸などによる消耗による鮮度低下を防ぐために、最も効果的な方法は低温にさらすことである。しかし、単に冷蔵庫に入れただけでは品温の低下は緩慢であるため、その効果は十分ではない。そのため、速やかに品温を低下させる予冷が必要となる。

(2) 予冷の方法

　現在、青果物で実用化されている予冷方法は、冷風冷却、真空冷却および冷水冷却がある。このうち、切り花に適用できる予冷方式は冷風冷却と真空冷却である。冷風冷却には強制通風冷却とその改良法である差圧通風冷却がある。
　強制通風冷却は予冷庫内の冷気を送風機で強制的に撹拌したり、容器または産物に直接冷気を吹きつけ、熱伝達および熱伝導を早めて冷却する方法であり、一般の冷蔵庫冷却より冷却速度が速い。しかし、出荷容器の内部まで浸透しにくいため、冷却速度が遅く、品温むらが発生しやすいことが問題となっている。
　強制通風冷却の欠点を補うために開発されたのが、差圧通風冷却である。段ボール箱の相対する2側面に設けた通気孔を通して、冷気を段ボール箱内に強制

的に導入し、品物と直接熱伝達ができるようにした方法である（図4-1）。真空冷却は、品物の周囲の圧力を下げて品物からの水分蒸発を促進させ、そのとき奪われる蒸発潜熱によって、品物の温度を低下させる。冷却速度は他の方法に比較して圧倒的に早いことが利点である。しかし、切り花の場合、水分損失が大きく障害を起こしやすいことが最大の問題であろう。また、施設費、運転経費が高く、別に保冷庫が必要であることも短所である。

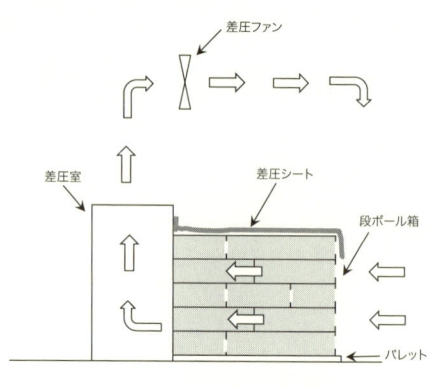

図4-1　差圧通風予冷方式の模式図

これらの3種類の予冷方法では、差圧通風冷却法が切り花の予冷には最も適当であると考えられている。しかし、国内では切り花用の予冷の施設は十分には普及していない。特に最も適切な予冷方法と考えられる差圧通風冷却の施設はほとんど普及しておらず、今後の整備が望まれる。

（3）予冷の効果と予冷した切り花の輸送

アルストロメリア、カーネーション、キク、グラジオラス、シュッコンカスミソウ、トルコギキョウ、バラなどの多くの主要な切り花で、予冷による品質保持効果が明らかにされている。

予冷した切り花を常温で輸送すると、品温は急激に上昇し、予冷の効果が失われる。シュッコンカスミソウの切り花では、強制通風冷却による予冷を行った後、低温と常温で輸送シミュレーションを行なうと、常温では品温が急激に上昇し、エチレン生成量と呼吸量は増加することが明らかにされている。したがって、低温輸送を行わなければ予冷を行った意味がない。

2 保管

（1）保管方法

切り花は出荷前に1日から数日程度保管される場合が多い。保管方法は切り

花への水分の供給の有無から、乾式保管と湿式保管に分類される。湿式保管は乾式保管よりも保管性が優れているが、保管時の気温が高いと老化が進行することおよびスペースを効率的に利用できないことが欠点である。バラのように水分状態が悪化しやすい切り花では、乾式保管により花持ちが短縮するため、乾式保管を行ってはならない。

乾式保管には、段ボール箱に横詰めして、出荷前に短期間保管する場合と、後述するように、蕾段階で収穫した切り花をポリエチレンフィルムのような包装資材で包装し、長期間保管する場合がある。長期保管は極力避けたほうが望ましい。なお、保管期間が比較的長い場合を貯蔵と呼ぶことがある。

（2）包装資材を利用した保管技術

収穫時期や出荷時期が限られた切り花では保管が重要となっている。保管期間を延長するため、包装資材を利用した保管技術が開発されている。包装資材を利用した技術は、国内よりも流通期間が長い輸出の際にも有用と考えられている。

1）MA包装

低温下で空気組成を制御し、酸素濃度を低下させると同時に、二酸化炭素濃度を上昇させる方式をCA（Controlled Atmosphere）貯蔵と呼んでおり、リンゴの長期貯蔵技術として実用化されている。カーネーション切り花においても、CA方式により貯蔵期間を延長したことが報告されている。しかし、装置が大がかりであることもあり、国内では実用化されていない。

CA貯蔵を簡易的にした方法がMA（Modified Atmosphere）包装である。これは青果物をプラスチックフィルム袋に密閉するものであり、呼吸作用により酸素濃度は低下し、二酸化炭素が蓄積するという、CA効果を得ることができる。CA貯蔵を簡易にした方法とみなすことができる。

MA包装にはポリエチレンフィルムやポリプロピレンフィルムが用いられるほか、専用の細孔が開けられたフィルムを用いる場合が多い。微細孔フィルムには異なる密度で孔を開けることにより、酸素透過量を変えることが可能である。通常のポリエチレンフィルムあるいはポリプロピレンフィルムでは期待されるような空気組成を得ることは困難であるが、P-プラス（住友ベークライト）のような

微細孔フィルムの使用により、袋内の空気組成を変えることができる。リンドウ、ボタンなどの多くの切り花では、P-プラスを用いたMA包装により保管期間を延長することが可能である。ボタンではMA包装により、5℃で3週間、10℃で2週間保管できることが明らかとなっている。

MA包装では通常、空気組成はなりゆきまかせであり、passive MA包装と呼ばれることもある。これに対して、あらかじめ二酸化炭素濃度を上昇させた空気を袋内に導入するactive MA包装がある。包装開始時から適当な空気組成にできることが長所であり、passive包装の欠点を改善した方法であるといえる。ただし、簡便とはいい難いことが欠点である。キク切り花では、空気組成がなりゆきまかせのpassive MA包装に比較して、酸素濃度を2％に低下させたactive MA包装により、保管期間が延長できることが示されている。

2）低酸素包装

脱酸素剤を封入して袋内の酸素濃度を低下させる方法であり、passive MA包装とactive MA包装の中間的な形態といえる（図4-2）。脱酸素剤にはエージレス（三菱ガス化学）などが利用できる。脱酸素剤の量を増やすことにより、包装後、1日以内に酸素濃度は1％以下まで低下する。酸素濃度の低下による呼吸抑制により、保管期間延長に効果があると考えられる。

図4-2 低酸素包装したトルコギキョウ切り花
写真提供:湯本弘子博士

低酸素包装により、トルコギキョウとグラジオラスでは包装中の開花の進行を抑制することができる。また、開封後の花持ちも延長できる。エチレンに感受性の高い切り花では、エチレンが袋内にエチレンが蓄積しやすいが、エチレン阻害剤を包装前にあらかじめ処理することにより、エチレンの影響を抑えることができる。

3）減圧包装

切り花を包装資材で包装し、減圧して空気を極力少なくした後、密閉する方法を減圧包装と呼ぶ（図4-3）。減圧することにより容積を減少させることができる。また、容積を減らすことにより、酸素濃度の低下が促進されるため、呼吸を抑制し、貯蔵期間を延長することができる。

図4-3　減圧包装したボタン切り花
左：減圧包装、右：通常包装
写真提供：金森健一氏

ボタン切り花では減圧包装により、2～5℃で2週間保管することが可能である。通常よりも保管期間を延長できるため、ボタン切り花の輸出に実用化されている。他の切り花では、グロリオサ、シンビジウムなどの切り花の保管に有効であることが明らかにされている。

減圧包装は容積を小さくすることができるため、箱の入り本数を多くすることができ、特に輸出における輸送方法として有用であり、今後の活用が期待される。

（3）保管中の温度と湿度環境

保管中の温度は一般的には低温が望ましいが、熱帯および亜熱帯原産の花きは低温障害を起こしやすいため、注意が必要である。一般的には自然開花期が秋から春の品目では1～2℃、晩春から初夏の品目では4～5℃、初夏から夏にかけての品目では7～10℃が適当であるとされている。しかし、ユリのように、自然開花期はむしろ夏季であるにもかかわらず、5℃でも開花が進行するような品目もあり、注意が必要である。

湿度に関しては保管貯蔵では乾燥に注意する必要があるが、灰色かび病の発生にも注意する必要がある。乾燥を防ぐために、90％の高湿度に維持した保冷庫も市販されている。

3 輸送技術

(1) 輸送方法

輸送方法は、切り花を段ボール箱に詰め、水を供給しない状態で輸送する乾式輸送（図4-4）と縦箱を用いて、水を供給しながら輸送する湿式輸送とに大別できる（図4-5）。湿式輸送のうち、出荷容器に回収・再利用可能なバケット（バケツ）を用いる方式をバケット輸送と呼ぶ。また、給水剤などを利用した輸送方式を、特にピックル輸送と呼んでいる（図4-6）。

給水資材にはゲル化剤やフェノール発泡樹脂製の専用の給水剤が用いられているほか、紙や綿のような支持資材も用いられている。また、単に保湿剤で切り口を覆うだけの簡易な方式もあるが、このような方式では、切り花に給水することはできない。

乾式輸送は横置きにして運搬することが一般的であるが、ガーベラなど、屈曲が問題となる品目では、縦置きして運搬することが一般的になっている。

図4-4 乾式で出荷されたキク切り花

図4-5 縦箱・湿式で出荷されたシュッコンカスミソウ切り花

図4-6 ピックル方式で出荷されたデンドロビウムファレノプシス切り花

(2) 輸送に適切な温度

輸送するときの温度は、低温が望ましい。熱帯原産の切り花であっても、低温

障害が生じない程度の低温にしたほうが鮮度保持効果は高い。

　湿式輸送では開花ステージが進みやすいため、低温で行うことが不可欠であると考えられている。しかし、輸送時の気温が品質保持に影響するのはむしろ乾式輸送である。乾式輸送では輸送温度が高いと、品質保持期間短縮が著しい。したがって、乾式でも低温輸送は不可欠である。

　切り花の鮮度保持効果は、低温障害が生じない範囲で低温にしたほうが高い。新花き流通システム研究会が策定した品質管理マニュアルでは、バラ切り花に適切な輸送温度は5℃が推奨されている。しかし、夏季のような高温期に、5℃のような極端な低温輸送は輸送経費がかさむだけでなく、環境負荷も大きい。また、気温の著しい変動が花持ちに及ぼす科学的データは報告されていないものの、花持ちの短縮が懸念されている。したがって輸送温度を、年間を通じて同じにする必要性には議論の余地が大きい。夏季の輸送温度は慎重に設定するべきであろう。

(3) 湿式輸送の長所と短所

　乾式輸送では水が供給されないため、時間の経過とととともに水分は徐々に失われる。それに対して、湿式輸送では常時水分が供給されるため、基本的には水分が損失しない。したがって、鮮度は高い状態で保持される。

　湿式輸送では輸送中に切り花が萎れることがないため、切り戻しをする必要性が低い。現在、切り花の品質を決定する主要因は切り花長である。したがって、湿式で輸送された切り花は、乾式で輸送されたものよりも短い長さで同等の品質評価を得ることが可能となりうる。

　バケット輸送はバケットが回収できることが最大の長所の一つである。また、段ボール箱を用いずに輸送できるため、ゴミが出ることがなく、省資源的であるといえる。

　作業性については、容器の形状が大きく影響するが、段ボール箱を使用しないバケット輸送方式では箱の組み立てや箱詰めの労力がかからず、省力的である。

　キンギョソウやストック切り花のように、負の屈地性により花穂が曲がりやすい品目では、それを直すための調整が必要となる。湿式輸送では、切り花を垂直に立てて輸送するため、調整が不要となる。

このように、湿式輸送は乾式輸送に比較して多くの優れた長所があるが、問題点も存在する。

切り花を常温下で湿式輸送すると、開花が進み、商品価値を低下させる場合がある。これを避けるために、湿式輸送は低温で行なうことが原則である。乾式輸送に比較して、積載効率が劣ることも欠点である。また、遠隔地に輸送する場合、通常の湿式輸送システムでは容器と段ボール箱が必要となるため、容器にかかる費用も乾式輸送よりも高額になる。したがって、輸送経費は湿式輸送のほうが乾式輸送よりも高額になることが普通である。

湿式輸送普及にあたり、現在最も問題となるのは市場側の受入れ体制である。特に、多くの市場はバケットを受入れる体制が十分整備されているとはいえない。

（4）給水用容器の種類と台車

輸送に用いる給水用容器には丸桶形あるいは箱形など、さまざまな形状、大きさがある。'花だるま'、'花水器'、'ソフトバケット'をはじめとして、横に積んでも水がこぼれない容器も市販されている（図4-7）。

バケットのサイズについては、取り扱いや積載効率の点から、ある程度は統一したほうが望ましいと考えられている。これに関して、農水省花き対策室（現在花き産業振興室）、日本花普及センターおよび日本フローラルマーケティング協会は共同で、後述するELFシステム用のバケット（240×240 mm）を含む4種類の大きさのバケッ

図4-7 横置き可能な湿式方式で出荷されたトルコギキョウ切り花

トの使用を提案している。ELFシステム用以外のバケットの大きさは、大が400×300 mm、中が350×250 mm、小が300×200 mmである。

バケット輸送を行なう場合、台車を使えば作業性が著しく向上するだけでなく、スペースを有効に活用できる。したがって、バケット輸送では台車の利用が望ましい。

（5）リターナブルバケット流通システム

現在、国内で稼動している代表的なリターナブルシステムに ELF(Eco Line Flower) システムがある（図4-8）。ELFシステムは、当初、大田市場にあるフラワーオークションジャパンがプラスティック資材メーカーの兼弥産業と共同で始めた。現在、多くの市場で採用されている。専用のバケットは2種類あり、国内の流通ロットに合わせて小型化している。本体とアタッチメントの組合わせにより、異なる長さの切り花に対応することが可能である（図4-9）。バケットは回収して、再利用する。段ボールをまったく使用しないため、ゴミが出ず、環境にやさしいシステムといえる。バケットの構造から、切り花を入れた状態のバケットは積み重ねることができない。したがって、台車流通が必要となる。バケットは回収され、洗浄後再利用される。破損品もリサイクルされる。生産者はバケットを買い上げるのではなく、使用料を負担して専用バケットを利用する。箱の組立てが不要となることに加えて、切り花をそのまま入れればよいため、作業性にも優れている。現在はカーネーション、トルコギキョウなど多くの品目で利用されている。

図4-8 ELFシステムにより出荷された切り花

ELFシステム以外に、全国規模で稼働していたシステムにSCシステムがあった。これは、台車を使用する場合はELFシステムと同様に段ボールを用いず、台車を使用しない場合は段ボール製の胴枠利用により、積み重ねることができる優れたシステムであったが、残念ながら2010年度には事業が中止となった。

地方の卸売市場では'通い箱'とも呼ばれるバケットを使用して、生産者が市場にそのまま持ち込むことも行なわれている。これには箱詰めの労力や段ボール箱代がかからないため、生産者にとっては有効な手段である。市場への返却は買参人の善意に任されており、必ずしも回収率が高いと

図4-9 ELFシステムで用いるバケット

はいえないことが欠点である。また、北海道のバラ生産者は、北海道内に出荷する際、バケットを回収し、再利用する方式をとっている。

（6）水質と品質保持剤

　水や容器の汚れは細菌の汚染を促し、吸水を抑制し、花持ちを短縮させる。したがって、容器はよく洗浄したものを使用しなければならない。また、少なくとも、抗菌剤を主成分とする湿式輸送用の品質保持剤を使用するべきである。

（7）湿式輸送に適した品目

　バラ、シュッコンカスミソウあるいはトルコギキョウなど水揚げが問題となる切り花では湿式輸送が望ましい。

　湿式輸送が不可欠な切り花もあり、その代表がダリアとシネンシス系デルフィニウムである。また、キンギョソウのように横置きにすると花穂が屈曲する品目でも湿式輸送が実施されている。

　一般に湿式輸送を行ってもその後の花持ちが乾式輸送と変わらないような切り花では湿式輸送を行う必要性は必ずしも高いとはいえない。しかし、乾式輸送では切り花は水ストレスを受けており、生命の維持に何らかの悪影響を及ぼしていると考えられる。特に輸送温度が高く、輸送時間が長い場合には、大きな水ストレスに曝されていることになる。また、グロリオサのような水揚げが比較的優れた切り花でも湿式輸送が効果的であることが報告されている。したがって特に必要性が示されていない切り花品目でも、湿式輸送がどの程度効果があるか検討することが必要である。

（8）湿式輸送が切り花の鮮度・品質保持に及ぼす効果

1）品質保持に及ぼす影響

　湿式輸送では、切り花は常時水分が供給されている。したがって、湿式輸送のほうが乾式輸送よりも鮮度保持効果ははるかに優れる。しかし、鮮度と花持ちは同義でなく、鮮度の高い切り花が必ずしも花持ちが優れるわけではない。では、湿式輸送は切り花の鮮度保持にどの程度効果があるのであろうか。

シュッコンカスミソウの切り花を低温（10℃）と常温（20℃）で湿式と乾式の輸送シミュレーションを異なる時間行い、その後の花持ちを調べた試験では、温度と輸送時間が同じ場合には、湿式輸送が乾式輸送よりも花持ちが優れていることが明らかにされている（図4-10）。特に、常温で輸送時間が長いと、両者の差は大きくなるが、低温で輸送時間が短い場合には、両者の差は小さい。バラ切り花でも同様のことが報告されている。このように、シュッコンカ
スミソウやバラのように水揚げが問題となる切り花では、湿式輸送は品質保持効果に優れるが、低温かつ短時間の輸送ではその差は大きくない。したがって、低温かつ短時間の輸送が切り花の輸送の基本であり、それとは逆に常温で長時間の乾式輸送は切り花の品質保持にとっては最悪であるといえる。

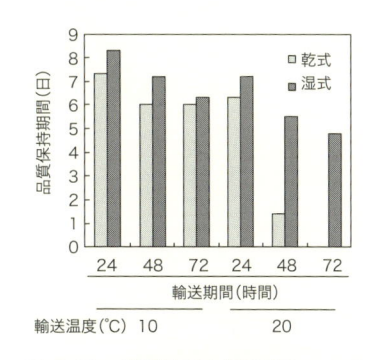

図4-10　輸送方法と温度がシュッコンカスミソウ切り花の品質保持に及ぼす影響
（宮前ら（2007）を改変）

2）水分の供給

　乾式輸送では切り花に水分が供給されないため、湿式輸送に比べ、切り花の水分損失ははるかに大きい。花と葉は水分を競合する関係にあり、バラ切り花では、乾式輸送により花から葉へ水分が移動することも報告されている。また、乾式輸送では輸送後の吸水も抑制されやすく、花弁が十分に展開しない場合も多い。湿式輸送ではこのような問題を解決できる。

3）導管閉塞の抑制

　乾式輸送では切り口に空気が入って導管が詰まりやすくなり、輸送後の吸水が抑制される。バラ切り花では、空気にさらす時間が3時間程度でもその後の吸水が抑制される品種もあり、多くの品種では24時間以上になると吸水が著しく抑制されることが報告されている。湿式輸送では切り口が常時水に浸漬されているため、空気が入り込むことはない。
　細菌の増殖はバラ切り花の花持ちに悪影響を及ぼすことが知られているため、

湿式輸送では細菌の増殖が懸念されている。しかし、乾式輸送では茎中の細菌は湿式輸送した場合と同様に増殖することが明らかにされている。湿式輸送では生け水に抗菌剤を入れることにより、細菌の増殖を防ぐことができる。したがって、細菌の増殖を防ぐという面でも湿式輸送は乾式輸送よりも優れていると考えられる。

（9）湿式輸送と品質保持剤を利用した品質保持技術

　湿式輸送は切り花の品質保持効果に優れているといわれている。しかし、単に湿式輸送を行なっても、品質保持期間はさほど延長するわけではない。そのため、湿式輸送は切り花の花持ちを積極的に延ばす技術ではなく、むしろ花持ちの短縮を抑える技術とみなすべきである。

　湿式輸送の長所の一つとして、品質保持剤で処理しながら輸送できることがあげられる。糖質と抗菌剤の輸送中の処理により、品質保持効果を得ることができる。

　バラ切り花の品質保持期間は短い。その原因は主として細菌の増殖による導管の閉塞と開花に必要とされる糖質の不足であることが知られている。そのため、バラ切り花を湿式輸送中に抗菌剤と糖質を処理することにより、品質保持期間を延長することが可能である。

　バラ切り花を、抗菌剤を含む2％および4％スクロース溶液を用い、前処理を想定して10℃、相対湿度約70％で1日間、さらに輸送中の処理を想定して15℃、相対湿度70％で2日間処理すると、品質保持期間は著しく延長する（図4-11）。この処理の実用性は、産地から実際の流通ルートで東京の市場に輸送した場合にも確認されている。

図4-11　出荷前および輸送処理のスクロースと抗菌剤処理がバラ切り花の品質保持に及ぼす効果
左から蒸留水→乾式、蒸留水、抗菌剤、4％スクロース＋抗菌剤
抗菌剤として0.1 mL/L CMIT/MITと100 mg/L 硫酸アルミニウムを用いる、品質保持検定開始後7日目の状態

同様に、トルコギキョウとキンギョソウ切り花においても、STSとスクロースで前処理し、さらにスクロースを処理しながら輸送することにより、品質保持期間が延長する。

4 貯蔵・輸送用資材

貯蔵・輸送用資材には給水剤、機能性段ボール、機能性フィルムなどがあり、多数の異なる材質のものが市販されている。これらの資材の切り花を用いた試験例は野菜や果実のそれに比べて多いとはいえない。

（1）給水資材

市販されている給水専門の資材には'オアシス'、'花鮮源'、'エコゼリー'、'アクアフォーム'などがある。このうち、輸送用に使用されるのは'エコゼリー'と'花鮮源'である（図4-12）。オアシス'はフェノール発泡樹脂が主成分であり、廃棄しにくいという問題がある。'エコゼリー'は、ゲランガム製の給水資材である。ゲランガムは微生物が分泌した多糖で、植物の組織培養にもよく用いられている。'エコゼリー'は比較的高価であるが、容易に廃棄することもでき、その取り扱いの容易さから普及している。高級で湿式輸送が必要な花では有効な資材であろう。

図4-12　エコゼリーを用いて出荷されたトルコギキョウ切り花

ゲランガムはゲル化に無機イオンを必要とし、ゲランガムと無機塩の濃度を高くするほど、ゲルは硬くなる。逆にゲランガムと無機塩の濃度を低くすると、水分が多く柔らかいゲルが調製できるが、そのようなゲルが必ずしも給水能に優れているわけではない。植物の組織培養に用いられるMS無機塩を用いた場合、標準濃度のMS無機塩と0.2％ゲランガムを用いて調製したゲルは給水能が優れており、バラ切り花の給水資材として適している（図4-13）。

給水資材は、資材そのものが吸水力を有しているため、バケット輸送の場合よ

りも吸水量はかなり少なくなる。したがって、輸送環境によってはバケット輸送よりも鮮度保持効果が劣る危険性がある。

このような給水資材以外に保湿資材が用いられることもある。'花かれん'などの専用の保湿資材が用いられるほか、湿らせたティッシュペーパーなどで切り口を包むことも行われている。しかし、このような保湿剤を用いても給水することはできない。したがって、切り口の乾燥を防ぐ効果は有するが、積極的な鮮度保持効果は期待できない。

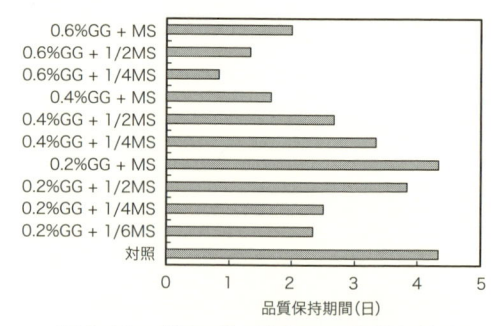

図4-13 ゲランガム濃度とMS無機塩がバラ切り花の品質保持に及ぼす影響
(Ichimura et al. (2009)を改変)

（2）包装用資材

青果物の鮮度保持には、通常、ポリエチレンやポリプロピレンなどのポリオレフィン系のフィルムが用いられる。これに改良を施し、さらなる鮮度保持効果を持つように作られたのが機能性フィルムである。

ポリオレフィン系フィルムの気体透過性の問題を解決するために、透過性を改良した穿孔フィルムが開発されている。穿孔フィルムには直径5 mm程度の穴があけられた有孔フィルム、直径0.5 mm程度の穴があけられた針孔フィルム、数マイクロメーターの微細孔があけられた微細孔フィルムがある。

このようなガス透過性を改良したフィルム以外に、防曇処理を施したフィルムや抗菌性あるいは水分制御を目的とした機能性フィルムが開発されている。防曇フィルムは、結露防止のために、フィルム内面に非イオン系界面活性剤を処理し、曇りを防止して、見栄えをよくしたフィルムである。抗菌性フィルムは銀ゼオライト、ヒノキチオール、アリルイソチオシアネートなどの抗菌性のある物質を処理したフィルムである。

（3）機能性段ボール

　現在では多数の性質の異なる機能性段ボールを用いた輸送用の箱が市販されている。この中には、エチレンを吸着する作用があるといわれるクリストバライトを練り込んだ紙が内側に貼られている箱もある。しかし、これらを用いた試験例はほとんどなく、実際にどの程度有効であるかは検討が必要である。

（4）エチレン除去資材・機器

　エチレン除去資材は、エチレンを化学的に分解しようとするものが多い。除去資剤には過マンガン酸カリウム、活性炭、鉄と貴金属あるいは臭素酸カリウムを主成分としたものなどがある。しかし、果実とは異なり、切り花はあらかじめエチレン阻害剤で処理されているため、使用例は少ない。

　エチレン除去器材にはオゾンを利用したものと光触媒方式のものとがあり、保冷庫あるいは小売店のキーパー（冷蔵庫）用に使用される。

　なお、いわゆるエチレン除去資材とは異なるが、エチレン作用阻害剤である1-MCPは気体で、ごく低濃度で効果が高い。輸送中に発生させておけば、エチレン吸収資材よりも有効であると考えられる。今後の利用が期待される。

第5章
育種による花持ち性の改良

　切り花において、花持ちは非常に重要な品質構成要素であるため、花持ち性の改良は重要な育種目標となっている。従来からの選抜と交雑による育種が行われているほか、遺伝子導入により花持ちを改善することも可能となっている。以下、現状と展望について述べる。

■1 従来育種による花持ち性の改良

（1）カーネーションの花持ち性育種
　カーネーションではエチレンの生合成系および感受性に変異がみられる品種・系統が存在する。カーネーションの一般的な品種では花の老化にともない、エチレン生成が急激に上昇する。最初に認められる可視的な老化の兆候は花弁が内側に巻いてくるインローリングと呼ばれる現象である。カーネーションには老化にともなうエチレン生成がほとんどみられない'サンドラ'、'サンドローサ'、'キラー'、'ホワイトキャンドル'などの品種がある。また、通常の品種よりもエチレンに対する感受性が低い'チネラ'などの品種も存在する。これらの品種の花持ちは通常の品種に比較して2倍程度長い。また、インローリングは認められず、花弁の一部が褐変あるいは乾燥が最初に認められる老化の兆候である。他に、系統799のようにエチレン生成が上昇しないことに加えて、エチレンに対する感受性が低い系統もある。
　カーネーションでは、このような花持ち性の優れた品種を用いれば、従来からの交雑育種により、花持ち性の優れた品種の育成が可能である。また、他の花きでもこのようなエチレン生合成活性が低いか、あるいはエチレンに対する感受性が低くなっている系統を選抜することにより、花持ち性の優れた花を交雑育種に

図5-1 花持ちの長いカーネーション'ミラクルルージュ'(右)と'ミラクルシンフォニー'(左)

より育成できる可能性も示している。

小野崎らは実際に花持ち性の長いカーネーションの育種を推進している。エチレン生成量が低く、ある程度花持ちが長い品種'サンドローサ'を交配親の一つに用い、交雑と選抜を繰り返すと、花持ち性は次第に向上することを明らかにした。さらに、エチレンに対する感受性は一般的な品種と同程度であるが、花持ち期間が通常の品種より3倍程度長い系統の作出に成功している。

このうち、2系統が'ミラクルシンフォニー'と'ミラクルルージュ'という品種としてリリースされている（図5-1）。両品種ともに、常温での花持ちは20日前後と非常に長い。これらの品種の花持ちが長い原因はエチレン生成量が非常に少ないことであり、1-アミノシクロプロパンカルボン酸（ACC）合成酵素とACC酸化酵素の遺伝子発現も非常に低い。また、交配親に使用した'サンドローサ'ではACC処理により花持ちは短縮するが、'ミラクルシンフォニー'と'ミラクルルージュ'では、ACC処理による花持ちの短縮は認められない。したがって、これら2品種では、ACC酸化酵素活性が著しく低いことに加えて、ACC酸化酵素の遺伝子発現が誘導されにくいことが示唆される。

小野崎らはエチレンに対する感受性が低く、花持ちが長い品種の開発も進めている。現在、エチレンに対する感受性が低下し、花持ち日数が通常の品種に比較して2倍程度長い系統をいくつか得ており、さらに育種を進めている。

(2) バラの花持ち性の品種間差

バラ切り花の花持ちは短いとみなされている。しかし、その花持ち性には著しい品種間差があり、これまでにリリースされたバラ品種には花持ち性がかなり優れているものがある（表5-1）。

中輪の品種'フリスコ'は水揚げがよく、花持ちが非常に長い。バラ切り花で

表5-1 バラ切り花花持ちの品種間差
(Ichimura et al. (2002))

品種	花持ち（日）
オレンジユニーク	9.2
カルトブランシュ	6.2
グランドガラ	6.7
ゴールドストライク	13.0
コンフィティ	12.3
サフィーア	7.3
ジュリア	6.2
ジェルファルレイ	4.2
スターダム	8.3
ソニア	5.8
ティネケ	6.8
デュカット	8.8
デリーラ	11.0
ノブレス	11.8
パレオ90	5.7
プラダイルピンク	4.0
ブラックティー	5.3
レーザー	10.5
レオニダス	5.7
ローテローゼ	6.7

は、切り口を空気にさらすことによりその後の吸水が阻害されるが、吸水阻害に要する時間は品種により異なっている。'フリスコ'では36時間水から離しても、その後の吸水は抑制されない。また、'フリスコ'は輸送性に優れるだけでなく、高濃度の細菌存在下でも花持ちが短縮しにくい。これらの原因はクチクラ蒸散が少ないため、水ストレスを受けにくいことによるのではないかと考えられている。

'プロフィータ'は開花速度が非常に遅く、結果として花持ちが優れているといわれている。

今日では古典的な品種となった感がある'ソニア'をはじめとする多くの品種では、通常の切り前で収穫して水に生けると、花弁が剣弁とならないだけでなく、ブルーイングを起こしやすい。それに対して、'デリーラ'は'ソニア'に比較して花持ちが非常に長いだけでなく、糖質を処理することなく花弁が十分に展開する（図5-2）。'ソニア'に比較して、'デリーラ'の収穫時点での花弁中の糖質濃度は非常に高い。花持ちに関係する要因であるエチレン生成量、エチレン感受性、導管閉塞のしやすさには差がない。したがって、'デリーラ'の優れた花持ちと花弁展開のしやすさは収穫時点の高い糖質濃度であると考えられる。

バラ切り花の花持ち性を改良しようとした場合、細菌に抵抗性の品種、乾式輸

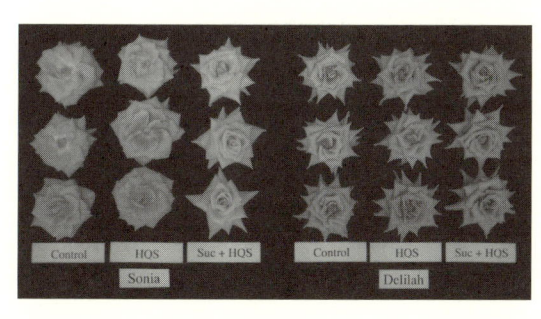

図5-2 抗菌剤とスクロースで処理したバラ'ソニア'と'デリーラ'の花の形態
左:'ソニア'、右:'デリーラ'
両品種ともに左から対照、抗菌剤(200 mg/L 8-HQS)、スクロース(20 g/L)と抗菌剤

送しても水揚げが低下しにくい輸送適性が優れた品種あるいは開花速度が遅い品種などいくつかの目標が考えられる。バラでは花持ちがよい多様な性質を示す品種がある。このような性質を示す品種を利用すれば、例えば開花速度が遅く、かつ輸送適性が優れた品種の育成など、花持ち性がさらに改良できる可能性がある。

（3）トルコギキョウの花持ち性の品種間差

トルコギキョウは最近著しく生産が増加した品目である。しかし、トルコギキョウの花持ちは必ずしも長いとはいえないため、花持ち性の改善が必要とされている。

トルコギキョウ切り花の小花を用いて花持ちの品種間差を調べた試験では、最長の品種と最短の品種では2倍近い差が認められている。

トルコギキョウの大半の品種では、受粉により花持ちが短縮する。したがって、受粉を防ぐことにより、花持ちの短縮を防ぐことが可能である。トルコギキョウの花の形態には品種間差がある。例えば、品種'つくしの波'は雌蕊と雄蕊の距離が離れており、柱頭は雄蕊よりも上部に位置する。したがって、このような品種は自然には受粉しにくい。一方、品種'マイテスカイ'は柱頭と雄蕊が接触し、自然に受粉しやすい（図5-3）。このため、このような品種では花持ちが短縮する危険性が高いといえる。したがって、トルコギキョウの花持ちを改良するためには、柱頭と葯との距離が離れ受粉しにくい品種、あるいは受粉しても花持ちが短縮しにくい品種を育成することが重要であると考えられる。

受粉しない場合にも、花持ちに品種間差が認められる。トルコギキョウの小花はエチレン処理により、閉じ始め、やがて萎れるため、エチレンに対する感受性は花径の減少を指標として

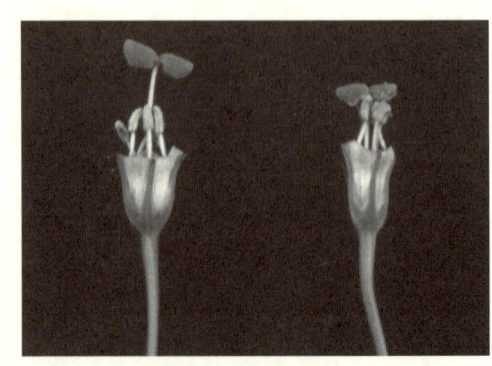

図5-3 トルコギキョウにおける雌蕊と雄蕊形態の品種間差
左：つくしの波、右：マイテスカイ
写真提供：湯本弘子博士

評価することが可能である。この方法により評価した結果、受粉していない花では、エチレンに対する感受性が高い花ほど花持ちが短い傾向を示す。したがって、受粉していない花において、エチレンに対する感受性の高低が花持ち性の差に関与していると考えられる。

トルコギキョウでは、受粉により老化が促進されやすい品種とされにくい品種が存在する。'ピノキオ'は受粉により花持ちが短縮しやすいが、'サマーキス'は短縮しにくい。両品種ともに受粉によりエチレン生成は著しく上昇する。一方、受粉後のエチレンに対する感受性は'サマーキス'のほうが'ピノキオ'より低い。したがって、'サマーキス'において、受粉により花持ちが短縮しにくい原因はエチレンに対する感受性が低い状態で維持されることであると考えられる。

最近では、アンバーシリーズと呼ばれる品種群のように雌蕊が異常形態を示し、受粉できない品種も育成されており、その花持ち性は優れているといわれている。

このような小花そのもの花持ち以外に、切り花全体を用いた試験において、ベントネックの起こしやすさにも品種間差があることが明らかにされている。トルコギキョウの切り花では、蒸散過多により水揚げが悪化し、花持ちが短縮する場合少なくない。そのため、小花そのものの花持ちだけでなく、蒸散量が少ない品種の育成などにより、切り花全体の花持ちを総合的に改良することが必要とされる。

(4) デルフィニウムの花持ち性育種

デルフィニウムはエチレンに対する感受性が高い花きであり、STS剤で処理をしない場合には、収穫後数日で落花してしまう。そのため、生産者段階でSTS剤を処理することが必須となっている。

徳弘らはベラドンナ系において、がく片が非常に脱離にくい系統（B-10）を作出した。ただし、この系統では、依然として花の中心部に存在する花弁は脱離する。

B-10が落花しにくい原因はエチレンに対する感受性が低いことと、老化にともなうクライマクテリック様のエチレン生成上昇が起こらないことであると考えられている。しかし、エチレン作用阻害剤であるチオ硫酸銀錯体（STS）あるい

図5-4 雄性不稔性で花持ちの長い
デルフィニウム系統'愛媛交6号'

はエチレン合成阻害剤であるアミノエトキシビニルグリシン（AVG）を処理すると、通常の品種よりもさらに花持ちが延長する。したがって、B-10が落花しにくい原因には、エチレンの生合成と受容以外の要因も関与していることが示唆される。

デルフィニウムの切り花ではSTS処理により落花は遅延するが、受粉により子房が肥大し、観賞価値が低下する。シネンシス系デルフィニウムでは、雄性不稔性の系統（愛媛交6号）が作出されている（図5-4）。この系統では受粉による子房の肥大が起こりにくいため、STS処理した場合の観賞期間が延長する。

将来的には、選抜交雑育種により、STS剤処理が不要になる系統が作出されることを期待したい。

（5）キンギョソウの花持ち性の品種間差

キンギョソウ切り花の花持ち性にも著しい系統間差がある。Stimartのグループはキンギョソウ切り花の花持ち性の遺伝的な解析を進めている。育種中の系統では、最短の系統は2日未満、最長の系統は25日に達することを報告している。短い系統では花冠の脱離により、長い系統では花冠の乾燥により花持ちが終了する。花持ち性の差をもたらす原因は葉の蒸散量の違いであることが明らかにされている。カーネーションと同様に花持ち性は後代に遺伝する。

キンギョソウでは、トルコギキョウと同様に、葯と柱頭の距離に著しい品種間差がある。ペンステモン型の品種では葯と柱

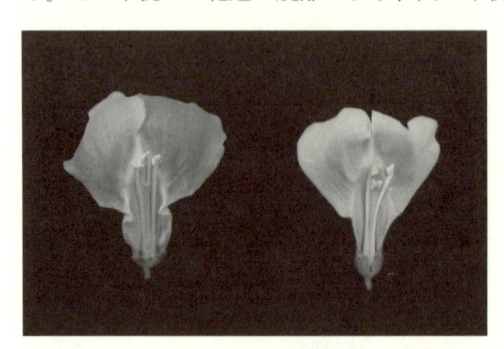

図5-5 キンギョソウにおける雌蕊形態の品種間差
左：ブロンズバタフライ、右：アスリートイエロー

頭の距離が短いのに対して、花型が金魚状の品種では距離が短く、自然に受粉する危険性が高い（図5-5）。ただし、キンギョソウの切り花は受粉により花冠脱離が促進される交配組み合わせとそうでない組み合わせがある。例えば、'エローバタフライ'を自家受粉しても花冠脱離が促進されないが、'ブロンズバタフライ'の花粉を受粉すると花冠脱離が促進される。また、'アスリートイエロー'の自家受粉では、花冠の脱離が起こらないが、'メリーランドトゥルーピンク'の自家受粉では花冠の脱離が促進される。花冠の脱離が促進される品種ではエチレン生成が増加するが、脱離が促進されない組合せではエチレン生成が上昇しない。なぜエチレン生成が上昇しないかは不明である。受粉しても脱離しない品種は、花持ちが短縮する危険性が小さく、有用であるといえる。

（6）ガーベラの花持ち性育種

ガーベラは周年栽培が容易で、花色にも富む。しかし、花持ちが短縮しやすいことが問題となっている。

ガーベラの切り花は1）花茎が突然折れる、2）花茎が次第に曲がる、3）花弁が萎れるなど、少なくとも3つのパターンにより観賞価値を失う。Wernettらは選抜と交配により、集団の花持ちは3.4日長くなることを報告し、花持ち性の改良が可能であることを明らかにしている。

ガーベラは細菌の増殖により、吸水が抑制されて茎が折れ曲がり、花持ちが短縮することが知られている。細菌に対する感受性にも品種間差があり、'リースベス'は'ミッキー'よりも100倍低い細菌濃度で、花茎が曲がり始める。

2 遺伝子組換えによる花持ち性の改良

遺伝子組換えは、目的の遺伝子のみを導入できるという優れた特徴をもっている。

遺伝子を導入する技術の一つにアンチセンスの利用がある。これは目的とする遺伝子に相補的な配列の遺伝子を導入して、その遺伝子の発現を停止させようとするものである。

一方、遺伝子を本来の配列（センス配列）で導入した場合、導入した遺伝子が

過剰に発現する場合もあるが、内在性の遺伝子の発現が抑制される場合があり、これはコサプレッションと呼ばれている。コサプレッションはRNA干渉（RNAi）により起こることが明らかにされた。

多くの真核生物では、dsRNA（double strand RNA、二本鎖RNA）を導入すると、導入したdsRNAと相同なmRNAが配列特異的に分解され、発現抑制を受ける。細胞内において、dsRNAはダイサーと呼ばれるRNA分解酵素によりプロセッシングを受け、21〜27塩基の短いsiRNA（short interfering RNA）となる。このsiRNAはRISCと呼ばれるタンパク質群との複合体を形成し、配列特異性により相同なmRNAを認識し切断を行う（図5-6）。以上の経路により、dsRNAと相同なmRNAが特異的に分解され、発現抑制が起きる。アンチセンス配列とセンス配列での遺伝子導入による遺伝子発現抑制の原因がRNAiによることが明らかにされたため、最近では遺伝子発現の抑制により、目的とする形質を得るには、RNAi法を用いることが一般的になっている。

他に、最近注目されている方法にCRES-T法がある。これは転写調節因子が共通な場合に、有効な方法である。CRES-T法は、植物自身の持つ個々の遺伝子の働きを抑制する「転写抑制因子」（キメラリプレッサー）を利用している。キメラリプレッサーは、転写因子のC末側に「リプレッションドメイン」と呼ばれる、転写抑制因子の転写抑制領域を付加したものであり、この方法であらゆる転写因子を転写抑制因子に変換することができる。

エチレン生合成に関わる遺伝子のように、発現量が多いほどエチレン生成が上

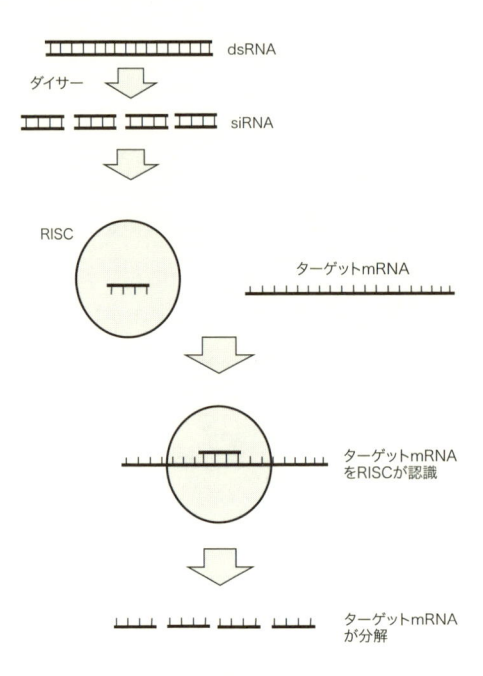

図5-6　RNAi法の概略

昇し、老化が促進されるような遺伝子であれば、その遺伝子の発現を抑制する手法が必要である。これにはRNAi法が有効である。エチレンシグナル伝達系遺伝子のうち、正に制御されている遺伝子であれば、RNAi法が有効である。エチレン受容体遺伝子のように負に制御されている遺伝子であれば、変異遺伝子の導入が必要である。また、EIN3のような転写調節因子をコードする遺伝子であれば、CRES-T法も有効である。一方、サイトカイニンの生合成に関わる遺伝子のように、過剰発現が必要な場合にはセンス配列の遺伝子導入が必要である。

（1）エチレン生合成に関与する遺伝子の導入による花持ち性の向上

カーネーションでは、エチレン生合成の最終段階を触媒するACC酸化酵素遺伝子のアンチセンス配列の導入により、花持ちが2倍近くになった形質転換体が作出されている。この形質転換体はエチレン生成が低い値で推移し、老化の特徴であるインローリングがみられない。その後、ACC酸化酵素をセンス配列で導入することによっても、花持ち性が2倍に向上したカーネーションの形質転換体が作出されている。また、ACC合成酵素遺伝子をセンス配列で導入することにより、エチレン生成が抑制され、老化が遅延した形質転換体も作出されている。

ペチュニアでもブロッコリーから単離されたACC合成酵素とACC酸化酵素をいずれもアンチセンス配列で導入することにより、花の寿命が延長した形質転換体が作出されている。

トレニアでは、ACC酸化酵素遺伝子のセンス配列の断片を導入することにより、内在性のACC酸化酵素の遺伝子の発現ならびにエチレン生成が低下し、花持ち性が著しく向上した形質転換体が作出されている。図5-7には花持ち性が向上した組換え体と野生型を示す。組換え体では個々の花の寿命が延びているため、結果として多数

図5-7 ACC酸化酵素の遺伝子断片が導入されたトレニアの形質転換体
左：野生型、右：形質転換体
写真提供：間竜太郎博士

第5章 ❖ 育種による花持ち性の改良　117

の花が開花している。

（2）エチレン受容体遺伝子の導入による花持ち性の向上

　エチレン感受性花きでは、エチレンの生合成系が抑制されエチレン生成量が低下しても、外生のエチレン濃度が高いとその影響で花持ちが短縮する。したがって、エチレンに対する感受性を欠如させることが花持ち性の向上に最も重要である。

　エチレン感受性に関与するエチレン受容体をコードする遺伝子は、最初にエチレン感受性が消失したシロイヌナズナの変異体から単離された。さらに、エチレン結合能が欠損したエチレン受容体の遺伝子をペチュニアとカーネーションに導入する実験が行われた。ペチュニアでは、花の老化は受粉により著しく促進され、受粉後3日目には萎凋する。しかし、組換え体では受粉後8日目まで花の萎凋が認められず、花持ち性が著しく向上している。また、エチレンに対する感受性が低下している。カーネーションにおいては、遺伝子組換えにより花持ち日数が23日と、通常の品種の3倍となった形質転換体が作出されている。この花持ち日数はSTSで処理した花よりも1週間ほど長く、この薬剤の処理が不要となる可能性が示されている。

　このように、エチレン受容体変異遺伝子の導入により、ペチュニアとカーネーションというまったく異なる花きで花持ち性が著しく向上した。この結果は、シロイヌナズナのエチレン結合能が失われた遺伝子の導入により、エチレンに対する感受性が高い花では種を問わず、エチレンに対する感受性を低下させて、花持ち性を改良できる可能性を示している。

　同様に、カンパニュラとカランコエにおいて、シロイヌナズナから単離されたエチレン受容体の変異遺伝子の導入により、エチレン感受性が低下し、老化が遅延する形質転換体が作出されている。また、ネメシア・ストルモサではメロンから単離したエチレン受容体の変異遺伝子の導入により、老化が遅延した形質転換体が作出されている。トレニアでも、カーネーションから単離されたエチレン受容体変異遺伝子の導入により、エチレン感受性が低下し、花持ち性が著しく延長した変異体が作出されている。

　キクの花はエチレンに感受性が低いが、葉では感受性が比較的高く、エチレン

図5-8　*EIN2*遺伝子が導入されたペチュニアの形質転換体体
左：野生型（受粉後2日目）、右：形質転換体（受粉後8日目）
写真提供：渋谷健市博士

処理により葉が黄化する品種が存在する。キクにおいて、エチレン受容体の変異遺伝子が導入された形質転換体では、エチレン処理により誘導される葉の黄化が抑制される。

（3）エチレンシグナル伝達系遺伝子導入による花持ち性の向上

ペチュニアでは*EIN2*遺伝子の導入により、エチレンに対する感受性が消失し、花持ち性が著しく向上した形質転換体が作出されている。ペチュニアの花は受粉により老化が促進されるが、*EIN2*遺伝子を導入した形質転換体では、受粉後8日目においても萎れが認められない（図5-8）。

キクの切り花では、花そのもののエチレン感受性は非常に低いが、品種により葉の感受性は比較的高いことが知られている。エチレンのシグナル伝達に関与する転写調節遺伝子である*EIN3*の発現をCRES-T法により抑制し、エチレンを処理しても葉が黄化しないエチレン非感受性の形質転換体が作出されている。

（4）エチレン生合成とシグナル伝達に関与する遺伝子以外の遺伝子導入

ペチュニアでは、サイトカイニン生合成に関与するイソペンテルアデニン合成酵素遺伝子の導入により、この遺伝子が過剰に発現する形質転換体が作出されている。この形質転換体では、サイトカイニン含量が増加するとともに、エチレン生成が抑制され、花持ちが延長する。ペチュニアの老化にはエチレンが関与しており、エチレン生成が抑制されたことから、老化の遅延はエチレン生合成の抑制によると考えられる。

多くの花きにおいて、老化にともないシステインプロテイナーゼ遺伝子の発現が上昇することから、システインプロテイナーゼは老化に重要と考えられている。また、システインプロテイナーゼの遺伝子導入により、ブロッコリーの小花の老化が遅延することが報告されている。ただし、システインプロテイナーゼ遺伝子の導入により老化遅延は、花きではいまだ報告されていない。

カーネーションでは、デオキシヒプシン合成酵素遺伝子の導入により、花持ちが延長することが明らかにされている。デオキシヒプシン合成酵素遺伝子は真核生物転写開始因子5Aをコードする遺伝子である。

（5）エチレンに対する感受性の低い花きの花持ち性改善に有効な遺伝子はあるのか

一日花であるヘメロカリスはエチレンに対する感受性が低いが、タンパク質合成阻害剤であるシクロヘキシミドの処理により、花持ちは2倍程度に延長する。この結果は、老化に必要な遺伝子が存在することを示している。実際に、老化にともない発現する遺伝子が多数単離されている。しかし、このような遺伝子の導入により、老化を明瞭に遅延したことを示す報告はなされていない。エチレンに対する感受性の低い花きの花持ち延長に有効な遺伝子を特定するためには、単離した遺伝子の導入による機能解析を進めることが必要であろう。

3 花持ち性育種に関する今後の課題

これまで、遺伝子組換えにより花持ち性が改善された花きが多数作出されている。しかし、遺伝子組換え作物の実用化にあたっては、生態系に影響を及ぼさないことの確認が必要である。また、品質保持剤などにより花持ちを延長できることもあり、花持ちが優れるだけでは商品性が十分とはいえない。このようなことから、遺伝子組換え花きの実用化は容易ではないとみなされる。そのため、育種による花持ち性の改善には、従来からの選抜・交雑育種が主体であり続けよう。

ペチュニアあるいはトレニアのような鉢物花きだけでなく、カーネーション、トルコギキョウ、リンドウなど、いくつかの花きでも受粉により老化が著しく促進することが明らかにされている。また、ペチュニアとカーネーションでは、不

和合性の組み合わせは和合性の組み合わせよりも、老化を促進する効果は小さいことが明らかにされている。したがって、このような受粉により花持ちが短縮する花きでは、雄性不稔性の系統あるいは自家不和合性の系統が作出できれば、受粉で寿命が短縮されるおそれがなくなり、結果的に花持ちが優れるようになることが期待される。

カーネーションのように、エチレンという単一の要因により花の老化が主に制御されている花きでは、エチレン生合成あるいは情報伝達系の改変により花持ち性の向上が可能である。一方、バラのように、花持ち性に糖質、蒸散など多くの独立した要因が関わっている花きでは、花持ち性には多数の遺伝子が関与していると想定されるため、花持ち性を効率的に改善することは容易でないと考えられる。

育種を効率化するため、DNAマーカーの有用性が明らかにされており、その開発が進んでいる。しかし、花持ち性に連鎖した有用なマーカーは、著者の知る限り開発されていない。花持ち性に多数の遺伝子が関与しているような花きでは、マーカー開発は容易ではないと考えられる。

第6章

切り花を生産する条件と品質保持

1 栽培時の環境条件

(1) 花持ちの季節間差と気温

　切り花の花持ちは栽培時の環境条件の影響を受け、季節により変化する。一般に高温期に収穫した切り花の花持ちは低温期に収穫したものよりも花持ちが短い場合が多いことが知られている。

　キク、バラ、ガーベラなどの花きでは、栽培時の気温が高温ほど花持ちは短縮しやすい。特にキクでは栽培時の平均気温が23℃から28℃に上昇することにより、花持ちは17.9日から14.1日に短縮することが報告されている。

　カーネーション切り花においても、その品質保持期間は気温が高い夏季では短くなることを観察している。しかし、夏季では花持ちはむしろ長くなるとする報告もある。

　キンギョソウにおいても、高温条件の栽培により花持ちが短くなる。糖質と抗菌剤の処理はキンギョソウ切り花の花持ちを著しく延長することができる。しかし、高温条件で栽培した切り花では、糖質と抗菌剤を処理しても、花持ちを十分に延長させることはできない（図6-1）。スイートピーでは、STS処理しない場合の花持ち

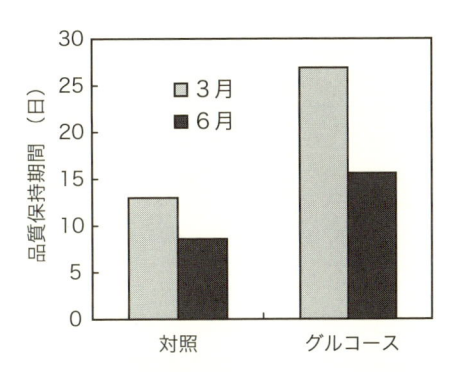

図6-1　キンギョソウ切り花花持ちの季節間差
（市村、未発表）

は厳寒季と春季で大きな違いはないが、STS処理した切り花の花持ちは厳寒期のほうが春季よりも著しく長くなることを認めている。

アイリス、チューリップおよびフリージアでは栽培時の夜温が上昇するほど、花持ちが短くなることが明らかにされている。

テッポウユリでは栽培時の夜温が高い場合（昼温13.5℃/夜温21.5℃）のほうが低い場合（昼温24℃/夜温15.5℃）よりも、葉の黄化が促進される。高夜温では葉の基部と中央部の糖質濃度と窒素濃度が低下しており、これが葉の黄化促進に関係している可能性が示唆されている。

以上のように、多くの切り花品目において、高温条件での栽培は花持ちが短くなる傾向がある。この原因について、高温条件では呼吸活性が高く、貯蔵炭水化物を急激に消費してしまうためでないかと推定できるが、詳細は明らかにされていない。

一方、バラとペチュニアの鉢花では、高温条件で栽培したほうが、むしろ花持ちが延長することが報告されている。この原因は同化した炭水化物の分配が良好になることであると推定されている。

（2）光

キクとカーネーションでは、栽培時の光強度が高いほど、花持ちが長くなることが知られている。また、貯蔵糖質量が多いほど、花持ちは長くなる傾向がある。したがって、強光条件での花持ちの向上は光合成活性の上昇による貯蔵糖質量の増加が原因であると考えられている。

キクでは、遮光により品質保持期間が短縮する（図6-2）。この原因は遮光により光合成活性が低下し、その結果、貯蔵糖質が減少したことと考えられる。一方、栽培時に二酸化炭素を施用することにより切り花の品質保持期間が延長することが明らかにされてい

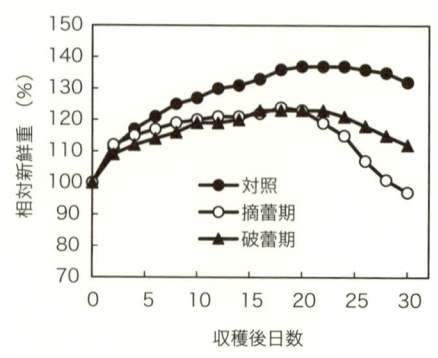

図6-2 遮光がキク切り花の新鮮重に及ぼす影響
（石川ら（2006）を改変）

る。この原因も、おそらく光合成活性の上昇にともなう貯蔵糖質含量の増加ではないかと推定される。

デルフィニウムにおいても、弱光条件下では落花が促進される（表6-1）。弱光条件下では、光合成活性が低下して、貯蔵糖質含量が減少し、エチレン生成が促進される。切り花においては、糖質濃度の低下がエチレン生成を引き起こすことから、貯蔵糖質量の減少によるエチレン生成の上昇が落花促進の原因と考えられている。

カンパニュラでは、収穫前の補光によりエチレン生成が低下して、切り花の品質が向上し開花が促進されることが報告されている。

日長については、バラを日長16、20および24時間で栽培すると、日長が長くなるほど切り花の花持ちは長くなる。この原因は、連続日長条件下での栽培では葉の気孔が暗所でも開いた状態となり、水揚げが悪化するためであることが明らかにされている。一方、ガーベラの切り花では、日長が10時間よりも20時間で栽培したほうが花持ちが長くなることが知られている。

表6-1 光強度が鉢植えしたデルフィニウムの品質保持に及ぼす影響
(Tanase et al. (2005))

光強度（$\mu mol\ m^{-2}\ s^{-1}$）	がく片脱離までの日数
7	6.4
70	9.4
300	9.4

（3）相対湿度

バラでは高湿度条件で栽培した切り花の花持ちは短くなりやすい。バラ14品種を相対湿度75％、83％および90％で栽培した場合、相対湿度が上昇するほど、品質保持期間が短縮することが報告されている。相対湿度が75％と90％の栽培では、'オレンジユニーク'の品質保持期間は9.9日から2.5日に、'ミラクル'のそれは9.9日から4.3日となり、これらの品種では特に品質保持間の短縮が著しい。品種'ローテローゼ'でも同様の結果が得られており、低湿度条件（60％）と高湿度条件（85％）で栽培した場合、花持ちはそれぞれ7.4日および4.6日となることが報告されている。

バラを高湿度条件で栽培すると、葉の気孔の開閉能が阻害され、常時開いた状態となり、水分の損失量が増加する。その結果、吸水量が損失量に追いつくことができず、水分状態が悪化し花持ちが短縮しやすい。逆に低湿度条件で栽培した

場合には、開花が促進され、老化が遅延する。また、カルシウムとカリウムの吸収が促進されることから、これが品質の向上に関与している可能性がある。

(4) 栽培時の環境条件の複合的な影響

キクでは、高温・多湿・寡日照の栽培条件下では、花持ちが著しく短くなる。高温・寡日照の条件下では、葉の組織発達が阻害されるだけでなく、黄化も促進される。また、高温・多湿条件下では、気孔の開閉機能が低下することに加え、茎の維管束部の発達が抑制され、導管数が減少する。また、カルシウムの吸収が阻害される。このような要因により、水揚げが低下するとともに、茎葉が軟弱となり、花持ちが極端に短くなると推定される。

高温・多湿・低日照の環境条件で花持ち性が悪化することは、おそらく多くの切り花に共通していると考えられる。したがって、梅雨時をはじめ、このような条件下で生産されたような切り花では、取り扱いに注意することが必要である。

すでに述べたように、高温条件で花持ちが短くなる場合が多い。しかし、バラでは、冬季に収穫した切り花の花持ちは短い場合が多いことが経験的に知られている。実際にバラ品種'ローテローゼ'では、冬季のほうが夏季よりも蒸散量が多く（図6-3）、花持ちが短いという結果が得られている。収穫前7日間の気温、相対湿度など各種環境条件と花持ちとの関連の解析により、花持ちは相対湿度と密接な関係があり、相対湿度が高いと蒸散量が増加し、花持ちが短くなりやすいことが明らかにされている。したがって、冬季に花持ちが短い原因は気温が低いことではなく、施設内の相対湿度が高いことにより気孔の開閉能が阻害された結果である可能性が高い。

切り花を生産する環境条件と花持ちとの関係を調べる実験では、複数の環境条件を個別に制御できる人工気象室を用いなければ、特

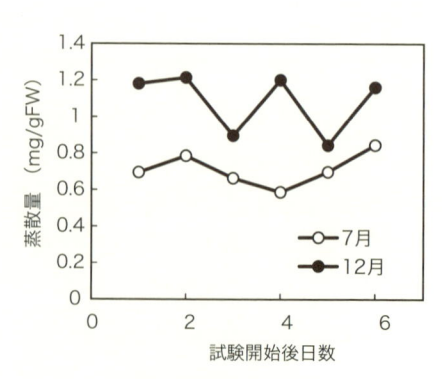

図6-3 バラ切り花における蒸散の季節間差
(市村、未発表)

定の環境条件だけを変えることは困難である。例えば、花持ちの季節間差を調べた実験では、花持ちの差をもたらす原因が気温のみとは断定できない。夏季と冬季の最大の環境条件の違いはいうまでもなく気温であるが、人工気象室を用いない限り、一般に湿度条件や光条件も季節により大きく異なる。例えば、冬季と夏季に栽培した切り花の花持ちを調べようとした場合、冬季は夏季に比較して、気温が低いことは間違いないが、温室内では高湿度になっていることが多い。高湿度条件の栽培は、気孔の開閉能を阻害し、水揚げを悪化させやすい。そのため、花持ちの差をもたらす原因は気温だけでなく、湿度が関与している可能性が否定できない。したがって、これまでの報告でも、気温以外の環境条件が花持ちの差をもたらしている可能性があることを考慮しなければならない。

(5) 環境条件の測定による品質保持期間の予測

印らはバラ切り花において、品質保持期間の予測を行うモデルの開発を検討している。収穫時点までに収集できる、気温、相対湿度、飽差などの環境パラメータと茎径、気孔径などの形態的・生理的パラメータを用いた重回帰モデルでは、品質保持期間の予測精度は決定係数 (R^2) が 0.5 程度であり、特に高い値は得られない。

そこで、ニューラルネットワークモデルの作成が試みられた。ニューラルネットワークは人間の脳の生物学的ニューラルプロセスを模倣した情報処理手法であり、事例の学習を繰り返すことによって、従来の経験的統計手法で不可能な問題の解決が可能であるということで注目されている。ニューラルネットワークモデルの適用により、バラ'ローテローゼ'だけでなく、'ソニア'と'ブライダルピンク'において、花持ちの予測値と実測値間の回帰は決定係数 (R^2) が 0.8 以上という値が得られ、このモデルの有用性が示されている。

ただし、本モデルで使用する測定項目は、栽培時の環境パラメータが平均気温、平均相対湿度など11項目、収穫時の生理的、形態的パラメータが葉面積、蒸散速度など18項目と、非常に多い。また、バラ切り花の花持ちは観賞する環境条件や切り花の長さあるいは葉の有無により著しく変動するため、この方法がどの程度実用性があるかについては未知のところが多い。

2 栽培条件

（1）栽培方法

　バラでは、一般的な土耕で栽培されるほか、ロックウールなどを利用した養液耕で栽培される場合も多い。土耕とロックウール耕では切り花の花持ちには差がないとする報告が多数あるが、著者が調べた結果、ロックウール耕により花持ちがやや短くなる傾向が認められた（表6-2）。一般に養液栽培は生育が旺盛になる傾向がある。そのため、葉が大きい品種を養液耕で栽培した場合には、葉がさらに大きくなりやすい。蒸散量は葉面積と比例するので、葉が大きい切り花では、蒸散過多により水揚げが悪化し、花持ちが短縮しやすい。したがって、養液耕では葉の生育が過剰とならないように注意が必要である。

表6-2　栽培方法の違いがバラ切り花の品質保持に及ぼす影響
（市村、未発表）

品種		品質保持期間(日)
ノブレス	土耕	11.8
	ロックウール耕	8.3
パレオ90	土耕	5.7
	ロックウール耕	5.2
ローテローゼ	土耕	6.7
	ロックウール耕	7.2

（2）肥料成分

　商品価値のある切り花を生産するためには適切な施肥が必要である。しかし、多肥条件で栽培した切り花の花持ちは一般的に短い。キクとバラでは、多窒素条件での栽培により、切り花の品質保持期間が短縮する。バラでは、多窒素条件での栽培により花弁のアブシシン酸（ABA）含量が増加することが報告されている。ABAは老化促進に作用すると考えられているため、これが花持ち短縮に関与している可能性がある。

　バラでは、カルシウムの施肥量が多いほど、収穫した切り花の花持ちが長くなることが報告されている。また、バラ切り花をカルシウム処理すると、花持ちが延長することも明らかにされている。ガーベラでは、収穫前のカルシウムの散布処理により、茎の屈曲が抑制され、花持ちが延長する。カルシウムは組織を強固にする作用があり、ガーベラとキンギョソウの切り花では、収穫後に処理すると、茎の曲がりを防止できることが明らかにされている。したがって、花持ちの

長い切り花を生産するためには、現状よりもカルシウムの吸収が促進されるような栽培体系を検討することも有用であろう。

キクでは高温・多湿により窒素過多になりやすい条件ではカルシウムの吸収が阻害され、花持ちが短縮することが明らかにされている。したがって、他の花きにおいても、多窒素条件による花持ちの短縮がカルシウムを介しているかについて検討することも必要であろう。

（3）灌水条件

一般に、土壌水分を低下させて、堅くしめた花ほど花持ちがよいと考えられている。実際に低灌水条件で栽培したキクとカーネーションでは、切り花の花持ちが長くなることが明らかにされている。

多灌水条件では、葉の肥大成長が促進される。葉面積が大きいほど、蒸散量は増大する。切り花の水揚げは吸水量と蒸散量の差し引きにより決定される。したがって、多灌水条件で花持ちが短くなる原因の一つは、葉面積の増大である可能性が高い。

一般に植物では、低灌水条件で水分ストレスがかかると、ABA含量が増加しやすい。ABA含量の増加は気孔の閉鎖を引き起こす。これにより、水揚げが向上し、花持ち延長に寄与している可能性がある。

（4）送風処理による品質保持期間延長

バラを栽培中に通風処理することにより、収量が増加するだけでなく、収穫した切り花の花持ちも延長することが報告されている。具体的には、アーチング方式で栽培した'ローテローゼ'を用い、光合成専用枝群落が十分に発達した段階から送風を行うと、温室内が高湿度条件になりやすい冬季において収量は増加し、収穫後の蒸散量が減少し、品質保持期間も延長する。

送風処理には葉面境界層を薄くする作用があり、その結果、二酸化炭素の取り込みを促進して収量を増加させるとともに、葉の表面付近の飽差が小さくなることを回避し、高湿度環境に起因する花持ちの短縮を抑える効果があると考えられている。

第7章
切り花取り扱いの実際

1 収穫から輸送までの取り扱い

(1) 切り前

　切り花の収穫適期を切り前と呼ぶ。同じ品種であっても花の咲きやすさや流通期間の考慮により、切り前は変わることがある。また、小売側の戦略により変わる場合もある。切り前は経験的に決められてきたものであるが、品質保持技術の発達により見直しが必要とされる場合もある。

　ユリでは、開花した花は花弁が傷つきやすく、極端に輸送しにくくなる。このような品目では、輸送性に優れる蕾の段階で収穫される。グラジオラスのように花持ちが短く、蕾段階で収穫しても開花しやすい品目も蕾段階で収穫される。一方、ガーベラのように、蕾段階で収穫すると水が揚がりにくく、花弁が展開しにくい品目では、花弁が完全に展開した段階で収穫される。

　バラでは、'ノブレス'をはじめとして、花持ち性のよい品種は、特に低温期では十分に咲ききらない場合が多いことが指摘されている。開花は花弁中の糖質含量に依存しており、切り前が遅くなるほど糖質の蓄積量は多くなり、開花しやすくなる。また、切り前が早いほどベントネックを起こしやすい。したがって、このような品種では切り前を遅くすることが必要であろう。

　トルコギキョウ、デルフィニウム、キンギョソウなど多数の小花から構成される花きでは、収穫した時点では最初に開花した小花の老化はかなり進行している。したがって、エチレン阻害剤処理による品質保持効果が十分でない場合が多い。これらの品目では生産者用のエチレン阻害剤にスクロース(ショ糖)などの糖質を加えると、蕾の開花も期待できる。したがって、現状よりも早い段階で収

穫した切り花に糖質を含む薬剤を処理することにより、花持ち性を向上させることも可能になる。実際にシュッコンカスミソウでは、通常よりも早い段階で収穫し、チオ硫酸銀錯体（STS）を処理後、常温・連続照明条件とした開花室で開花させ、出荷することが行われており、品質保持に優れた切り花の流通が可能となっている。

（2）収穫、水揚げ、出荷前処理および調整

　日中は温度が高いため、収穫したばかりの切り花の品温が上昇しやすく、ダメージを与えやすい。また、日中は蒸散が盛んなため、水揚げしにくい。したがって朝夕の涼しい時間帯に収穫することが必要である。

　収穫した切り花はできる限り早く水揚げしたほうがよい。品質が低下しやすい品目では冷蔵庫内で水揚げすることが必要である。また、エチレンに感受性の高い切り花では、水揚げをかねてエチレン阻害剤を含む品質保持剤の処理を行う。出荷前に選花、下葉の除去、枝の整理、不要な花蕾の除去などの調整を行った後、結束し、箱詰めする（図7-1）。なお、水揚げが問題にならない切り花では、水揚げをする前に選花、調整、結束を行ったほうが作業効率がよい。

　翌日出荷するのであれば、水に生けた状態での保管が適当である。出荷前に、可能であれば予冷を行う。真空予冷は避けたほうが無難である。予冷した切り花を常温で輸送すると急激に品温が上昇し予冷の効果が失われる。したがって、予冷した切り花は低温輸送しなければ予冷を行った意味がない。

**図7-1　集出荷場において選花・梱包される
　　　　ガーベラ切り花**（PCガーベラ、静岡県浜松市）

　品目によっては、鮮度を高く維持するため湿式低温輸送により出荷するべきである。ダリアやシネンシス系デルフィニウムのように湿式輸送が不可欠の品目もある。逆に、ユリやグラジオラスのように水揚げが問題とならず、給水により開花が急激に進行する品目は、湿式輸送は適していない。ただし、常温で

長時間の乾式輸送では花持ちが著しく短縮するため、乾式輸送は低温で行うべきである。

一般に植物体は傷つけられることによりエチレンを生成する。また、振動がエチレン生成を促進することはよく知られている。特に特定の花器官の傷害により、エチレン生成が著しく促進され、花持ちが短縮する場合がある。例えばデルフィニウムでは、子房や花托が傷害を受けると落花が促進される。また、シンビジウムなどのラン類では、花粉塊が取れると花持ちが著しく短縮する。したがって、切り花はできるだけ丁寧に取り扱うことが必要である。

（3）輸送環境条件

切り花の鮮度を維持するためには低温輸送が必要である。トラック輸送では輸送中の気温を制御できるが、日本国内の航空機輸送では、輸送温度はなりゆきとなる。航空機で運搬されている時間は短いが、積載前後の時間は比較的長く、この間の鮮度低下は無視できない。

図7-2には、バラ切り花を盛夏に、北海道から東京近郊の市場にトラックにより湿式輸送したときと航空機により乾式輸送したときの、箱内外の輸送温度の変動を示す。

首都圏を基準とすると、北海道のような遠隔地から首都圏の市場に輸送する場合、陸送は航空機輸送よりも輸送期間は1日長くなる。しかし、トラック輸送の長所は温度制御ができることである。現在、夏季において多くの切り花品目では輸送温度を15℃程度に設定している場合が多く、この調査で実測した場合も、箱外の気温は15℃前後で推移したが、箱内の気温は箱外に比べ、5℃近く高くなっていた。したがって、湿式輸送では開放型の

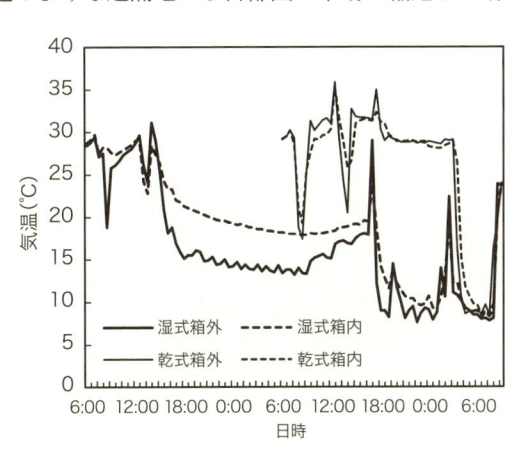

図7-2 北海道から東京近郊の市場にバラ切り花を出荷したときの輸送中の温度変化
（市村ら（2008）を改変）

バケットを使用しないと、箱内の気温は箱外よりも高くなることは考慮しなければならない。

一方、航空機輸送では温度制御ができないため、30℃前後で推移している。特に、国内の航空機輸送で最も問題となることは、航空機に積まれる前後の気温がなりゆきとなることであり、本図に示したように、盛夏では高い気温で推移している。したがって、バケット輸送が適用できず、気温がなりゆきとなる航空機輸送は、陸送に比較して輸送期間が短いとはいえ、切り花の輸送に適していないとみなされる。

夏季の輸送気温をどの程度に設定すべきは論議がある。品目によっても異なるが、過度の低温は輸送経費がかさむだけでなく、環境負荷も大きい。また科学的には検証されていないものの温度変化がストレスを引き起こし、花持ちが短縮することも懸念される。これらを総合すると、湿式輸送では多くの品目で15℃程度が妥当ではないかと考えられる。

(4) 灰色かび病

流通過程で最も問題となる病害は灰色かび病である（図7-3）。灰色かび病の病原菌はボトリチス菌である。ボトリチス菌の培地上での生育適温は22℃前後であり、施設内では気温が15℃～25℃で多湿の条件下で発生が促進される。

バラ切り花では灰色かび病にかかりやすく、品質保持上の重大な問題となっているが、出荷段階では判別できない場合が多い。灰色かび病にかかった切り花では、観賞途上に花弁に褐変が認められるようになり、やがて落弁を引き起こし、観賞期間が短縮する。バラ切り花は消費者用の品質保持剤処理により、品質保持期間を著しく延長することができるが、灰色かび病に罹病した切り花では品質保持剤処理を行っても、花弁が萎れる前に脱離し、十

図7-3　バラ切り花に発生した灰色かび病

分な品質保持期間を得ることができない。

灰色かび病の発生は次亜塩素酸ナトリウム、ジャスモン酸メチルあるいはアシベンゾラルSメチルの処理により抑制されることが報告されているが、実用技術の段階には至っていない。

灰色かび病は、花弁で発生しやすい。そのため、生産施設内では不要な花はすぐに摘み取り、廃棄することが必要である。施設内の湿度が高くなりすぎないよう、換気にも注意するべきである。また、施設内の衛生管理にも注意を払わなければならない。

2 保管および観賞時の水と容器

(1) 生け水と容器

切り花を水道水や井戸水に生けると、生け水に細菌が増殖する。そのため、抗菌剤を含む品質保持剤を用いることが望ましい。また、スイセンのように他の切り花の花持ちを悪化させる物質を分泌するような切り花は、他の種類の切り花と一緒に生けてはならない。

花瓶に生ける切り花の本数が多い場合や生け水の量が少ない場合は、細菌の密度が高くなりやすいため、注意が必要である。

観賞期間を延ばすためには、消費者用品質保持剤の利用が望まれる。とくにシュッコンカスミソウやキンギョソウなど多数の小花を持つ品目ではいかに水揚げを上手に行っても、蕾を十分に開花させることは困難であり、観賞価値を高めるためには消費者用品質保持剤の使用が必要である。

容器は、細菌など導管を詰まらせる物質を除くため、こまめに洗い、できるだけきれいなものを用いることが必要である。特に洗浄しにくい花瓶は注意が必要である。また、ハサミも細菌の汚染源となる。したがって、容器とハサミは洗うだけでなく、ときどき消毒することが望ましい。

(2) 切り花の長さと葉の有無

糖質は花だけでなく葉と茎にも貯蔵されている。蕾の開花には多量の糖質が必要であり、貯蔵されている糖質が増加するほど開花が促進される。したがって、

表 7-1 バラ切り花の品質保持と蒸散量に及ぼす保持気温と葉の有無の影響(市村、未発表)

温度	葉の有無	品質保持期間 (日)	蒸散量 (mL/gFW/5日)
23℃	+	4.4	4.5
	−	7.3	0.8
30℃	+	3.6	4.8
	−	5.4	1.0

茎が長く、葉の枚数が多いほど開花しやすい。

しかし、切り花長が長くなるほど、吸収した水が花まで到達しにくくなる。したがって、切り花は短いほうが水揚げが優れる。また、切り花は、主として葉の裏側に存在する気孔を通じて蒸散により水分を損失する。バラのような切り花では、葉の枚数が多いほど蒸散量は多くなり、結果として水揚げは悪化し花持ちは短くなる（表7-1）。

消費者用品質保持剤を使用すれば、開花に必要な糖質は十分供給されるため、茎葉に貯蔵されている糖質の必要性は低くなる。このようなことを総合的に判断すると、切り花長は短いほどよく、観賞上問題のない範囲で葉は取り除いたほうがよい。

（3）水揚げ方法

水揚げが不良となる原因は蒸散過多と細菌、気泡ならびに傷害反応による導管閉塞である。したがって、水揚げを促すためにはこれらを抑えるような処理をすればよい。どのような品目でも最も基本となるのは切り戻しである。これは切り口付近の空気を除去することにより効果があると考えられる。切り戻す際、水中で茎を切り落とす作業である水切りがよいといわれる。しかし、単なる切り戻しに比較して、水切りがどの程度有効であるかは、詳細な検討が必要であろう。切る際には、切り口がつぶれないようにできるだけ鋭利な刃物を用いたほうがよい。ただし、ハサミなどの刃物は細菌の発生源になるため、きれいに折れる品目では折ったほうがよいと考えられる。

水揚げが問題となるバラやトルコギキョウのような切り花では'湯揚げ'と呼ばれる方法がよく用いられる。湯揚げには2種類の方法がある。一つは40～50℃程度の温水で揚げる方法であり、もう一つは熱湯に数秒から数十秒程度切り口を浸す方法である。

水の物理性で水揚げに関係する要因は動粘度である。動粘度は水温の上昇にと

もない低下する。温水による水揚げの有効性は、水の動粘度の上昇によることが示唆されている。

熱湯に切り口を浸漬する方法はブルースター切り花やオリーブ切り枝などで有効である。切り口の細胞を死滅させることにより、生理的に起こる導管閉塞を抑制することができる。また、導管中に入り込んだ空気を取り除くことも、水揚げ促進に関係していると考えられる。

このように、2種類の湯揚げでは、呼び方は同じであっても水揚げを促進する機構は異なると考えられている。

（4）華道で行われている水揚げ方法とその科学的根拠

華道で伝統的に行われている水揚げ方法は多数ある。以下に方法の概要とその科学的根拠を述べる。

1）割り入れ

木本に対して行われる方法で、ハサミなどで切り口の断面を一文字あるいは十文字などに割る。これは吸水できる導管の表面積を増加させることにより、水揚げを良好にしていると考えられる。

2）皮をむく、あるいは筋を入れる

主に草本に対して行われる方法で、基部の表皮をむいたり、ハサミや針などで縦に筋を入れる処理である。これも吸水できる導管の表面積を増加させることにより、水揚げを良好にしていると考えられる。

3）焼く

茎が硬いものに用いられる方法で、根本を炭化するまで焼く。これも湯揚げと同様に切り口付近の組織を完全に死滅させて傷害反応を抑えることにより、導管閉塞を防いでいると考えられる。

4）薬剤を用いる

アルコールや酢などの水溶液に茎を浸したり、食塩などの粉末を切り口にすり

込む方法である。これも湯揚げと同様に傷害反応を抑えているのではないかと考えられる。また、アルコールや酢の抗菌作用により効果がある可能性がある。ただし、酢は切り花に著しい薬害を引き起こすことが少なくないため、使用しないほうがよい。他に、これらの物質の浸透圧により細胞を収縮させることにより、細胞間隙の容積を増大させて水揚げを良好している可能性も指摘されている。

5）逆水を打つ

切り花を逆さまにして、上から水をかける。この方法は、萎れを防いだり、萎れた花を蘇生させるのに効果があるといわれている。しかしこの方法の科学的根拠は不明である。

6）水を含ませた新聞紙で巻く

切り花を保管する際に用いられる方法であり、水を含む新聞紙で巻いて、水を入れたバケツに立てておく方法と、寝かせておく方法がある。切り花周辺の湿度を上昇させることにより、切り花からの水分の損失が抑制され、結果として水揚げが良好になる。

7）深水で保管する

水圧がかかり吸水に役立つと考えられている。実際にバラ、キクおよびストック切り花では水深を増すことにより水揚げが促進されることが報告されている（図7-4）。バラでは水深が3 cmでは水が揚がらないが、15 cmでは揚がることに加え、バラでは茎の表面からの吸水はほとんどないことから、わずかな水圧の違いが水揚げ促進に有効であることが示唆されている。一方、キクやガーベラでは茎の表

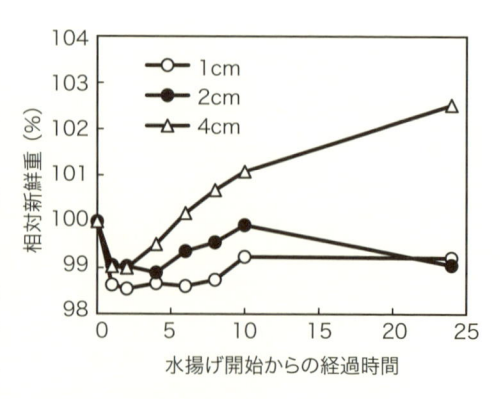

図7-4 生け水の水深がストック切り花の水揚げに及ぼす影響(村濱(2007)を改変)

面からも水が吸収される。したがってこのような切り花では、水圧の上昇だけでなく、茎の吸水面積の増大が水揚げ促進に寄与していると考えられる。

ここに記載した以外にも、さまざまな伝統的な水揚げ方法がある。生け花の伝統的な水揚げ方法の根拠を必ずしも科学的に説明できるわけではない。しかし、これまで伝承されてきた技術であるからには、水揚げ促進に何らかの効果がある可能性が考えられる。水揚げが問題となる切り花では試みる価値があろう。

3 切り花の品質保持に好適な環境

収穫した切り花の鮮度・品質を保持するために好適な環境は、花の種類による差はあるとはいえ、貯蔵・輸送・観賞環境を通じて、基本的には同じである。しかし、切り花の品質保持に最適な環境は人に対して好適な環境とは必ずしも一致していない。家庭での観賞環境においては、このような最適環境を念頭には置きつつも、人に快適な環境を優先するべきであることはいうまでもない。

(1) 気温

一般に切り花を保持する気温が低いほど、その花持ちは長くなる（図7-5）。したがって、切り花の鮮度を保持するためには、低温障害が出ない範囲で、できる限り気温は低くしたほうが望ましい。しかし、バラやトルコギキョウのような切り花では、気温が低すぎると花弁の展開が阻害されやすいため、20℃前後が好適であるといえる。なお、トルコギキョウのように自然開花期が高温の切り花では、30℃程度の高温条件で消費者用品質保持剤の利用により、花弁の展開が著しく促進される。

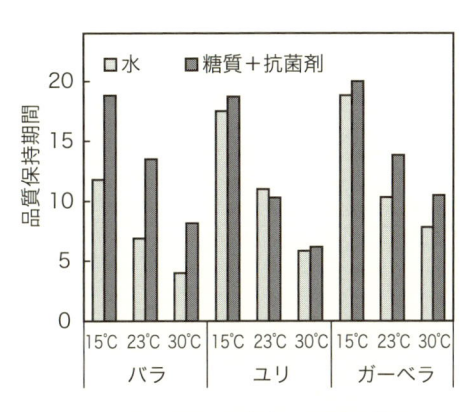

図7-5 バラ、ユリおよびガーベラ切り花の品質保持に及ぼす保持温度の影響
糖質（1％グルコース）と抗菌剤（0.5 mL/L CMIT/MIT、50 mg/L 硫酸アルミニウム）

（2）相対湿度

バラでは、低湿度条件下で蒸散が促進され、水分状態が悪化する。したがって、過度の低湿度条件では花持ちが短縮する。しかし、水分状態は高湿度条件下で良好となるが、灰色かび病をはじめとした病気の発生が助長される。一般的には60％前後で大きな問題はないと考えられる。

（3）光

バラのように水揚げが問題となる切り花では、連続照明下あるいは強光下では蒸散が促進され、切り花の水分状態が悪化し、花持ちが短縮しやすい。一方、連続暗黒条件下では花弁の展開が抑制される。したがって、明期と暗期がある条件下で保持することが必要である。

（4）風

風のある環境下では葉からの蒸散も盛んとなるため、水分状態が悪化し、萎れやすくなる。また、風により植物体が振動すると、エチレン生成が促進される可能性もある。したがって、風に当てること避けるべきである。

（5）気相

気相中で最も問題となるのはエチレンである。多くの切り花はエチレンにより寿命が短縮する。また、カーネーションではよく知られているように、エチレンにより蕾が開花しなくなる眠り病がある。特に、収穫後、エチレン阻害剤で処理していない切り花では、エチレン発生源の近くに置いてはならない。エチレン発生源は、天然物ではリンゴ、バナナなどの果実である。また石油ストーブなどからも発生するため、注意が必要である。

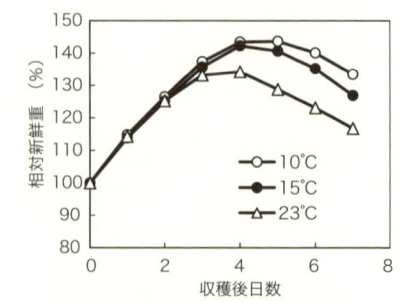

図7-6 低水温がバラ'ソニア'切り花の相対新鮮重に及ぼす影
（Norikoshiら（2006）を改変）

（6）低水温の有効性

切り花を、水温を低く保った水に生けると花持ちが延長する。バラでは、水温

を低く保つことにより、細菌の増殖が抑制されて水分状態が良好に保たれ、結果として花持ちが延長する（図7-6）。しかし、その効果は抗菌剤を処理した場合よりも優れているとはいえない。また、水温を低く維持することは経費がかかり、環境負荷も大きい。したがって、水揚げを良好に保つためには、抗菌剤を用いるほうが有効であるといえる。

4 品質保持剤処方の開発・利用方法

　現在、多数の品質保持剤が市販されている。切り花の種類により最終的な消費者段階の品質保持期間を延長するために、鍵となる処理段階は異なっている。カーネーションのようにエチレンに感受性が高い切り花では、生産者段階でSTS剤を適切に処理することが、消費者段階での品質保持期間延長に最も重要である。一方、バラでは消費者段階での品質保持剤処理が品質保持期間延長に有効である。そのため、切り花の特性を理解したうえで、品質保持剤処理を適切に行なうことが必要である。

（1）エチレンに対する感受性が高い切り花

　エチレンを曝すことにより花の萎凋あるいは落花が促進される、エチレンに対する感受性が高い花では、エチレン阻害剤が花持ち延長に効果がある場合が多い。しかし、受粉していないカンパニュラ切り花のように、老化にともないエチレン生成が上昇しない切り花では、エチレン阻害剤の効果はほとんど期待できない。

　カーネーション、デルフィニウムおよびスイートピーのようにエチレンに感受性が高い切り花では、生産者段階でのエチレン阻害剤処理の効果が非常に高い。エチレン阻害剤では、STSの汎用性が高い。これらの切り花ではSTS処理を適切に行なうことにより、消費者段階での品質保持期間を2～3倍延長することができる。逆にSTS処理が行なわれない場合には、その後いかに適切な管理を行なっても十分な品質保持期間を得ることは困難である。

　吸液量は環境条件に強く影響される。明所・低湿度条件下では気孔が開きやすく、吸液量が増加する。逆に雨天時などの高湿度条件では気孔が閉じやすく、吸

液が抑制されやすいため、品質保持期間延長に必要な量が吸収されたか、確認が必要である。

エチレン阻害剤STSの処理に関して、例えば0.2 mMの濃度で5時間の処理が適当であったとする。しかし、半分の濃度である0.1 mMでは単純に2倍の10時間の処理が適当ということにはならない。一般に切り花の吸水量は時間の経過とともに減少するため、同じ量を吸収させるためには10時間以上必要となる。また、処理液に糖質が含まれていると、液の浸透圧が上昇して吸水量は減少する。例えばトルコギキョウの切り花にSTSとスクロースを同時に処理することを想定する。0.2 mMの濃度のSTSを12時間処理することが最適である場合、そこに5%のスクロースを同時に処理しようとすると、12時間では不十分となるおそれがある。適当な処理条件を十分に検討するべきである。

品目によっては吸液量により品質保持効果を判定することが困難な場合がある。エラータム系やベラドンナ系デルフィニウムでは、適切なSTSの処理濃度は0.2 mMである。しかし、その半分の濃度の0.1 mMでは、処理時間を長くしても、小花中の銀濃度は規定量に達しない（図7-7）。したがって、適切な濃度で処理しなければならない。

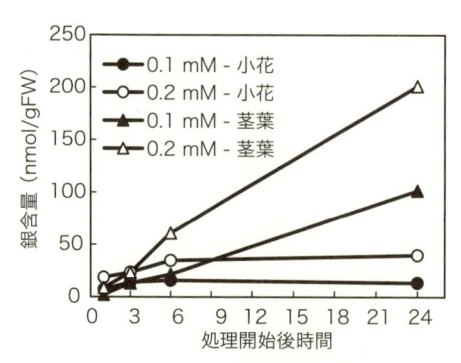

図7-7 デルフィニウム切り花におけるSTS処理後の銀の蓄積の変動
（黒島ら（2009）を改変）

（2）エチレンに対する感受性が高く多数の小花から構成される切り花

スプレーカーネーション、トルコギキョウ、キンギョソウ、シュッコンカスミソウ、ハイブリッドスターチスなどはエチレンに感受性が高く、多数の小花から構成される切り花である。これらの切り花では、エチレン阻害剤の処理のみでは開花をほとんど促進することはできない。開花には多量のエネルギー源が必要である。そのため、これらの切り花ではSTSとスクロースを含む生産者用品質保持剤処理により品質保持期間を延長することができる（図7-8）。

通常、STSを主成分とする生産者用品質保持剤には糖質が含まれていない。こ

れをスプレーカーネーションやキンギョソウなど多数の小花から構成される切り花に用いる場合、STS剤に糖質と抗菌剤を加えれば十分な場合が多い。グラニュー糖はスクロースの結晶であるため、グラニュー糖を用いればまったく問題はない。また、上白糖でも十分であろう。市販上白糖の99％以上はスクロースであり、それ以外に微量のグルコースが含まれている。抗菌剤には湿式輸送用品質保持剤を用い、規定濃度になるように加えれば問題ない。

なお、出荷前の糖質処理では、切り花に与えることのできる糖質の量に限りがある。したがって、品質保持効果を確実にするためには、消費者段階での品質保持剤処理が必要であり、これを用いることにより、小さな蕾まできれいに開花することが期待できる。

図7-8 スクロース、STSおよびABAの出荷前処理とスクロースの輸送中処理がトルコギキョウ切り花の品質保持に及ぼす効果
左：対照、右：4％スクロース、0.2 mM STSおよび10 μM ABA→1％スクロース品質保持検定開始後14日目の状態
写真提供：湯本弘子博士

（3）エチレン感受性が比較的高く、葉が黄化しやすい切り花

アルストロメリア、ユリ、スイセンをはじめとする単子葉の球根類切り花では葉の黄化が花の萎凋に先立って起こり、観賞価値を失う場合が多い。そのような切り花ではジベレリンをはじめとする植物成長調節剤の効果が高い。ジベレリンは花持ち延長効果も期待できるため、利用を検討する価値がある。通常はアルストロメリア用の品質保持剤の使用を検討することが必要である。

（4）エチレン非依存性で蕾のある切り花

バラ、スプレーギク、フリージアなど、花の老化がエチレン非依存的で、収穫した時点で蕾のある切り花では、消費者用品質保持剤の効果が高い。しかし、製品により品質保持効果は異なるため、使用にあたっては確認が必要である。

（5）エチレンに感受性が低く水揚げが悪化しやすい切り花

アジサイなど樹木類では水揚げが難しい品目が多いが、これらに適当な品質保持剤の開発は不十分である。各種の界面活性剤と抗菌剤の効果を検討する必要がある。また、バラ用の品質保持剤が適当か検討することも必要である。

5 切り花の品質保持期間を検定するための環境条件

切り花の品質保持期間を検定するためには、保持する環境条件は同一にしなければならない。花持ちを検定する国際的な基準は、気温20℃、相対湿度60％、光強度10 μmol m^{-2} s^{-1}（約600ルクス）、日長12時間の環境条件であり、照明には白色蛍光灯を用いることになっている。この条件下で保持した切り花の花持ちは、夏が比較的涼しいヨーロッパでは実際の花持ち日数をかなり反映したものとなる。

しかし、日本の夏季はヨーロッパよりも高温・高湿であるため、気温と相対湿度をより高くした条件で判定することが一般的となっている。著者の研究室では、23℃、相対湿度70％、光強度10 μ mol m^{-2} s^{-1}（約600ルクス）、日長12時間、照明は白色蛍光灯を用いた条件下で品質保持検定を行っている（図7-9）。一方、新花き流通システム研究会（日本花普及センター）では、気温25℃、相対湿度60％程度、照度1,000ルクス程度、12時間日長という条件に決定した。日本国内の市場などにおいて、実際に品質保持検定を行う場合には、この条件が採用されている。

なお、異なる気温で花持ちを検定する場合、相対湿度は同一とすることが必ずしも適当とは限らない。バラのように水揚げが悪化しやすい切り花では、その花持ちは飽差に影響される。飽差とは、飽和水蒸気圧と実際の水蒸気圧との差であり、植物が利用できる水分を示している。バラ切り花では、飽差が小さい環境下

図7-9　農研機構花き研究所に設置されている花持ち検定室

ではベントネックの発生が抑制されるのに対して、飽差が大きい環境下では、気孔が開きやすくなり、ベントネックの発生が促進される。飽和水蒸気圧は気温が高いほど上昇する。例えば、気温が20℃で相対湿度が70%とすると飽差は約0.7 kPaとなる。気温が30℃では、飽差をこれと同じ値にしたときの相対湿度は約85%となる。このように切り花に対する水分ストレスの影響を考慮する場合には、飽差を同じ値となるように相対湿度を設定することが必要である。

6 切り花の鮮度・品質の評価手法

切り花の長さあるいは重さなどの外的品質は容易に評価することができる。しかし、他の品質の評価は必ずしも簡単ではない。以下、評価手法について述べる。

(1) 鮮度の評価

切り花の鮮度、すなわちみずみずしさを最も客観的に評価する手法は水ポテンシャルの測定である。しかし、機器が高価であるだけでなく、測定にはある程度の経験が必要である。そこで、簡便に行うために、切り花の新鮮重を測定することが行われる。すなわち、毎日新鮮重を測定し、収穫時に十分水を吸収させた値を100%として、相対重量で表す。バラでは新鮮重が急激に減少したときに、可視的に見ても萎凋を呈している場合が多い。しかし、徐々に減少する場合も多く、完全な判定基準にはなり得ない。

鮮度の評価に水分欠差を測定することも提案されている。水分欠差とは、植物体が水分を飽和状態まで吸水したときの新鮮重に対する水分含量の減少割合を示した値であり、体積変化をしないことが前提となっている。しかし、切り花では完全に開花する前に収穫している場合が多いため、収穫後、開花にともなう成長を示す。したがって、客観的な基準とはなりにくい場合が多い。

(2) 品質保持期間の評価

花持ちの評価は必ずしも容易ではない。カーネーションの老化の兆候はインローリングであるが、STS処理した花ではインローリングを起こさず、花弁の萎

れあるいは乾燥により観賞価値を失う。バラ切り花においては、水揚げが極端に悪い場合は、観賞開始後、短期間でベントネックを起こすが、通常は萎れと退色により観賞価値を失い、その後、ベントネックを起こす。また消費者用品質保持剤を処理した場合には、退色は抑制され、花そのものが対称性を失い、観賞価値を失う。それに対して、トルコギキョウのように、すでに開花した複数の小花に加え、蕾が複数付いている切り花では、観賞価値を失った小花数を毎日測定することが必要になる。

シュッコンカスミソウなど多数の小花から構成される切り花では、一つの目安として収穫当日に開花した小花が萎れるまで、あるいは50％の小花が萎れるまでの日数で表す場合もある。しかし、これらの基準が可視的に観賞価値を失ったと判断した時点と必ずしも一致しているわけではないことが問題となる。これに加えて、アルストロメリアのように小花が多数あるだけでなく、葉の黄化も問題となる切り花では、判定はより複雑であり、誰もが満足するような基準を策定することは容易でない。

日本花普及センターは主要切り花26品目の花持ち調査チェックリストをホームページで公開している（http://www.jfpc.or.jp/）。このリストでは、小花の萎れや落弁に加えて、茎葉の黄変、茎折れあるいは灰色かび病の発生など、複数項目を花持ちの評価基準としており、市場等で花持ちを検定する際に有用となっている。

いずれにしても、花持ち日数を判定するために最も重要なことは客観的な基準に基づいて行うことであり、目的に応じて、これらを総合的に判定することが必要となろう。

（3）品質の評価

花色は色彩色差計があれば容易に測定することができ、色座標（一般にはハンターのL*a*b色系を用いる）上に数値化して表示できる。しかし、機器は比較的高価であるため、簡易な方法としてはカラーチャートを用いるとよい。

クロロフィルは、葉緑素計を用いて簡単に測定することができる。

7 切り花の品質保証を行うための品質・鮮度保持対策

　消費者が安心して切り花を購入するためには、切り花の品質保持期限を明示した花持ち（日持ち）保証販売が必要とされている。各種アンケート調査では、1週間程度の花持ちを希望する消費者が多い。そのため、花持ちを保証するためには、基本的にある程度花持ちが優れた花でなければ困難である。ただし、ダリアのように明らかに花持ちが短い品目の場合、保証する花持ちを3日程度として、保証する手段も考えられる。

　花持ち保証を行うためには、流通段階での短縮を考慮しなければならない。生産者から消費者に花が届くまでには通常の流通経路では最短でも3日間はかかるとみなければならない。したがって、生産者段階で1週間の花持ちしかない切り花では消費者に渡った時点で数日しか花持ちが期待できない。

　花持ちを保証するためには、収穫後、消費者の手に渡るまでの流通期間は極力短くすることに加え、適切に温度管理することが必要である。品目によっては出荷前処理が必須となる。多くの品目では消費者用品質保持剤で処理することが必要である。また湿式低温輸送と花持ちが長い品種の利用も望まれる。

　カーネーション、スイートピーのようにエチレンに対する感受性が高い花きではSTSを主成分とする生産者用品質保持剤処理が必須である。カーネーション切り花ではSTS剤が処理されていない場合には、花弁は内側に巻き込みながら萎れる。この現象をインローリングと呼んでいる。これに対して、STS剤が適切に処理されている場合には、インローリングは起こらず、花弁の端が褐変し徐々に乾燥して観賞価値を失う（図7-10）。したがって、STS剤が適切に処理されているか否かは、花弁の形態から比較的容易に判定できる。

　切り花の品質保証期間を設定するためには、実際の流通段階を想定し

図7-10　STSで処理したカーネーション切り花の老化形態
左:無処理、右:STS

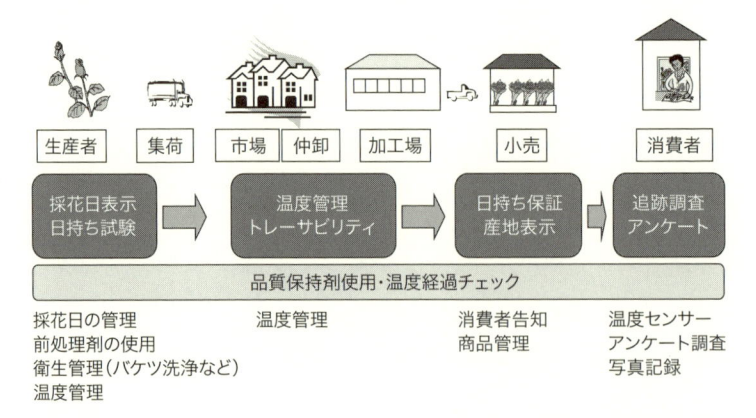

```
生産者    集荷    市場  仲卸    加工場      小売        消費者

採花日表示         温度管理        日持ち保証        追跡調査
日持ち試験        トレーサビリティ   産地表示        アンケート

            品質保持剤使用・温度経過チェック

採花日の管理       温度管理        消費者告知       温度センサー
前処理剤の使用                    商品管理        アンケート調査
衛生管理(バケツ洗浄など)                          写真記録
温度管理
```

図7-11　日本フローラルマーケティング協会が設定した日持ち保証販売の指針

て、出荷する切り花がどの程度の品質保持日数を有しているかを試験する必要がある。実際の花持ち日数と近い値を得るためには、季節ごとに試験する温度を変えたほうが適当である。欧米の花持ちを検定する気温は20℃に設定されている。しかし、日本は欧米よりも夏季の気温が高いという理由で25℃が標準の気温に設定された。しかし、日本国内の夏季の室内気温は25℃よりも明らかに高い場合が多く、より厳しい基準が必要であろう。具体的には28℃〜30℃が目安となろう。一方、チューリップやスイセンのように冬季しか流通しない切り花では、25℃での花持ちは極端に短くなり、現実的ではない。そのため、春秋は20〜23℃、夏季は28〜30℃、冬季は15〜18℃の3段階の設定とするか、夏季のみ28〜30℃とし、他の季節は20〜23℃程度の2段階設定が有効ではないかと考えられる。

　日本フローラルマーケティング協会は花持ちを保証するためのプロトコールを策定している（図7-11）。特に重要なのは採花日の管理、輸送時の気温と湿度の測定および花持ち試験である。一部の生産者は花持ち保証に対応するため、採花日を出荷する段ボール箱に明記している（図7-12）。

図7-12　ガーベラの出荷箱に記載された採花日表示
（PCガーベラ、静岡県浜松市）

第8章

切り花の品質保持各論

　本章では、日本国内で生産されている主要な切り花の個々の品質保持技術について述べる。このうち、バラやカーネーションのような切り花では研究蓄積が多く、ある程度マニュアル化することが可能である。一方、ユリやチューリップのように古くから主要な切り花であっても、効果的な品質保持技術が開発されていない品目もある。また、従来の品種には適当な品質保持剤であっても、新しい品種では薬害などが生じて不適当となる場合もある。これらのことを理解しながら、読んでいただきたい。

1 アイリス

　学名は *Iris × hollandica* hort.（ダッチアイリス）。アヤメ科に属する球根類花きである。ダッチアイリスはスパニッシュ・アイリスを中心にして数種の野生種の交雑によりオランダで作出された。ジャーマンアイリスは7種類の野生種の交雑により作出された品種群である。切り花としての流通はほとんどがダッチアイリスである。現在の主産地は千葉県と大阪府である。

(1) 切り花の生理的特性
　3 μL/L のエチレンで24時間処理してもほとんど老化は促進されないことから、エチレンに対する感受性は低いとみなされる。

(2) 栽培・収穫時の注意事項
　苞の間から花弁が見え始め、花の色が確認できる頃が収穫適期である。球根ごと抜き取り、球根ははずして、はかまは付けておく。

(3) 生産者段階の品質保持剤処理

　グルコース（ブドウ糖）、抗菌剤およびジベレリンを組合せた出荷前処理が開花不全防止に効果がある。3時間の短期間処理で適当な濃度は、グルコースが10%、ジベレリンが0.3 mMであるとされている。

　合成サイトカイニンであるチジアズロン（0.5 mM）の12時間あるいは24時間処理により、品質保持期間が1.5倍延長する。0.22 mMベンジルアデニンも同等の効果がある。

(4) 予冷・保管

　湿式では0～1℃で1週間程度可能であるとされている。乾式保管は不開花を引き起こす場合があり、避けるべきである。

(5) 輸送

　通常は、段ボール箱に横置きした乾式により輸送される。

(6) 輸送後の水揚げ技術

　下葉を取り除き、40～50℃の温水下で切り戻して吸水させればよい。

(7) 消費者段階での取り扱い

　消費者用品質保持剤処理により、二番花の開花が促進し、品質保持期間が延長する。

(8) 品質保持判断指標

　花が萎れて鑑賞価値を失う。

(9) その他の注意事項

　近縁のハナショウブではチオ硫酸銀錯体（STS）処理により第1花の花径が増大し、第2花の開花が促進されることから、アイリスでも効果がみられる可能性がある。

2 アルストロメリア

ユリズイセン科に属し、学名は *Alstroemeria*（*Alstroemeria* spp. および種間雑種）。地下茎に貯蔵根がつくため球根類花きとされている。チリを中心とした南米各地に自生しており、国内での営利生産は1960年代に始まった。その後、主要品目の一つに成長し、2007年の生産額は12位となっている。現在の主産地は長野県である。根が15℃以下の温度に遭遇すると花芽が形成するという特性がある。

（1）切り花の生理的特性

小花の寿命は比較的長く、23℃では小花の花持ちは10日程度である。また、品質保持剤を用いなくても、かなり小さい蕾も開花する。

エチレンに対する感受性はやや低い部類に入るが、エチレン処理により花被だけでなく雄蕊と雌蕊の離脱も促進される。

落花よりも先に葉が黄化し、観賞価値を失う場合が少なくない。葉の黄化はジベレリンの減少による起こることが示されている。

高温下では著しく花持ちが低下し、切り花を保持する環境条件が25℃以上では20℃のときの1/2以下になるといわれている。

（2）栽培・収穫時の注意事項

通常は分枝上の第1花が満開した時点で収穫するが、高温期ではやや早める。

高温期では鮮度低下を避けるため、早朝に収穫することが必要である。

抜き取り収穫したときには、地中にあった白色茎部を残すと吸水が劣るため、切り戻し位置は緑色部とする。

（3）生産者段階の品質保持剤処理

STS処理により花弁と雄蕊の離脱が遅延する。一般的には0.1 mMの溶液で9時間以上の処理が適当であるとされる。

葉が黄化しやすいことも重要な問題である。この抑制にはジベレリンが最も効

果がある。ベンジルアデニンなどのサイトカイニン類も葉の黄化抑制に効果があるが、ジベレリンのそれには劣る。ジベレリン（GA_3）は 10 mg/L の濃度では 20 時間、100 mg/L の濃度では 6 時間程度の処理が必要である。

アルストロメリア用の出荷前処理剤は STS とジベレリンを含んでいるといわれており、一般的にはそれを使用すればよい。

（4）予冷・保管

夏季のように特に高温となる条件下では鮮度の低下が著しいため、低温で保管する。可能であれば予冷を行う。

湿式では 3°C で 6 日間、8°C では 3 日間の保管が可能とされるが、保管は極力避けるべきである。

（5）輸送

段ボール箱に横置きした乾式により輸送される場合が多いが、湿式輸送の割合が増えている。高温では鮮度低下が著しいため、低温輸送が必要である。

（6）輸送後の水揚げ技術

水揚げはよく、切り戻せばよい。観賞環境はできるだけ涼温が望ましい。

（7）消費者段階での取り扱い

消費者用品質保持剤処理により蕾の開花が促進される。出荷前処理剤が適切に処理された切り花では、品質保持効果はより高くなる（表8-1）。ジベレリン（GA_3、10 mg/L）を加用すると品質保持期間はさらに延長する。

表8-1 アルストロメリア切り花の花持ちに及ぼす品質保持剤処理の影響

品種	処理		品質保持期間(日)
	出荷前処理	後処理	
プリマドンナ	無	無	13.0
	無	有	14.2
	有	無	18.0
	有	有	18.3
ハニーソフィア	無	無	11.8
	無	有	12.8
	有	無	14.7
	有	有	15.8

出荷前処理：市販アルストロメリア用品質保持剤、後処理：1％ グルコース、0.5 mL/L CMIT/MIT、50 mg/L 硫酸アルミニウム

（8）品質保持判断指標

花被、雄蕊および雌蕊の脱離と葉の黄化により鑑賞価値を失う。花被は脱離する前に退色と萎れにより観賞価値を失う品種もある。

（9）その他の注意事項

アルストロメリアの茎葉の汁液には、アレルギー物質（チューリポサイドA）が含まれているため、取り扱いには注意が必要である。

3 カーネーション

ナデシコ科の多年草で学名は*Dianthus caryophyllus* L.。わが国では長い間キクに次いで2番目に多い生産額を誇っていたが、最近ではバラだけでなく、ユリの後塵を配するに至っている。国内生産は年々減少している一方、輸入の増加が続いている。現在の主産地は長野県、愛知県、千葉県などである。1輪咲きのスタンダードタイプとスプレータイプがある。最近では選抜・交雑育種により遺伝的に花持ち性が優れた品種の開発が進んでいる。

（1）切り花の生理的特性

エチレンに感受性の高い代表的な品目である（図8-1）。多くの品種では、0.2 μL/Lの濃度のエチレンで処理すると、8時間後には花弁は老化の兆候であるインローリングを示す。老化にともないエチレン生成は急激に上昇する。エチレンの主な生成器官は花弁と雌蕊である。

受粉によりエチレン生成が上昇し花持ちが著しく短縮するが、自然条件下では受粉は起こりにくいので実際的には

図8-1　エチレン処理がカーネーションの老化に及ぼす影響
上：10 μL/L エチレン処理、下：無処理、エチレン処理開始後16時間目の状態

問題とならない。

細菌に対する感受性は比較的低く、生け水中の細菌濃度が 10^8 cfu/mL 未満では悪影響を及ぼさない。

(2) 栽培・収穫時の処理

花持ちには季節間差があり、高温期に栽培した花では花持ちは短かくなりやすい。

収穫後速やかに水揚げをかねてSTS剤で処理することが必要である。

エチレンにより不開花や花弁の萎凋が促進されるため、エチレンが発生する場所から遠ざけることが必要である。

(3) 生産者段階の品質保持剤処理

エチレンに対する感受性が高いため、エチレン阻害剤の処理が花持ち延長に効果がある。通常はSTS剤が用いられるが、他の多くのエチレン阻害剤も花持ちを延長させる効果がある。

1) STS剤

切り花新鮮重100 gあたり2 μmol（切り花1本あたり0.5 μmol）の銀が吸収されるように処理時間と濃度を設定すればよい。2 μmol以上吸収させても品質保持期間は伸びず、5 μmol以上では葉に過剰障害が発生する。切り花長が60 cm程度の切り花ではSTS処理は0.2 mMの濃度で12時間処理が適当である。通常は市販の薬剤を用いればよい。ただし、吸収量は処理時の気温と相対湿度に依存する。気温が低い場合、あるいは相対湿度が低い場合には、十分量のSTSが吸収されないおそれがある。そのため、吸液量の確認が必要である。ただし、花に銀が十分に蓄積しない可能性もあるため、より確実に判定するためには、花器官中の銀濃度の定量が必要である。

STS剤処理の時間が長すぎたり、処理濃度が濃すぎると薬害が発生する。低濃度で処理時間が長すぎたときには、茎に障害が発生する。濃度が高すぎたときには、処理直後に葉や花弁にクロロシスを生じる。

2）STS 以外のエチレン阻害剤

エチレン阻害剤として知られている多くの物質はカーネーション切り花の花持ち延長に効果がある。短期間処理で効果があるのはアミノオキシ酢酸（AOA）、アミノエトキシビニルグリシン（AVG）、α-アミノイソ酪酸（AIB）、1,1-ジフェニル-4-フェニルスルホニルセミカルバジド（DPSS）である。60 cm の切り花を用いた場合のこれらの薬剤の好適な処理濃度と時間は、AOA と AVG では 25 mM で 1 時間、AIB は 400 mM で 24 時間、DPSS は 0.2 mM で 12 時間である。ただし、処理時の環境条件により吸液量が変動し、吸液量が少ない場合には品質保持効果が低下するため、注意が必要である。

以前は AOA と DPSS を主成分とする品質保持剤がそれぞれ市販されていた。国内ではエチオニンを主成分とする品質保持剤が市販されている。

3）スプレータイプのカーネーションに対する処理

スプレータイプのカーネーションはスタンダードタイプとは若干異なる処理が望まれる。スプレータイプのカーネーションでは、水分収支の悪化が萎凋を促進するため、界面活性剤の処理が効果的であるとされる。蕾の開花と花色の発現を促進させるためには 5～10% のスクロースで処理するとよい。通常はシュッコンカスミソウ用あるいはスターチス用の前処理剤を適度に希釈して用いればよいと考えられる。

4）蕾段階で収穫した切り花に対する処理

カーネーションは '母の日' が特需期であり、この時期に集中的に出荷することが望まれている。

小山らは特需期に対応するため、蕾段階で収穫した切り花の出荷を可能とする以下の方法を開発した。花弁ががくから見え始めた段階で収穫し、ポリエチレンフィルムで一重に被覆した後、1°C で乾式貯蔵を行う。この方法により、4 週間以上の貯蔵が可能である。貯蔵後、開花液で処理する前に 1 mM STS の処理を常温で 2 時間行った後、200 mg/L 8-ヒドロキシキノリン硫酸塩（8-HQS）と 25 mg/L 硝酸銀を含むスクロース溶液から構成される開花液を用いて開花を促す。スクロース濃度が高いほど花色の発現が促進され、花も大きくなり、花持ち

性も向上する。開花液のスクロース濃度は3%が適当であるとみなされる。開花に適当な温度は20～25℃である。花色を十分に発現させるためには照明が必要である。品種本来の花色に近づけるための最適の光強度は品種により異なり、赤色系品種は淡桃色系品種よりも高い光強度を必要とする。

　一方、水口らは「開花促進」による出荷調節のための方法を開発している。それによると、蕾の段階で収穫した切り花をSTS剤で処理した後、糖質と抗菌剤を含む溶液に生け、開花を促す。20～30℃の範囲では、処理温度が高いほど早く開花するため、母の日に間に合わず廃棄されるものを母の日用に出荷できるようになる。ただし、スクロースの処理温度が高いと品質低下が生じるため、注意が必要である。また、12時間日長にすると連続光よりも花持ちが向上する。糖質にはスクロースが適し、STS処理をするのであれば硝酸銀処理は不要である。スタンダードおよびスプレーを含むさまざまな品種への適用性が調べられており、開花促進法に適する品種と適さない品種、適する蕾ステージが明らかにされている。

（4）予冷・保管

　5℃前後の冷蔵庫内で出荷後速やかにSTS処理する。低濃度（0.1 mM程度）で長時間処理する場合には箱詰めするまで冷蔵庫内で処理を続けるが、高濃度（0.5 mM程度）で短時間処理する場合は、処理終了後、水道水に移し、箱詰めするまで冷蔵する。

　乾式保管ではMA包装用の資材で包装することにより室温でも48時間程度は可能であるとされる。しかし花弁が灰色かび病におかされやすいため、蕾段階で収穫した切り花以外は避けたほうが望ましい。

（5）輸送

　STSが適切に処理された切り花であれば、低温・乾式輸送でとくに問題はない。

（6）輸送後の水揚げ技術

　水揚げはよく、切り戻すだけでよい。

(7) 消費者段階での取り扱い

スクロースをはじめとする糖質と抗菌剤の併用処理が品質保持期間延長に効果がある。とくにスプレーカーネーションでは蕾を開花させるために重要である。抗菌剤は硫酸アルミニウム、ジクロロイソシアヌル酸ナトリウム（DICA）、8-HQSなどとくに物質を選ばない。スクロースの濃度は5％程度が適当である。それ以上の濃度になると、花色が本来よりも濃くなる傾向がある。通常は市販の消費者用品質保持を使用すればよい。

(8) 品質保持判断指標

花の萎れにより観賞価値を失う。STS剤を処理していない切り花では、花弁はインローリングを起こし急激に萎れが進行する。STS剤で処理した切り花では、花弁の周辺部から徐々に褐変する。スプレータイプの品種では茎折れにより観賞価値を失う場合もある。

(9) その他の注意事項

蕾段階で収穫した切り花を貯蔵する際には、灰色かび病の発生に注意する必要がある。

高温期に収穫したスプレーカーネーションは茎が軟弱になりやすく、観賞途上に折れて品質保持期間が短縮しやすい。

4 ガーベラ

キク科の多年草で学名は *Gerbera jamesonii* Bol. ex Adlam。ガーベラ属はアフリカ、アジア、インドネシアに約40種分布している。ガーベラは温度さえあれば周年切り花生産ができることもあって、重要な切り花となった。現在の主産地は静岡県である。

(1) 切り花の生理的特性

花弁の展開にともない花茎が伸長する。蕾の状態で収穫すると水が揚がりにくく、花弁の展開が不十分となるため、完全に開花した状態で収穫する。

エチレンに対する感受性は低く、エチレン阻害剤による花持ち延長効果は少ない。

花持ちが短縮する最大の原因は細菌の増殖であり、茎折れを引き起こす。生け水につかった部分の茎が腐りやすく、これにともない水揚げが悪化し、花弁の萎凋と花首の萎れを引き起こす。

（2）栽培・収穫時の注意事項

通常、舌状花が完全に伸長し、管状花の外側2列が開花した状態のときが切り前で、根元から収穫する。通常は、収穫後の水揚げは行わない。

（3）生産者段階の品質保持剤処理

通常、国内では生産者段階での品質保持剤処理は行われていない。

オランダでは抗菌剤の短期間処理が推奨されている。1 g/L 硝酸銀、600 mg/L 次亜塩素酸ナトリウムで短時間（10分程度）処理する。

（4）予冷・保管

水分損失が問題となるため、湿式保管が適している。乾式保管をする場合は、茎の屈曲を避けるため、縦置きにして保管する。保管中に花腐れが助長されるため、1～2日程度の短期保管にとどめておいたほうがよい。保管適温は2～5℃である。

（5）輸送

花弁の傷みを避けるためキャップをかけることが必須となっている。負の屈地性が強く、横置きすると花首が上方に屈曲してくる。したがって、縦箱が適する（図8-2）。低温であれば乾式輸送で大きな問題はない。

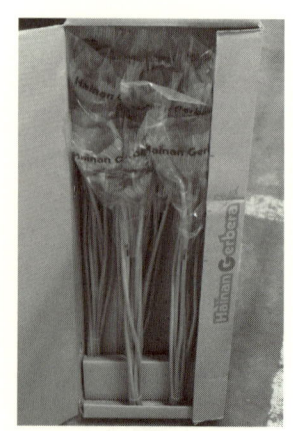

図8-2　乾式で輸送されたガーベラ切り花

（6）輸送後の水揚げ技術

茎の最下部を残したままだと水揚げが悪いとい

われているため、茎に空洞がある部分まで必ず切り戻しを行う。

(7) 消費者段階での取り扱い

消費者用品質保持剤により品質保持期間が延長する。抗菌剤では DICA（80 mg/L）が適当とされる。1% グルコースと抗菌剤の処理により、品質保持期間は 1.5 倍近く延長する（図8-3）。通常は市販の消費者用品質保持剤を用いればよい。

図8-3　ガーベラ切り花の花持ちに及ぼす糖質と抗菌剤連続処理の効果
左：蒸留水（対照）、右：糖質（1％グルコース）と抗菌剤（0.5 mL/L CMIT/MIT、50 mg/L 硫酸アルミニウム）、処理開始後15日目の状態

ガーベラは花持ちが短いとみなされているが、適切な処理を行えば、10 日以上の品質保持期間を得ることができる。

(8) 品質保持判断指標

抗菌剤を用いず、細菌が増殖した場合には、茎が途中で折れて鑑賞価値を失う場合が多い。水揚げが阻害されないときは舌状花弁の退色により鑑賞価値を失う。

(9) その他の注意事項

生け水は浅水とし、水につかった部分が腐ったり水揚げが低下した場合には生け水を交換し、その部分より少し上で切り戻せば水揚げが回復する。

花瓶に生ける際には、茎を回転させないように気をつける。

5 キク

キク科の多年草で学名は *Chrysanthemum moriforium* Ramat.。国内で最も生産が多い品目であり、切り花全体の 30％以上を占める。輪ギク、スプレーギクおよびコギクに大別される。生産は愛知県が最も多く、生産額の 30％強を占

めている。以下、沖縄県、福岡県、鹿児島県の順となっている。

（1）切り花の生理的特性

一般に水揚げがよく、花持ち性に優れる。花のエチレンに対する感受性は低いが、葉のエチレンに対する感受性は比較的高い品種があり、エチレン処理により葉が黄化する。

単なる水に生けると、葉が萎れ、水揚げが悪化する場合がある。酸化防止剤で処理すると、葉の萎れは抑制される。また、パーオキシダーゼとカテコール酸化酵素阻害剤の処理により、導管閉塞が遅延する。したがって、水揚げの悪化は切断傷害による生理的な導管閉塞により起こり、それには酸化反応をともなうリグニン生合成が関与すると考えられている。

抗菌剤処理により水揚げ悪化が抑制されることから、水揚げ悪化に細菌の増殖が関与している可能性もある。

（2）栽培・収穫時の処理

キクの栽培条件と花持ち性の関係については船越の詳細な研究がある。それによると、高温・多湿・寡日照の栽培条件下では、1）茎の維管束部の発達が悪化し、導管数が減少する、2）気孔の開閉機能が低下することにより蒸散が異常となる、3）葉が黄化しやすくなる、などにより花持ち性が著しく低下することを明らかにした。また、このような地上部の機能低下には根の生理機能の低下が関与していることを示した。これらのことから、高温・多湿条件を避けて栽培することが必要である。

夏秋ギクの雨よけ栽培では灌水量と石灰施用量が少ないと、花持ち性が低下することが報告されている。

（3）生産者段階の品質保持剤処理

通常は品質保持剤で処理されずに出荷される。

糖質を主成分とした生産者用前処理剤で12時間程度処理すると、花持ちを延長させる効果はほとんどないが、花が大きくなる。花持ちが短い品種では、イソチアゾリノン系抗菌剤あるいは硝酸銀などの短期間処理が花持ち延長に効果があ

る。

　エチレンに対する感受性は低いが、STS処理により花持ちが延長する場合もある。STSの主成分は抗菌作用のある銀であり、抗菌効果も期待される。STS処理により葉の黄化も抑制される。

(4) 予冷・保管

　夏季のように特に高温となる条件下では、収穫後ただちに予冷を行うことが望ましい。真空予冷では短時間で品温を低下させることができるが、水分損失が起こるだけでなく、障害も起こりやすい。可能であれば差圧通風予冷が望ましい。

　予冷しても常温下ではすぐに品温が上昇するため、予冷した切り花は低温での保管と輸送が不可欠である。

　湿式保管では1～2℃で3～4日間程度の保管が可能である。

(5) 輸送

　通常は包装紙で包み段ボール箱に横置きにして出荷する乾式で輸送される。低温・乾式輸送でとくに問題はない。

(6) 輸送後の水揚げ技術

　萎れたキクを回復させるには、下葉を取り除いた後、低温下で湯を用いて水揚げするか、クエン酸でpHを3.5に調整した酸性水で水揚げする。非イオン性のポリオキシエチレンラウリルエーテルなどの界面活性剤を加えるとさらに効果的である。

図8-4　高温(30℃)で保持したコギク切り花の花持ちに及ぼす糖質と抗菌剤連続処理の効果
左:蒸留水(対照)、右:糖質(1％グルコース)と抗菌剤(0.5 mL/L CMIT/MIT、50 mg/L 硫酸アルミニウム)、処理開始後10日目の状態

(7) 消費者段階での取り扱い

　輪ギク、スプレーギク、コ

ギクのいずれにおいても、糖質と抗菌剤を主成分とする消費者用品質保持剤処理により、花が著しく大きくなり、品質保持期間を延長することができる（図8-4）。特に水揚げが悪い品種では、品質保持効果が高い。ただし、糖質の濃度が高いと葉に薬害が生じやすい。そのため、糖質の濃度は1％以下とする。

（8）品質保持判断指標

花弁の萎れ、葉の萎れあるいは黄化により観賞価値を失う。

6 キンギョソウ

ゴマノハグサ科の多年草であるが、園芸的には一年草として扱われており、学名は *Antirrhinum majus* L.。原産地は南ヨーロッパや北アフリカの地中海沿岸地域である。名前のとおり金魚のような形状をした型の花とペンステモン型の花がある。花色は豊富であり、香りもよい。現在の主産地は千葉県であり、国内の生産額の50％以上を占める。

（1）切り花の生理的特性

エチレンに対する感受性は比較的高く、2 μL/L のエチレン処理により48時間後には花冠はほとんど脱離する。

受粉により落花が促進される交配組み合わせがある。これは単に品種間差だけではなく、交配組み合わせによる差が大きい。

バタフライ系をはじめとするペンステモン型の花は、葯と柱頭の距離が離れている品種が多いのに対して、金魚型の花は葯と柱頭の距離が近く、自然に受粉しやすい品種が多い。このため、花持ちが短縮する危険性が高い。

負の屈地性が強く、花穂を横置きすると上方に屈曲してくる。これにはカルシウムイオンが関与しており、トランス-1,2-シクロヘキサンジニトロ4酢酸をはじめとするカルシウムイオンのキレート化合物の処理により負の屈地性が低下することが明らかにされている。

収穫後の水揚げは容易であるが、水に生けると数日後に茎が折れ曲がり観賞価値を失う場合が多い。これは抗菌剤処理で防止できることから、細菌の増殖が原

因であると推定される。

多数の小花から構成されるため、花穂の上部まで十分に開花させるためには、糖質を含む消費者用品質保持剤で連続処理する必要がある。

(2) 栽培・収穫時の注意事項

春以降の比較的高温の条件下で栽培した切り花では、茎は腐敗しやすくなり、品質保持剤で処理しても花持ちを十分に延長させることは困難である。また、エチレンに対する感受性も高くなり、落花しやすくなる。

通常小花が4輪開花した時点で収穫するのが標準である。春・秋の気温が高い時期には3輪程度のときに収穫する。負の屈地性が強いため、収穫した切り花は垂直に立てるようにする。

(3) 生産者段階の品質保持剤処理

エチレンに対する感受性は比較的高く、STSなどのエチレン阻害剤が花持ち延長にある程度効果がある。STS処理は0.1 mMの濃度の溶液に3〜8時間の浸漬処理が基準となる。STS処理時に5〜10%程度のスクロースを組み合わせると、蕾の開花が促進される（図8-5）。

図8-5 STSとスクロースの出荷前処理とスクロースの輸送中処理によるキンギョソウ切り花の品質保持効果

左から抗菌剤(出荷前)→抗菌剤(輸送中)、0.2 mM STS→抗菌剤、5% スクロース→5% スクロース、5% スクロース＋0.2 mM STS→5% スクロース

抗菌剤として0.1 mL/L CMIT/MITと100 mg/L 硫酸アルミニウムを用いる

スクロース溶液は抗菌剤を含む、品質保持検定開始後6日目の状態

(4) 予冷・保管

秋・春の比較的高温の時期では鮮度の低下が著しいため、収穫後ただちに予冷を行うことが望ましい。

湿式保管では1〜2℃で3〜4日間程度の保管が可能であるとされるが、茎が

屈曲しやすいため、保管は避けたほうが無難である。

（5）輸送
乾式輸送では茎が上方に屈曲してくるため、縦箱による湿式低温輸送が望ましい。

（6）輸送後の水揚げ技術
水揚げは比較的良く、切り戻せばよい。

（7）消費者段階の取り扱い
水のみでは水揚げ不良により花穂が途中から折れ曲がる。これを防ぐには8-HQSなどの抗菌剤が必要である。しかし、抗菌剤のみでは蕾の開花と花色の発現を促すことはできない。そのため、スクロースをはじめとする糖質と8-HQS（200 mg/L）などの抗菌剤の併用処理を行うと、すでに開花していた小花の花持ちも延びるだけでなく、ほとんどの蕾が開花し、2～3週間観賞することが可能となる。糖質の濃度は3％が適当である。糖質の種類では、スクロースは花色発現を良好にし、蕾の開花を促進する効果が高い。しかし、花穂頂部に糖質が蓄積し、老化を促進するという欠点もある。それに対して、グルコースによる花色発現と開花促進の効果はスクロースよりもやや劣るが、花穂上部小花を開花させることができる（図8-6）。このように、糖質の種類による品質保持効果には一長一短がある。

糖質の種類にかかわらず、濃度が高いと落花しやすくなり、低いと茎が折れやすくなる。通常は市販の消費者用品質保持剤を用いればよい。

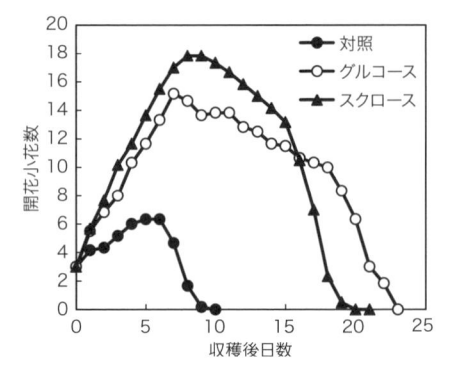

図8-6　キンギョソウ切り花の花持ちに及ぼすグルコースとスクロース連続処理の影響（市村ら、未発表）
グルコースとスクロースは30 g/L、すべて抗菌剤として8-HQSを含む

(8) 品質保持判断指標

単なる水に生けた場合には、小花が萎れ、茎が折れて観賞価値を失う場合が多い。消費者用品質保持剤を用いた場合は、小花が徐々に萎れ観賞価値を失う。

7 グラジオラス

南アフリカ原産のアヤメ科の球根類花きで、学名は *Gladiolus*（*Gladiolus* spp. および種間雑種）。春咲き系品種と冬咲き系品種に大別できる。高温期に生産される貴重な花きであるが、花持ちは短く、生産量も徐々に減少している。現在、切り花の主産地は鹿児島県、茨城県、長野県などである。

（1）切り花の生理的特性

エチレンに対する感受性は低い。

小花が次々と開花するが、一つの小花あたりの花持ちは短く、3日程度である。放射性同位元素を用いたトレーサー実験により、老化した小花から開花途上の小花に炭水化物が輸送されることが示されている。

タンパク質合成阻害剤であるシクロヘキシミドにより花持ちが2倍程度に延長する（表8-2）。したがって、小花の老化は遺伝的にプログラムされており、老化に必要な遺伝子があることが示唆されている。

表8-2 グラジオラスの老化に及ぼすシクロヘキシミドの影響(市村、未発表)

品種	寿命（日）	
	対照	シクロヘキシミド (0.2 mM)
オーキッドフロスト	2.8	5.2
オベリスク	2.0	4.9
ゴールデンゲーム	3.0	5.0
シマローサ	2.9	5.1
トパーズ	3.0	5.7
トラベラ	2.9	5.7
富士の雪	2.8	5.3
プリシラ	2.8	4.6

（2）栽培・収穫時の注意事項

日射量が不足するとブラスチングが生じやすく、小花数の少ない切り花となる。

栽培中の栄養分のアンバランス、特にカルシウム欠乏は「トップル」と呼ばれる花穂が折れ曲がる生理障害を引き起こしやすい。

輸送時間が短い場合には基部2〜3花の花弁先端が色着いたときが収穫適期である。長時間輸送する場合は、それよりもやや早いステージとする。

（3）生産者段階の品質保持剤処理

国内では出荷前処理を行っている事例は少ない。また、水揚げすると開花が促進されるため、水揚げせず出荷する場合が多い。

スクロースと抗菌剤を含む溶液により蕾の開花が促進される。スクロース濃度は20％が適当であることが報告されている。しかし、個々の小花の花持ちを延長する効果はなく、実用上の価値は少ない。

シクロヘキシミドは花持ち延長に効果があるが、毒性が強いため実用に供することができない。

（4）予冷・保管

夏季のように特に高温となる条件下では鮮度の低下が著しいため、収穫後ただちに予冷を行うことが望ましい。予冷の温度は5℃が適当である。予冷の方式として真空予冷でも特に問題はない。

障害が出ない範囲の低温（2〜5℃）で1週間程度の保管が可能である。これより温度が高いと、小花の開花が進行し、保管可能期間は短くなる。2℃以下では低温障害が発生する。

（5）輸送

通常は段ボール箱に横詰めし、乾式により輸送される。乾式輸送では負の屈地性のため、花穂が屈曲してくる。したがって、十分に吸水した切り花を縦型の段ボール箱に詰め、予冷後、低温で輸送することが必要である。

湿式輸送は開花が促進されるため、適していないとされる。

輸送温度は5℃が適当であり、2℃以下では低温障害を起こす。

（6）輸送後の水揚げ技術

　水揚げは極めてよい。通常は切り花基部を切り戻し、水道水に生けて再吸収させればよい。

（7）消費者段階での取り扱い

　スクロース処理により小花の開花が促進される。しかし、花穂上位小花の開花は促進されるが、花穂基部小花の花持ちは延長されず、観賞上、バランスの悪い切り花となる。したがって、実用上、消費者用品質保持剤処理は不要である。

（8）品質保持判断指標

　花穂下位部の小花が萎れて鑑賞価値を失う。

8 シュッコンカスミソウ

　ナデシコ科の多年草で学名は *Gypsophila paniculata* L.。地中海沿岸、中央アジアからシベリアにかけて自生する。添え花として使われる。ブリストル・フェアリーが主要品種であった時代が長く続いたが、現在は、日本国内で育成されたアルタイルが最も主要な品種となっている。ビッグスターと雪ん子がそれに次ぐ。現在、熊本県が最も生産が多く、和歌山県と福島県がそれに次ぐが、生産量は減少傾向にある。特に収穫したばかりの花は悪臭を発生する。最近は染色された切り花の流通が増加している。

（1）切り花の生理的特性

　エチレンに対する感受性が高く、$0.1\ \mu L/L$ 程度の低濃度でも萎凋が促進される。小花の老化にともないエチレン生成量は増加する。

　個々の花の寿命は数日であり、水に挿した場合には蕾はほとんど開花しない。

　開花後の花蕾が平均22℃以上の高温にさらされると「黒花」が発生する。「黒花」は高温による呼吸基質の消耗が発生原因と考えられており、花弁がドライフラワー状とならずがく片内に溶けたようにしぼみ、観賞価値を失わせる。また、

花芽分化時に高温に遭遇した切り花では、「だんご花」と呼ばれる奇形花が発生する。

（2）栽培・収穫時の注意事項

朝夕の涼しい時間帯に清潔でよく切れるハサミを用いて収穫する。

収穫適期は、乾式輸送の場合と湿式輸送の場合では異なる。乾式で輸送する場合には頂花から第3花までの小花が開花し（全蕾の20％程度が開花）、かつ最下位の側枝の小花が1輪開花した時点とされる。湿式で輸送する場合には、乾式の場合よりも早めで、最下枝の蕾が少し膨らんだ時点とする。ただし、季節、輸送環境、輸送時間などを考慮して調節することが必要である。

（3）生産者段階での品質保持剤処理

花穂は多数の小花から構成されるため、エチレン阻害剤によりすでに開花した小花の寿命を延長させるとともに、糖質の処理により蕾の開花を促進させることが必要となる。STS処理は0.2 mMの濃度では6～12時間が適当である。処理が24時間を越えると薬害が発生しやすい。スクロース濃度は処理開始時には10～15％程度の高濃度が望ましいといわれる。

通常は市販されているシュッコンカスミソウ用品質保持剤を、所定の濃度に希釈して使用すればよい。

（4）予冷・保管

予冷は厳寒期を除き常に行うことが望ましい。差圧通風予冷により比較的容易に品温を低下させることができる。

切り花からの水分損失が大きいため、乾式で保管することはできない。蕾切りした切り花は、STSを処理した後、抗菌剤を含む2～4％のスクロース溶液に生けて、1℃、暗黒で4週間程度の保管が可能である。

（5）出荷・輸送

段ボール箱に横置きし、水を供給しない乾式輸送と、縦置きで水に浸漬しながら輸送する湿式輸送の両者が行われている。湿式輸送では呼吸による養分消耗が

少なく、エチレン生成も抑制され、品質の低下が起こりにくい。したがって、湿式輸送が望まれる。輸送時の温度は、高温期では15℃程度、他の時期は10℃程度の低温とすることが適当である。

湿式輸送時の糖質と抗菌剤を主成分とする品質保持剤処理は、輸送後の開花促進に効果がある（図8-7）。

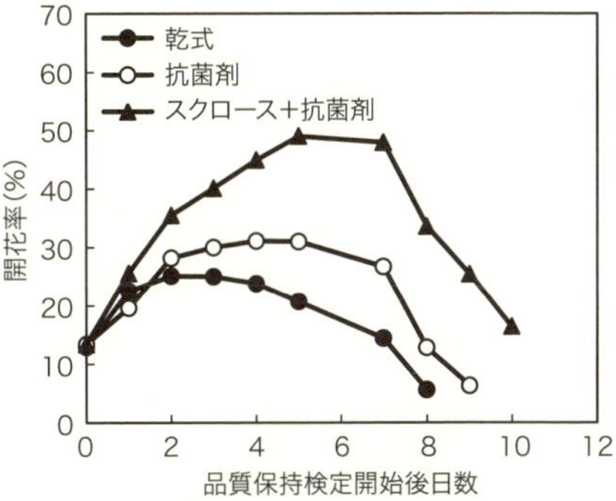

図8-7 シュッコンカスミソウ切り花の開花小花数に及ぼす輸送中のスクロース処理の効果（宮前ら（2009）を改変）
スクロースは1％、抗菌剤として0.1 mL/L CMIT/MITと100 mg/L 硫酸アルミニウムを含む

（6）輸送後の水揚げ技術

水道水で水揚げすればよい。生産者段階で適切に品質保持剤が処理された切り花の水揚げは容易である。

（7）消費者段階での取り扱い

抗菌剤を含む2％スクロース溶液に生けると、蕾はほとんど開花し、2〜3週間の観賞期間が得られる。抗菌剤では、8-HQSは茎を黄化させやすいため、4級アンモニウム塩化合物のPhysan 20が適当であるとされる。通常は市販の消費者用品質保持剤を使用すればよい。

（8）品質保持判断指標

小花が萎れて鑑賞価値を失う。

（9）その他の注意事項

高温期に出荷する場合、'黒花'が発生し品質低下を招くが、蕾段階で収穫して開花を促す処理により'黒花'の発生を回避できる。具体的には、先端の小花が開花した時点で収穫し、STS処理を行った後、2〜4％スクロースと抗菌剤を含む溶液に生けて20〜22℃で開花を促す。出荷段階に達するまで3〜5日程度を要する。この方法により「黒花」の発生が完全に回避されると同時に、蕾の開花に必要な糖質が供給されるため、すべての小花が開花するようになる。

9 スイートピー

マメ科の一年草で、学名 *Lathylus odorutus* L.。原産はイタリアのシチリア島である。花芽分化に必要な低温要求量が少ない冬系品種と低温要求量が多いが、耐暑性がやや優れる春系品種がある。一般に冷涼な気候を好む。エチレンに対する感受性が高く、切り花の花持ちは非常に短いため、STSが開発される前は切り花としての利用は限られていた。栄養成長と生殖成長のバランスをとりながら栽培し、通常は12月から4月まで収穫する。現在、生産は宮崎県が最も多く、和歌山県がそれに次ぐ。

(1) 切り花の生理的特性

エチレンに対する感受性は非常に高い。老化にともないエチレン生成量が増加する。エチレンの主要な生成器官は雄蕊と花弁である。

STSを処理しないときの花持ちは3日程度と非常に短い。STS以外のエチレン阻害剤の花持ち延長効果は少ない。カーネーションなどとは異なり、収穫時点でエチレン前駆体のACCが蓄積していることに加えて、エチレンがある程度生成しており、これが多くのエチレン合成阻害剤の効果がないことの原因ではないかと考えられる。

花弁は物理的障害に弱く、水浸状の斑点が生じやすい。

(2) 栽培と収穫時の処理

曇天が続くと落蕾が促進され、花穂あたりの小花数が減少し、切り花品質を低下させる。STSの散布処理は落蕾防止に効果があるが、環境面から使用は避けるべきである。

通常はすべての小花が開花した時点で収穫する。高温期には最初に開花した小花の老化が進んでいるため、2～3輪開花した時点で収穫する。

(3) 生産者段階の品質保持剤処理

エチレンに対する感受性が高い代表的な花きであり、STS処理は花持ち延長に

著しい効果がある。STS は 0.25 mM の濃度では 1 時間、0.5 mM の濃度では 0.5 時間処理が適当である。

STS のみでは収穫後開花した小花の色素の発現は劣るだけでなく、すでに開花していた小花の退色も抑制できない。STS で短期間処理した後、8%程度のスクロースで 20 時間処理すると、蕾を含む切り花では蕾の開花が促進されるだけでなく、花も大きくなる。また、STS 単独処理よりも花持ちが延長し、花弁の退色も抑制される（図8-8）。またスクロースはエチレン生成量を減少させる作用もある。

なお、エチレン阻害剤としてよく知られている AOA、AVG、AIB、DPSS などはいずれもスイートピーの花持ち延長にはほとんど効果がない。一方、1-メチルシクロプロペン（1-MCP）は、花持ちを有意に延長するが、STS の効果には劣る。

図8-8　スイートピー切り花の品質保持に及ぼすスクロースとSTS短期間処理の効果
左から対照、STS、スクロース、STS→スクロース STSは0.2 mMで2時間処理、スクロースは10 g/Lで16時間処理、収穫後6日目の状態

（4）予冷・保管

温度が高くなる 3 月下旬以降では予冷により品温を低下させることが望ましい。

基本的に花持ちが短く、物理的にも花弁が傷みやすいため、保管は避けるべきである。

（5）輸送

段ボール箱に横詰めし、乾式で輸送される。輸送温度は、5℃程度が適当である。

花束をセロファンで包むと花弁の物理的傷害を防ぐことができる。ただし、高温期には蒸れが生じやすいため、穴あきセロファンを用いるとよい。

（6）輸送後の水揚げ技術

　水揚げは非常によく、水切りして切り戻せばよい。

（7）消費者段階での取り扱い

　スクロースをはじめとする糖質と抗菌剤の併用処理が品質保持期間延長に効果がある。スクロースを添加することにより、花弁の退色が抑制される。スクロースの濃度は5〜10％が適当である。通常は市販の品質保持剤を使用すればよい。

（8）品質保持判断指標

　花弁が次第に退色するとともに、花弁の周辺部から乾燥して観賞価値を失う。

10 スターチス・シヌアータ

　イソマツ科の半耐寒性多年草であるが、切り花栽培では一年草として扱っている。学名は *Limonium sinuatum* (L.) Mill.。単にスターチスというときにはスターチス・シヌアータを指す場合が多い。シシリー島から地中海一帯を原産とし、温暖な気候と乾燥を好む。主たる観賞器官はがく片である。白またはクリーム色の花弁は寿命が短い。ドライフラワーとしても利用される。現在の主産地は和歌山県である。

（1）切り花の生理的特性

　花弁はエチレンにより萎凋が促進されるといわれるが、観賞部分であるがく片はあまり影響を受けない。

　収穫後はクロロフィルの分解により花茎が黄化しやすい。

　水に挿して1〜2週間で花色や花茎の色が鮮明でなくなり、徐々にドライフラワー状態となっていく。

（2）栽培・収穫時の注意事項

　栽培時に灰色かび病に罹病していると、流通段階で病徴が拡大し、商品価値を失う。したがって、栽培期間中の防除の徹底が必要である。

ホウ素欠乏が生じると、花茎が収穫時に折れやすくなる。基肥としてホウ素を施用するか、ホウ砂溶液の葉面散布により防止することができる。

下位節分枝の花序の先端までがく片が展開した段階が収穫の適期である。収穫時期が早すぎると花序が萎れやすくなる。

(3) 生産者段階の品質保持剤処理

通常は出荷前の品質保持処理剤処理は行わない。水揚げを行った後、箱詰めする。ジベレリン処理は小花の花弁展開に効果があるとする報告があるが、実用的にはほとんど意味はないと考えられる。

バラ用に開発された生産者用品質保持剤であるポリ2-ヒドロキシプロピルジメチルアンモニウムクロライド（PHPAC；以前は2-ヒドロキシ3-イオネンクロライドポリマー（HICP）と呼ばれていた物質）を125 ppmの濃度で10時間処理すると、水分損失と茎の黄化抑制に効果があることが報告されている。

(4) 予冷・保管

低温輸送を行うのであれば、5℃まで予冷を行うことが有効である。

低温に強い切り花ではなく、長期保管は難しい。

(5) 輸送

乾式輸送が一般的である。低温輸送が望ましい。

(6) 輸送後の水揚げ技術

花茎基部を切り戻して、水揚げを行う。湯揚げを行うと水の再吸収が促進される。

(7) 消費者段階での取り扱い

消費者用品質保持剤の品質保持効果は大きくない。

(8) 品質保持判断指標

茎葉の黄化により観賞価値を失う。

（9）その他の注意事項

ドライフラワーとしても一部流通しており、十分に開花した切り花に 25 〜 30％のグリセロール溶液を吸収させた後、自然乾燥するか、1 分間電子レンジにかけることで作成できる。

11 ストック

アブラナ科の一年草または多年草であり、学名は *Matthiola incana* (L.) R. Br.。南ヨーロッパが原産地で、香りがかなり強く、花色は豊富である。八重咲きの商品性が高いが、多くの品種では種子の中に一重咲きと八重咲きが混入しているため、実生段階での鑑定が必要である。現在の主産地は千葉県であるが、生産量は減少傾向にある。

（1）切り花の生理的特性

1 μL/L のエチレンで 48 時間処理すると落花することから、エチレンに対する感受性は比較的高いとみなされる。

水揚げが難しく、失敗するとそのまま萎凋する。また、生け水につかっている茎が腐敗すると切り花全体が急速に萎凋する。

負の屈地性のため、茎が上方に屈曲する。特に軟弱な切り花では観賞中に徒長して曲がりやすくなる。

（2）栽培・収穫時の注意事項

換気が少なく、多灌水・多施肥の条件で栽培するとボリュームはあるが、花穂が徒長しやすく、水揚げしにくい切り花となりやすい。

春、秋の気温が高い時期では 5 〜 6 輪開花したときが収穫適期である。冬には 6 〜 8 輪開花した時期が見栄えがよく好ましい。

地際の木化した茎は水揚げしにくいので切り戻す。

（3）生産者段階の品質保持剤処理

STS処理により品質保持期間は1.5倍程度伸びる。STSは0.1 mMの濃度では1時間処理が適当である。しかし、0.2 mMでは葉にクロロシスなどの過剰障害が生じることがある。このように、他の切り花に比較して薬害が生じやすいので、処理にあたっては細心の注意が必要である。

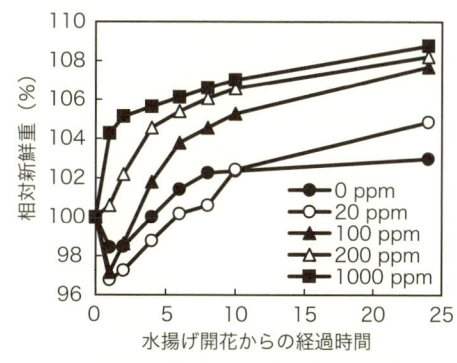

図8-9 ストック切り花の水揚げに及ぼす塩化ベンザルコニウム濃度の影響
（村濱（2007）を改変）

1-MCP処理も品質保持効果があるが、STS処理よりも劣る。

水揚げの促進には界面活性剤の処理が有効であるとされる。一般に市販されている塩化ベンザルコニウム、ツイーン20、トリトンX-100などの効果が高い。塩化ベンザルコニウムは200 ppmの水溶液で4時間処理が適当とされる（図8-9）。

通常は界面活性剤が添加されたSTS剤かシュッコンカスミソウ用などのSTS剤を使用すればよいと考えられるが、STSの過剰障害が生じないよう、濃度と処理時間については注意が必要である。常温で長時間処理すると花穂が徒長するため、1時間程度の短時間の処理にとどめるか、冷蔵庫内で処理を行う。

（4）予冷・保管

秋・春の比較的高温の時期では予冷を行うことが望ましい。

ポリエチレンフィルムで包んだ切り花を出荷用段ボール箱に詰めた乾式保管では、1～4℃での保管可能日数は7日以内であるが、花色がピンクや赤の有色品種では花弁が退色することがあるので注意が必要である。また、7日以上の保管では下葉が黄化する。

（5）輸送

横置きした乾式輸送では、花穂が屈曲しやすいため、やや萎れた状態で箱詰めするほうがよいとされる。今後は湿式低温輸送が望まれる。

（6）輸送後の水揚げ技術

　水揚げが難しい品目の一つである。乾式で輸送した切り花をそのまま水につけただけでは再吸収させることは困難である。また、乾式輸送した切り花の花穂は負の屈地性により曲がっている。そこで、不要な下葉を除いた後、花束全体を新聞紙で包み、茎を切り戻し、垂直に立てて水揚げを行う。萎凋が激しい場合には濡れた新聞紙を用いる。吸水しにくい場合には60℃程度の湯につけるか切り口を焼くなどの方法が効果的である。

（7）消費者段階での取り扱い

　抗菌剤を含む2％スクロース溶液に生けると、蕾はほとんど開花し、2～3週間の観賞期間が得られる。通常は市販の消費者用品質保持剤を使用すればよい。品質保持剤使用により茎の腐敗も防止することができる。

（8）品質保持判断指標

　花弁の萎れと脱離を起こした小花の増加により観賞価値を失う。

（9）その他の注意事項

　強光、高温あるいは風のある環境下では葉からの蒸散が促進され、萎凋しやすくなる。また、余分な下葉は取り除いたほうがよい。

12　ダリア

　キク科の多年草花きであり、学名は *Dahlia*（*Dahlia* の種間雑種）。地下に塊根を形成する。自生地は、メキシコおよびグアテマラの山地であり、園芸種は4種類の野生種の交雑により育成されたと考えられている。

（1）切り花の生理的特性

　エチレンに対する感受性はやや低いとされる。

（2）栽培・収穫時の注意事項

外側1、2列の花弁が直立した時期が収穫適期である。

（3）生産者段階の品質保持剤処理

2％スクロースとイソチアゾリノン系抗菌剤を24時間以上処理することにより花弁の成長が促進し、品質保持期間が延長する。糖質の濃度が高いと葉に薬害が生じやすい。なお、STS剤の品質保持効果はほとんどない。

（4）予冷・保管

花持ちが短いため、保管は極力さける。また、乾式保管はできない。

（5）輸送

湿式輸送が不可欠である。

（6）輸送後の水揚げ技術

水揚げはよく、水切りして切り戻せばよい。切り口が腐敗しやすく、この防止には塩素系殺菌剤（ケミクロンGの10,000倍液等）による消毒が効果的である。

（7）消費者段階での取り扱い

グルコースと抗菌剤処理により、品質保持期間が1.5倍程度延長する（図8-10）。通常は市販の消費者用品質保持剤を使用すればよい。

図8-10　ダリア切り花の品質保持に及ぼす糖質と抗菌剤連続処理の効果
左：蒸留水（対照）、右：糖質（1％グルコース）と抗菌剤（0.5 mL/L CMIT/MIT、50 mg/L硫酸アルミニウム）、処理開始後6日目の状態

（8）品質保持判断指標

花弁の萎れにより観賞価値を失う。

13 チューリップ

　ユリ科の球根類花きであり、学名は *Tulipa gesneriana* L.。自生地は、西はイベリア半島から東は中国、北は西シベリアから南はアフリカまで幅広く分布している。現在、切り花生産が最も多いのは新潟県であり、埼玉県がそれに次ぐ。

（1）切り花の生理的特性
　エチレンに対する感受性は低く、STSの品質保持効果は認められていない。
　温度が15℃以上になると、花持ち日数が著しく短縮する。
　花持ち性には著しい品種間差があり、圃場での花持ちと切り花にしたときの花持ちとの間には高い相関関係があることが報告されている。
　花茎が伸長し、観賞価値が低下する。花茎の伸長には、ジベレリンが関与していると考えられている。

（2）栽培・収穫時の注意事項
　収穫適期は、ダーウィンハイブリッド系では花蕾が半分着色したときであり、それ以外の品種では花蕾全体が着色したときである。収穫する際には株ごと抜き取り、その後球根を取り除く。
　乾燥条件で栽培すると、収穫後の花茎の伸長が起こりにくくなる。
　収穫した後、花茎の基部を切断し、切断面から15 cmくらいのところまで、ぬるま湯に漬ける。花茎が曲がるのを防ぐために、しっかり包装し、十分吸水するまで室温下に置く。

（3）生産者段階の品質保持剤処理
　STS剤の品質保持効果はほとんどない。
　エスレル処理により、花茎の伸長を抑えることができる。最近、チューリップ用の品質保持剤が市販され始めた。

(4) 予冷・保管

湿式および乾式保管ともに、垂直方向に立てて置く。湿式保管では、アペルドーンのような花持ちが短い品種では3℃で3日、0～1℃で6日間程度の保管が可能とされ、アラジンのような花持ちが長い品種ではさらに3日間延長できるとされている。

保管の最適条件は温度が0.6～1.7℃、相対湿度が90%である。

(5) 輸送

通常は包装紙で包み段ボール箱に横置きにして乾式輸送される。輸送が長期間になる場合は縦置きにするとよい。15℃以上の温度では花持ち期間が極端に短縮するため、5℃前後の低温で輸送しなければならない。

(6) 輸送後の水揚げ技術

水揚げはよく、水切りして切り戻せばよい。

(7) 消費者段階での取り扱い

1%グルコースとイソチアゾリンノン系抗菌剤処理により品質保持期間が1.5倍程度延長する（図8-11）。通常は市販の消費者用品質保持剤を使用すればよい。

図8-11 チューリップ切り花の品質保持に及ぼす糖質と抗菌剤連続処理の効果
左：蒸留水（対照）、右：糖質（1%グルコース）と抗菌剤（0.5 mL/L CMIT/MIT、50 mg/L 硫酸アルミニウム）、処理開始後6日目の状態

(8) 品質保持判断指標

花弁が萎れるとともに、伸長した花茎が下垂することにより観賞価値を失う。

(9) その他の注意事項

収穫後、花首の伸長にともない花首が下垂して、商品価値を損なうことがあ

る。この防止には、ジベレリンの生合成阻害剤であるアンシミドールを収穫24～48時間前に50～100 ppmの濃度で花茎に噴霧処理するか、出荷前処理剤として25 mg/Lのアンシミドールか50 mg/Lのエセフォンを処理することが推奨されている。

球根、花および茎葉には、アルストロメリアと同じアレルギー物質（チューリポサイドA）が含まれており、皮膚病を引き起こすため、収穫、調整の際には薄い手袋を用いたほうがよい。

（10）品質判断指標

花弁が萎れるとともに、花茎が伸長して折れ曲がることにより観賞価値を失う。

14 デルフィニウム

キンポウゲ科に属し、学名は*Delphinium*（*Delphinium* spp. および種間雑種）。耐寒性のある一年草または多年草であるが、園芸的には一年草として扱っている。一般的には青い花のイメージが強いが、系統によっては黄色あるいはオレンジ色の花色もある。エラータム系、ベラドンナ系、シネンシス系、ザリル系、ラークスパー系など多くの系統がある。エラータム系は八重で大輪であり、ジャイアント系とリトル系に大別される。ジャイアント系は切り花長が1 m以上、花穂が50 cm以上ある雄大な切り花であり、主として業務用に使われる。リトル系はジャイアント系よりも花穂が短い。ベラドンナ系の花は一重で、花穂は比較的長い。シネンシス系も一重の花をつけるが、花穂はスプレー状で比較的短く、他の系統と異なり距がないのが特徴である。エチレンにより落花が著しく促進され、切り花の花持ちは短いため、STSが開発される前は切り花としての流通はごくわずかであった。

（1）切り花の生理的特性

エチレンに対する感受性は高く、10 μL/Lの濃度のエチレンで24時間処理すると落花が著しく促進される。STS処理により落花が著しく抑制されることか

ら、落花はエチレンにより制御されていると考えられる。しかし、開花したばかりの花ではエチレン感受性は比較的低く、10 μL/L の濃度で 24 時間あるいは 50 μL/L の濃度で 12 時間処理しても、落花を促進することはみられない。

老化にともないエチレン生成量が増加する。しかし、主たる観賞器官であるがく片と花弁からの生成量はほとんど増加せず、エチレン生成の大部分は子房と花托からである。これらの器官から生成したエチレンががく片の離層に作用して落花を促していると考えられる。また、子房と花托が傷害を受けるとエチレン生成量が著しく増加し、落花を促進する。

受粉により、がく片の脱離が著しく促進される。

(2) 栽培・収穫時の注意事項

花穂が長いエラータム系では、花穂上部まで開花させると基部の小花は老化が進行しており、STS 剤で処理しても落花を防止することができない。そのため、花穂の 1/3 程度が開花した時点で収穫する。収穫後ただちに下部の余分な葉を取り除く。

曇天が続くような天候下では植物体内の貯蔵糖質含量が低下し、落花しやすくなるので注意が必要である。

(3) 生産者段階の品質保持剤処理

STS 処理が必須であり、処理により品質保持期間は著しく延長する。

STS 処理は切り花新鮮重 100 g あたりエラータム系では 1.3～17 μmol、ベラドンナ系では 1.3～9 μmol、シネンシス系では、3～8 μmol の銀が吸収されると、品質保持期間が 2 倍以上に延長し、薬害も生じないことが確認されている。したがって、これに合わせて処理濃度と時間を設定す

図8-12 デルフィニウム切り花の品質保持に及ぼすSTSとスクロース短期間処理の効果
左:STS、右:STS＋クロース、STSは0.2 mM、スクロースは4％
スクロース溶液は抗菌剤を含む。
品質保持検定開始後9日目の状態
写真提供:湯本弘子博士

ればよい。ただし、シネンシス系とエラータム系では、STS 濃度を 0.1 mM とした場合には処理時間を長くしても、花における銀の蓄積量が不足し、十分な品質保持効果を得ることができない。そのため、通常は 0.2 mM の濃度で 6～7 時間程度処理すればよい。

STS に抗菌剤を含む 4% スクロースを加えることにより、花穂上位小花の開花が促進され、品質保持期間はさらに延長する（図 8-12）。

STS 以外のエチレン阻害剤では、AVG 処理により落花が抑制されるが、がく片の成長が抑制され、STS 処理した切り花よりも観賞価値が劣る。

（4）予冷・保管

高温期には花穂と葉からの蒸散が大きく萎凋しやすいので、強制通風式予冷などにより速やかに品温を低下させることが望ましい。予冷温度は 3℃ が適当であり、予冷した切り花は低温輸送と組み合わせることが必要である。

湿式保管では 1～2℃ で 3～4 日間程度の保管が可能である。しかし、基本的に花持ちが短く、物理的にも花弁が傷みやすいため、保管は避けたほうが望ましい。

（5）輸送

低温輸送が必要である。通常は、段ボール箱に横置きした乾式輸送により輸送されることが多いが、シネンシス系は萎れやすいため、湿式輸送が必須である。水が十分に揚がった切り花では、輸送中に物理的障害により花や葉が脱離しやすいため、やや萎れた状態で箱詰めしたほうが安全である。

（6）輸送後の水揚げ技術

水揚げはよいので、水切りして切り戻せばよい。切り口は腐敗しやすいので注意が必要である。

（7）消費者段階での取り扱い

スクロースやグルコースをはじめとする糖質と抗菌剤の併用処理が花持ち延長に効果がある。これらの糖質処理はエチレンに対する感受性を低下させて、エチ

レン生成を抑制し、落花を著しく遅延させる。連続的に処理した場合にはSTSに匹敵する効果がある。また、これらの糖質の処理により、花が大きくなるだけなく、花色の発現も向上する。

(8) 品質保持判断指標

STSが適切に処理されている場合は、がく片の萎凋により観賞価値を失う。STS処理が適切でない場合は、落花により観賞価値を失う。

(9) その他の注意事項

ジャイアント系の花穂は長大であり、花穂の先端を傷めやすいため、取り扱いには注意が必要である。

現在の切り前では、最初に開花した小花の老化は収穫時点である程度進んでおり、STS剤の効果が十分でない場合がある。切り前をやや早め、STSとスクロースを組み合わせた処理を行うことにより、この問題が解決できると考えられる。

15 トルコギキョウ

リンドウ科に属し、学名は *Eustoma grandiflorum* (Raf.) Shinn.。多年草であるが園芸的には一年草として扱われている。切り花の供給が限定される夏季のような高温期に比較的花持ちがよく、花色も豊富であることなどから生産が著しく増加した。

アメリカ合衆国西南部からメキシコが自生地であり、日本国内に導入されたのは70年以上前である。当初はロゼット性の問題などがあったが、開花調節の研究が進展し、周年生産が可能となっている。現在は八重品種が一般的であり、花色と花型も年々豊富となっており、今後、生産の増加がますます期待される。現在、長野県、福岡県、北海道、山形県、静岡県、熊本県が主要な産地となっている。

(1) 切り花の生理的特性

水揚げがよいとはいえず、花持ちも特に長いわけではない。しかし、高温条件

下で花持ちが短縮しにくいという長所がある。

小さい蕾は開花しても着色が不十分となりやすい。花色の発現は花弁内の糖質濃度に依存しているため、糖質を処理することにより十分に発現させることができる。

花弁の端が褐変し、花弁が巻きながら萎凋する。花の老化にともないエチレン生成量は増加する。エチレンの最も主要な生成器官は雌蕊であり、花弁からの生成はわずかであるが、老化にともない増加する。エチレンに対する感受性は比較的高いが、品種間差が大きい。老化が進行すると感受性は高くなる。

受粉により老化が促進される。この現象にもエチレンが関与している。

特に分枝が多く、茎が太い切り花では水揚げが不良となりやすい。生け水の交換と切り戻しをしても、効果は不十分となる場合が多い。

(2) 栽培・収穫時の処理

3～4輪が完全に開花した状態で収穫する。朝夕の涼しい時間帯に採取し、清潔な水と容器を使用し、できるだけ早く水揚げする。長さが2 cmに達しない蕾は、品質保持剤を利用しても開花が期待できないので取り除いたほうがよい。

湯に浸漬することで水揚げが容易になる。60℃の温湯では1時間の浸漬が適当である。

(3) 生産者段階の品質保持剤処理

STSを0.2～0.8 mMの濃度で12時間処理することにより花持ち日数が1.5倍程度に延長する。そのときに5%程度のスクロースを添加すると蕾の開花および花色の発現が促進される。糖質濃度が2%を越えると、葉に水浸状の薬害が生じやすい。軽微な場合は回復するが、一般的には生じた部位は枯死する。品質保持剤処理時の相対湿

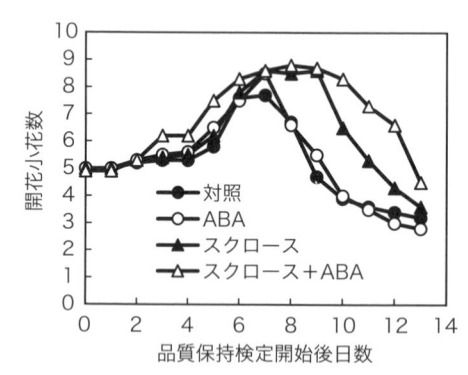

図8-13 トルコギキョウ切り花の開花小花数に及ぼすスクロースとABA短期間処理の影響(Shimizu-Yumoto and Ichimura (2009)を改変)
スクロース(4%)とABA (1 μM)は21時間処理

度を上げるか、50〜100 mg/L のアブシシン酸（ABA）を併用処理すると、蒸散を抑制し糖質による障害を防ぐことができる（図 8-13）。

AVG とナフタレン酢酸（NAA）を組み合わせた短期間処理により、品質保持期間を著しく延長できることが最近明らかにされた。しかし、現状では AVG は非常に高価であることから、実用に供することはできない。

（4）予冷・保管

予冷後常温に移すと、灰色かび病が発生しやすいため通常は行わないが、遠隔地から低温輸送する場合は実施が望ましい。ただし花弁が傷みやすいため、7℃以下には下げないほうがよい。

保管後常温に移すと、灰色かび病が発生しやすいこともあり、保管しないほうが望ましいが、湿式保管では 7〜8℃程度で 2 週間程度保管することが可能である。

（5）輸送

水揚げがよいとはいえないため、湿式輸送が適している。低温下での輸送は、市場に到着してから水滴が付着し、品質を低下させるおそれがあることに加えて、灰色かび病などの病害が発生しやすいため、注意が必要である。輸送温度は 15℃程度が適当である。

（6）輸送後の水揚げ技術

特に分枝が多く、花茎長が長い切り花では水揚げが悪化し、ベントネック状の症状を起こすことが多いので、切り戻しすることが有効である。鋭利なナイフあるいはハサミで切り口ができるだけつぶれ

図 8-14 高温（30℃）で保持したトルコギキョウ切り花の品質保持に及ぼす糖質と抗菌剤連続処理の効果
左：蒸留水（対照）、右：糖質（1％グルコース）と抗菌剤（0.5 mL/L CMIT/MIT、50 mg/L 硫酸アルミニウム）、処理開始後 9 日目の状態
写真提供：湯本弘子博士

ないように切ったほうがよい。水揚げの効果を高めるためには、60℃程度の温湯で1時間水揚げを行えばよい。

（7）消費者段階での取り扱い

水のみでは小花が萎凋する前に、水揚げ不良によりベントネック状の症状を示し観賞価値を失うことが多い。また、新たに開花した花は着色不良となりやすい。イソチアゾリノン系抗菌剤を添加した1%グルコースあるいはフルクトース処理により、蕾の開花が促進され、開花した花の大きさも大きくなる。それに加えて、花色の発現が著しく促進される。また、水揚げも良好となり、水に生けた場合の2倍程度の品質保持期間が得られる（図8-14）。通常は市販の消費者用品質保持剤を使用すればよい。

（8）品質保持判断指標

小花の萎れにより観賞価値を失う。水に生けた場合には、すでに開花していた小花の萎れと開花した小花の花色発現が不良化することにより観賞価値を失う。水揚げの悪い切り花では、小花が下垂するとともに、葉の萎れにより観賞価値を失うこともある。

（9）その他の注意事項

高温条件で花持ち性に優れた花きであり、25℃程度の高温条件でも1週間程度は鑑賞可能である。一方、冬季のような低温下では花持ち日数は延長するが、蕾の開花が抑制される。

水揚げが不良の状態では、花弁が萎凋する前に切り花全体が萎れる。

16 ニホンスイセン

ヒガンバナ科に属し、学名は*Narcissuus tazetta var. chinensis* Roem.。地下に鱗茎を形成する球根類花きである。地中海沿岸諸国が原産地であり、古く日本にまで渡来し、野生化したものと考えられている。現在の主生産地は千葉県と福井県である。

（1）切り花の生理的特性

特に高温時には葉が黄化しやすい。

エチレンに対する感受性は比較的低い。受粉によりエチレン生成が著しく促進され、花持ちが短縮する。

切り口から他の切り花の花持ちを悪化させるような粘着性の物質を出す。

切り花を保持する温度が高くなるほど、観賞期間は著しく短縮する。例えば、12℃での品質保持期間は3週間程度であるが、23℃では1週間程度となる。

（2）栽培・収穫時の注意事項

小花が1輪開花し始めた時点が収穫適期である。温度が高い10月頃では、ほころび始めた頃、低温の時期は3分咲きの頃が適期である。なるべく地際から切り、ハカマを長く残すようにする。

（3）生産者段階の品質保持剤処理

ジベレリン（GA_3）により、葉の黄化が著しく抑制されるだけでなく、花持ちも若干延長する。100 μM以上の濃度で12〜24時間処理を行う。STS処理を組み合わせることにより花持ちがさらに延長する（表8-3）。

表8-3 STSとジベレリンの短期間処理がニホンスイセン切り花の花持ちに及ぼす影響（Ichimura and Goto（2002））

処理	花持ち（日）	
	小花	花穂
水	4.9	7.1
STS	7.0	9.7
STS + 0.1 mM ジベレリン	7.4	11.8
STS + 0.2 mM ジベレリン	7.8	11.8
STS + 0.5 mM ジベレリン	8.2	12.6
STS + 1 mM ジベレリン	7.8	11.3

STSは0.1 mM、処理は20時間

（4）予冷・保管

湿式保管では1〜2℃で3〜4日間程度の保管が可能である。

（5）輸送

通常は段ボール箱に横置きにして乾式で輸送される。温度が高いと花持ちが著しく短縮するので、促成あるいは抑制栽培により高温期に出荷するときには低温で輸送する必要がある。温度は、高温期では10℃程度、他の時期は5℃程度が

適当である。

（6）輸送後の水揚げ技術
水揚げはよいので、水切りして切り戻せばよい。

（7）消費者段階での取り扱い
消費者用品質保持剤を使用すると葉の黄化が促進される。したがって、水に生ければ十分である。

（8）品質保持判断指標
小花の萎れと葉の黄化により観賞価値を失う。

（9）その他の注意事項
切り口から花持ちに悪影響を及ぼす有害物質が溶出してくるので、他の花とは同時に生けないほうがよい。

17 ハイブリッドスターチス

学名は *Limonium*（*Limonium* の種間雑種）。*L.latifolium* と *L.belliidifolia*（スターチス・カスピア）との種間交配により作出された品種群をさす。ブルーファンタジアが主要な品種となっている。株を据え置いた状態で連続して収穫できる四季咲き性の強い多年草である。一般的にスターチスと呼ばれているスターチス・シヌアータとは異なり、主に観賞の対象となる着色している器官は花弁である。したがって、スターチス・シヌアータとは品質を保持するための対策はまったく異なり、多数の小花の開花を促すとともに、開花した小花の老化を抑えることが必要となる。

（1）切り花の生理的特性
エチレンに対する感受性は高いとされている。また、エチレン生成量は老化にともない増加すること、STSなどのエチレン阻害剤が花持ち延長に効果があるこ

とから、小花の老化は主としてエチレンにより制御されていると考えられる。

（2）栽培・収穫時の注意事項

開花が始まってから数日後のほぼ満開状態に見えるようになったときが収穫適期とされている。収穫は花茎基部から行う。

（3）生産者段階の品質保持剤処理

エチレンに対する感受性は高い。また、多数の小花から構成されることから、エチレン阻害剤によりすでに開花した花の寿命を延長するとともに、糖質の処理により蕾の開花を促進する処理を行うことが基本となる。また、水揚げが悪いため、界面活性剤も必要となる。

0.05 mMのSTSと10％のスクロースならびに0.05％のトゥイーン20を10～20時間処理すると高い品質保持効果が得られる。

AIBやAVGも品質保持に効果がある。AIBは10 mMを標準濃度とし、スクロースと併用処理するとよい（図8-15）。

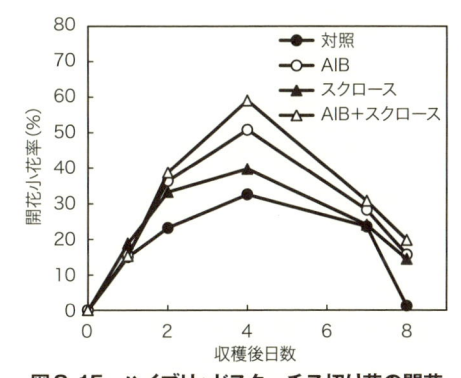

図8-15 ハイブリッドスターチス切り花の開花に及ぼすAIBとスクロース短期間処理の効果（Shimamuraら（1997）を改変）
AIB（10 mM）とスクロース（20 g/L）は24時間処理

福花園からはスターチス専用の前処理剤が市販されている。この成分については企業秘密のため詳細は不明であるが、糖質の他、STS以外の有機性のエチレン阻害剤と水揚げをよくするための界面活性剤が用いられている。

（4）予冷・保管

予冷方法は、差圧通風予冷が効果的であり、切り花に対するダメージが少ない。

乾式箱詰めでの長期保管はできない。湿式保管でも、切り花品質の低下が著し

く、小花の開花も不十分となる。したがって、保管は行うべきではない。

（5）輸送

　予冷後、低温輸送を行うことが望ましい。一般的には横詰めした乾式輸送が行われている。長距離輸送を行わなければならない産地では、エコゼリーなどのピックルを用いた湿式輸送が行われている。出荷前処理した切り花を糖質と抗菌剤を含む輸送用の薬剤で処理しながらの湿式輸送が望ましい。２軸延伸ポリプロピレンで２重に包装し、発泡スチロール箱で輸送すると鮮度保持効果が高いことが報告されている。

（6）輸送後の水揚げ技術

　スクロースを含む前処理剤が適切に処理された切り花の水揚げは容易であり、水切りして切り戻せばよい。

（7）消費者段階での取り扱い

　涼温下での観賞が適当である。
　前処理のスクロース処理のみでは蕾を十分に開花させることは困難である。そのため、スクロースをはじめとする糖質と抗菌剤の併用処理が品質保持効果を示し、３週間程度の品質保持期間が得られる。市販の消費者用品質保持剤を使用すればよい。

（8）品質保持判断指標

　小花の萎れと蕾の不開花により観賞価値を失う。

（9）その他の注意事項

　一般にハイブリッドスターチスの本来の美しさが理解されておらず、取り扱いが粗雑になっていることが指摘されている。出荷前処理では蕾の開花を促すことは不十分であり、消費者段階での品質保持剤処理が重要であることを認識させる必要があろう。

18 バラ

　学名は *Rosa*（*Rosa* spp. および種間雑種）。バラ科の木本性の花きである。世界で最も生産が多く、国内でもキク、ユリに次いで3番目に生産額が多い花きである。スプレータイプの生産が徐々に増えており、占める割合は18%以上に上っている。現在、生産は愛知県が最も多く、他に静岡県、山形県、福岡県、大分県などが主産地である。
　以前は花持ちが悪い花の代表的な存在であったが、育種により花持ち性は徐々に改良されてきている。

（1）切り花の生理的特性

　通常蕾の状態で収穫する。この状態の花を切り花にせずに、株に付けたままの状態にしておくと花弁あたりの可溶性糖質含量は著しく増加する。しかし、切り花の状態では光合成による糖質の獲得は期待できない。したがって、通常の切り前で収穫した切り花では、糖質を処理することなしには株に付いたような状態の開花を期待することはできない。
　水に生けただけではブルーイングを起こす。この原因は糖質の不足による花弁細胞中のpHの上昇と考えられている。糖質処理によりブルーイングの発生を抑えることができる。
　水揚げが悪化する原因は蒸散過多と導管閉塞である。葉を除いた切り花では蒸散量が著しく低下するため、水揚げが良好となり、ベントネックを起こしにくい。導管閉塞の最も重大な要因と考えられているのは細菌の増殖である。これに関して、抗菌剤により導管閉塞が抑えられること、細菌を生け水中に添加すると導管が閉塞し、花持ち日数が短縮すること、導管に細菌が集積していることがその根拠となっている。細菌以外の要因として、切り口の気泡および傷害反応などの生理的な要因が関与すると考えられている。
　エチレンに対する感受性はある程度高いといわれており、鉢物のバラではSTS処理により花持ちが延長することも報告されている。しかし、切り花では完全に花弁が展開する前に水揚げ不良により萎凋することが多く、実際的には問

題となっていない。

（2）栽培・収穫時の処理

　高温条件で栽培したバラは花が小さくなることに加えて、花色が不鮮明になるだけでなく、花持ちも短くなる。

　以前はがくが水平になった状態が収穫適期である品種が多かったが、最近はそれよりも遅い場合が多い。'ノブレス'のような特に低温期に開花しにくい品種では、低温期には収穫ステージを遅くすることが必要である。

　朝夕に収穫することが必要である。空気にさらす時間が長くなると導管の閉塞を生じやすい。そのため、容器と水は清潔なものを使用し、収穫後、冷蔵庫内でただちに水揚げすることが必要である。切り前が早すぎると十分に開花しないだけでなく、ベントネックが発生しやすくなる。

（3）生産者段階の品質保持剤処理

　収穫後は輸送用の品質保持剤など、抗菌剤を含む品質保持剤で処理し続けることが必要である。

　硫酸アルミニウムの単独処理が花持ち延長にある程度効果を示す。処理濃度は300 mg/L（有効成分濃度）、処理時間は24時間程度が適当である。処理時間が長いと、落葉などの障害が生じる。硫酸アルミニウムはヨーロッパでは標準的に用いられる薬剤であるが、国内ではさほど効果がない場合も多い。この原因は水質の違いと考えられている。

　スクロースと抗菌剤は、処理する時間が短い場合には品質保持効果が小さい。しかし、湿式輸送中も処理を継続し、2日間以上処理することにより、相当の品質保持効果を示す（表8-4）。また、スクロースをはじめとする糖質は他の薬剤と異なり、ブルーイングの発生を抑

表8-4　バラ切り花の品質保持に及ぼす出荷前と輸送中の糖質と抗菌剤処理の影響
（Ichimura and Shimizu-Yumoto（2007））

処理	品質保持期間（日）	花径（cm）
蒸留水-乾式	2.0	88
蒸留水	2.1	87
抗菌剤	3.5	100
2%スクロース+抗菌剤	7.4	108
4%スクロース+抗菌剤	9.4	111

出荷前処理は24時間、輸送処理は48時間、蒸留水-乾式区以外はすべて同じ溶液で処理

えることができる。

　バラ専用の品質保持剤には、RNA加水分解物、硝酸銀およびトリスヒドロキシメチルアミノメタンから構成される処方およびポリ2-ヒドロキシプロピルジメチルアンモニウムクロライド（PHPAC）があり、いずれも短期間処理により品質保持に効果を示す。

　RNA加水分解物、硝酸銀およびトリスヒドロキシメチルアミノメタンから構成される処方の品質保持効果は銀の抗菌作用による。硝酸銀より効果がある原因はRNA加水分解物と銀イオンが錯体を形成することにより、通常植物体内を移動しにくい銀イオンの移動性が改良されるためであると考えられている。銀イオンが茎の下方に集積しているため、切り口から10 cm以上切り戻すと効果が少なくなるので注意が必要である。

　PHPACは500 mg/lの濃度で常温下では4時間、10°C前後の低温下では5～10時間の処理を行う。PHPACは、葉からの蒸散と導管の閉塞を抑制し、水分状態を良好にすることにより品質保持効果を示すと考えられている。

　他に開花を遅延させる物質にシスプロペニルホスホン酸がある。10 mMの濃度で20°Cでは20時間、10°Cでは30時間の処理を行う。特に10°C前後の低温下で開花遅延効果が高いとされる。

（4）予冷・保管

　夏季のように特に高温となる条件下では鮮度の低下が著しいため、出荷前に予冷を行うべきである。予冷の方式として、差圧通風予冷が望ましい。

　湿式保管では1～2°Cで3～4日間程度の保管が可能である。乾式保管では、その後の水揚げが不良となりやすいため、避けるべきである。

（5）輸送

　湿式輸送では気泡による導管閉塞が抑えられ、鮮度保持効果が高い。輸送温度は、高温期では10～15°C程度、他の時期は5～10°C程度が適当である。乾式輸送では、輸送中の温度が高いと花持ちの短縮が著しいため、湿式輸送よりも輸送温度を低下させることが必要である。

　抗菌剤を含む2％程度の濃度の糖質溶液で処理しながら湿式輸送すると、品質

保持効果はさらに高まる（表8-4）。

（6）輸送後の水揚げ技術

時間の経過とともに導管が閉塞し、水揚げが不良となるので、水切りによる切り戻しが有効である。切り口がつぶれると導管閉塞を起こしやすいので、鋭利なナイフあるいはハサミで切り口ができるだけつぶれないように切ったほうがよい。

水揚げが悪い場合は、クエン酸でpHを3.5に調整した水溶液で1時間あるいは40℃前後の温水で1時間浸漬するとよい。80℃の湯で20秒間浸漬する処理も効果がある。

（7）消費者段階での取り扱い

糖質と抗菌剤の併用処理が品質保持期間延長に効果がある。抗菌剤では0.5 mL/L CMIT/MITと50 mg/L硫酸アルミニウムの組合せが顕著な効果を示す。抗菌剤のみでもベントネックの発生を防止し、品質保持期間を延長する。一方、8-HQSは毒性が高く、むしろ花持ちを短縮する品種もある。抗菌剤にグルコースあるいはフルクトースを添加する

図8-16 高温（30℃）で保持したバラ'パリ'切り花の品質保持に及ぼす糖質と抗菌剤処理の効果
左：蒸留水（対照）、右：糖質（1％グルコース）と抗菌剤（0.5 mL/L CMIT/MIT、50 mg/L硫酸アルミニウム）、処理開始後8日目の状態

ことにより、花が大きくなり、ブルーイングの発生も抑制され、株についた状態の花と同じ様な形態を示す（図8-16）。スクロースの効果はグルコースあるいはフルクトースよりも劣る。糖質の濃度は1～2％が適当であり、濃度が高いと葉に薬害が起こりやすい。なお、市販の消費者用品質保持剤は、品種によっては薬害を生じる場合がある。特に'ローテローゼ'ではその傾向が著しいので注意が必要である。

低湿度条件下では、蒸散による水分の損失が著しく、ベントネックが発生しやすくなるため、湿度は比較的高いほうが望ましい。葉枚数が多いと蒸散による水分損失が大きくなるため、できる限り葉枚数を少なくしたほうがよい。
　低温期では花弁が完全に展開しない場合がある。これらの品種では切り前を遅くすると花弁が展開しやすくなる。また、ベントネックも起こりにくくなる。

（8）品質保持判断指標
　水揚げが不良となり、ベントネックを起こして鑑賞価値を失うことが多い。それとともに花弁が青みがかるブルーイングと呼ばれる現象により品質の低下が認められる。ベントネックを起こさない場合は花弁が萎凋あるいは脱離して品質保持期間が終了する。最近の品種は花弁が脱離するものは少ないが、灰色かび病に罹病した切り花では、花弁の脱離により花持ちが短縮する。

19 フリージア

　学名 *Freesia*（*Freesia* spp. および種間雑種）。原産のアヤメ科の球根類花きで、原産地は南アフリカ南部のケープ地方である。現在、切り花の主産地は千葉県、茨城県、岐阜県、大阪府などである。

（1）切り花の生理的特性
　エチレンに対する感受性は低い。
　小花が次々と開花するが、一つの小花あたりの花持ちは比較的短い。

（2）栽培・収穫時の注意事項
　第1花が開き始める前が収穫適期である。

（3）生産者段階の品質保持剤処理
　STS剤の品質保持効果は少なく、通常は行われていない。

(4) 予冷・保管

保管温度は 2 ～ 5℃が望ましい。湿式では 2℃、相対湿度 90％で 1 週間程度の保管が可能である。

(5) 輸送

通常は乾式で輸送される。輸送温度は 2 ～ 5℃が適当である。

(6) 輸送後の水揚げ技術

水揚げはよい。通常は切り花基部を切り戻し、水道水に生けて再吸収させればよい。

(7) 消費者段階での取り扱い

糖質を含む消費者用品質保持剤処理により花持ちが延長する。4％のスクロース、150 mg/L の硫酸アンモニウム、0.2％の硫酸マグネシウム、0.1％の硫酸カリウムの処方が報告されている。一般的には、市販の消費者用品質保持剤を使用すれば、蕾まできれいに開花させることができる。

(8) 品質保持判断指標

小花の萎れと蕾の不開花により観賞価値を失う。

20 ブルースター

学名 *Tweedia caelurea* (D. Don) Decne.。基部が木質化するつる性多年草で、原生地はブラジルとウルグアイである。現在の主産地は高知県である。星を思わせる花径と青い花色からブルースターと呼ばれるようになった。最近では'ホワイトスター'と呼ばれる白色の品種も作出されている。

(1) 切り花の生理的特性

エチレンに対する感受性は比較的高く、エチレン処理により花弁の萎れが促進される。また、エチレン生成量は老化にともない増加すること、STS などのエチ

レン阻害剤が花持ち延長に効果があることから、小花の老化は主としてエチレンにより制御されていると考えられる。

どの部位でも切断すると白色の汁液が溢泌する。これが固化すると水揚げが阻害される。

（2）栽培・収穫時の注意事項

切り口から溢泌した汁液を洗い流した後、熱湯あるいは温水を用いてただちに水揚げを行う。熱湯の場合は10〜20秒切り口を浸す。60℃程度の温水では切り口を浸し、自然に冷えるまで揚げる。

（3）生産者段階の品質保持剤処理

0.2 mMのSTSを12時間〜24時間程度処理により品質保持期間が延長する。スクロースを組み合わせると品質保持効果が高まる（図8-17）。しかし、スクロース濃度が3％以上では、葉に薬害が生じやすいので、注意が必要である。

図8-17　ブルースター切り花の品質保持に及ぼすSTSとスクロース短期間処理の効果
左から対照、スクロース、STS、スクロース＋STS、STS濃度は0.2 mM、スクロース濃度は5％、12時間処理、処理終了後10日目の状態
写真提供：平谷敏彦氏

（4）予冷・保管

花持ちが短く、水揚げが悪い切り花であるため、保管は極力行うべきではない。

（5）輸送

予冷後、低温輸送を行うことが望ましい。一般的には横詰めした乾式輸送が行われている。長距離輸送を行わなければならない産地では、エコゼリーなどのピックルを用いた湿式輸送が行われている。

（6）輸送後の水揚げ技術

切り戻した後、スポンジなどを用いて切り口を洗いながらこする。これにより

汁液の溢泌が止む。

（7）消費者段階での取り扱い

　出荷前のスクロース処理のみでは蕾を十分に開花させることは困難である。また、小花が開花しても花色の発現は不十分で白くなる。そのため、スクロースをはじめとする糖質と抗菌剤の併用処理が効果がある。糖質の濃度は1～2％を基準とする。この処理により、蕾の開花と花色の発現が著しく促進される。一般的には市販の消費者用品質保持剤を使用すればよい。

（8）品質保持判断指標
　小花の萎れと蕾の不開花により観賞価値を失う。

（9）その他の注意事項
　白色の汁液が手に触れるとかぶれる場合があるので、取り扱いには注意が必要である。

21 ユリ類

　学名 *Lilium*（*Lilium* spp. および種間雑種）。ユリ科の地下に塊茎を形成する球根類花きである。国内の生産額はバラを抜いて2位の座を占めるに至っている。
　多くの原種と原種間の交雑により育種された品種群からなる。シンテッポウユリはテッポウユリとタカサゴユリの交雑から育成され、種子繁殖により増殖される。オリエンタルハイブリッドはヤマユリ、カノコユリ、ササユリが原種であり、代表的な品種に'カサブランカ'、'シベリア'、'ソルボンヌ'がある。アジアティックハイブリッドはエゾスカシユリとヨーロッパに自生するスカシユリ型の種が原種である。OTハイブリッドはオリエンタルハイブリッドとチャイニーズオーレリアンハイブリッドの交雑種であり、'イエローウィン'が代表的な品種である。また、LAハイブリッドはテッポウユリとスカシユリの交雑種である。
　国内では、オリエンタルハイブリッド、テッポウユリ、シンテッポウユリの流

通が多い。切り花の主産地は新潟県、高知県、埼玉県などである。

（1）切り花の生理的特性

エチレンに対する感受性は比較的低いが系統により差があり、アジアティックハイブリッドのほうがオリエンタルハイブリッドやテッポウユリよりもやや高い。

葉が黄化しやすいが、ジベレリン処理により抑制できる。

受粉により若干花持ちが短縮する。

（2）栽培・収穫時の処理

ウィルス病に罹病した植物体あるいはウィルス病が出やすいような条件下で栽培された切り花は葉の黄化が早い。

輸送時の花被の傷害を避けるため、蕾の段階で収穫する。

（3）生産者段階の品質保持剤処理

アジアティックハイブリッドではエチレンに対する感受性が認められるが、STS あるいは 1-MCP 処理の品質保持効果は小さい。また、葉が黄化しやすいが、ジベレリン処理は葉の黄化抑制に効果がある。アルストロメリア用の前処理剤が効果的であると考えられるが、使用にあたっては希釈倍率などの検討が必要である。

（4）予冷・保管

夏季のように特に高温となる条件下では鮮度の低下が著しいため、出荷前に予冷を行うことが望ましい。

湿式保管では 1～2℃で 3～4 日間程度の保管が可能である。保管中に 10 ppm の GA_3 を処理すると、葉の黄化抑制に効果がある。

（5）輸送

蕾の開花を抑制するため、低温条件下で乾式輸送することが望ましい。湿式輸送は開花を促進するため、行われていない。温度は、高温期では 10℃程度、他の時期は 5℃程度が適当である。

(6) 輸送後の水揚げ技術

水揚げはよく、切り戻して水切りすればよい。

(7) 消費者段階での取り扱い

消費者用の品質保持剤処理により、蕾の開花が促進される。しかし、個々の小花の花持ちは延長できず、葉の黄化も促進される。したがって、葉の黄化を抑制できるジベレリンが添加されていない限り、消費者用品質保持剤は使用しないほうが無難である。

(8) 品質保持判断指標

小花の退色と萎れにより観賞価値を失う。また、上位小花が萎れはじめた時点で葉が黄化する場合も少なくない。

22 洋ラン類

学名 *Cattleya* spp.（カトレア）、*Cymbidium* spp.（シンビジウム）、*Dendrobium phalaenopsis*（デンドロビウム・ファレノプシス）、*Phalaenopsis* spp.（ファレノプシス）。通常は、鉢物花きとしての利用が多い。切り花として利用されているランはデンドロビウムファレノプシス（通常デンファレと呼ばれる）が最も多く、オンシジウムがこれに次ぐ。これらのランは輸入品が多い。他に、シンビジウム、ファレノプシスおよびカトレアなどが国内で生産されている。切り花の主産地は千葉県、徳島県、沖縄県などである。

(1) 切り花の生理的特性

切り花として用いられている洋ラン類はいずれもエチレンに対する感受性が高い。

受粉により花被の萎凋が急激に進み、受粉後数日以内に

図8-18 ファレノプシスの老化に及ぼす受粉の影響
左：未受粉、右：受粉、受粉後4日目の状態

は観賞価値を失う（図8-18）。受粉による萎凋の促進にはエチレンが関与している。すなわち、受粉によりエチレン感受性が高まるともに、エチレン生成量が増加する。エチレン作用阻害剤は受粉による老化促進効果を打ち消すことができる。

シンビジウムとバンダでは除雄によっても老化が促進されるが、この現象もエチレンにより制御されている。

株に付けた状態での花持ちは通常極めて長く、ファレノプシスやシンビジウムでは1カ月以上におよぶが、切り花では2週間程度である。これは株に付けてある状態では糖質が小花に供給されるためであることが明らかにされている。

（2）栽培・収穫時の処理

花持ちは比較的長いため、種類を問わずすべての小花が開花した時点で収穫する。シンビジウムでは収穫・調整時に花粉塊が落ちないように注意して取り扱う。

（3）生産者段階の品質保持剤処理

エチレンに対する感受性は高いが、STS剤の品質保持効果は高くない。この理由は吸液量が少なく、銀が十分に蓄積しないためと推定される。一方、1-MCPは少なくともカトレアとシンビジウムにおいて、品質保持期間延長に効果があるため、今後の利用が期待される。

1輪切りのカトレアでは、5％のスクロースをピックに入れると、花持ち延長に効果がある。

（4）予冷・保管

夏季のように特に高温となる条件下では鮮度の低下が著しいため、収穫後ただちに予冷を行う。シンビジウムのように温帯原産のランが原種の一つとなっている種では低温耐性が比較的強い。保管温度は熱帯原産のファレノプシスやカトレアでは7〜10℃が適当である。

花被が萎れやすいため、乾式保管はできない。

（5）輸送

　花被が萎れやすいことと花穂のみで輸送されるため、通常はピックに入れて輸送される。

　シンビジウムは低温輸送が望ましい。熱帯性のファレノプシス、デンドロビウムファレノプシスおよびカトレアは低温障害に注意する必要がある。

（6）輸送後の水揚げ技術

　水揚げはよいので、特別な技術は必要ない。

（7）消費者段階での取り扱い

　花持ちは長いが、切り花にしていない状態の花ほどではない。この原因は糖質含量の低下ならびに茎の腐敗による水揚げの低下と考えられる。したがって、切り花をより長く観賞するためには糖質と抗菌剤を含む品質保持剤の処理が有効と考えられる。

（8）品質保持判断指標

　花弁の萎れにより観賞価値を失う。

（9）その他の注意事項

　ラン類の多くは熱帯起源であるため、低温障害に考慮する必要がある。

23 リンドウ

　リンドウ科の多年草であり、学名は *Gentiana* (*Gentiana* spp. および種間雑種)。エゾリンドウとササリンドウが大半の園芸品種の原種となっている。早生系統はエゾリンドウ、晩生系統はササリンドウが原種となっているものが多い。本格的な栽培が始まったのは昭和30年以降である。一般に水揚げがよく、花持ちに優れる。主に仏花として用いられるということもあり、品質保持に関する試験例は少ない。現在の主産地は岩手県であり、70％以上のシェアを誇っている。

（1）切り花の生理的特性

ササ系品種はエチレンに対する感受性が非常に高く（図8-19）、エゾ系品種の感受性も比較的高い。受粉により花弁の萎凋が促進される。

（2）栽培・収穫時の注意事項

頂花が開花した時点が収穫適期である。

（3）生産者段階の品質保持剤処理

STS剤により品質保持期間が延長し、特にササ系で品種では効果が高い。STS処理は濃度を0.2 mMとし、常温で8時間～24時間程度が適当である。

（4）予冷・保管

高温期には鮮度の低下が著しいため、切り花の品温が15℃以下となるように予冷を行う。

図8-19　リンドウの老化に及ぼすエチレン処理の影響
左：無処理、右：10 μL/L エチレン処理
エチレン処理は2日間、エチレン処理終了後2日目の状態
写真提供：宍戸貴洋氏

湿式保管では1～2℃で1～2週間の保管が可能であるとされるが、花持ちのよい品目ではないため、保管は極力避けるべきである。

（5）輸送

通常は段ボール箱に横詰めした乾式で輸送される。輸送温度は、10～15℃が適当である。

（6）輸送後の水揚げ技術

水揚げはよく、特別な技術は必要としない。観賞環境はできるだけ涼温が望ましい。

（7）消費者段階での取り扱い

　糖質と抗菌剤処理により、蕾の開花が促進され、品質保持期間がある程度延長する。通常は市販の消費者用品質保持剤を使用すればよい。

（8）品質保持判断指標

　個々の小花において、花弁の萎れとそれに引き続く褐変がある程度の割合になることにより観賞価値を失う。

（9）その他の注意事項

　エゾリンドウ系の品種は、ササリンドウ系の品種のようには花弁が開かない。ササリンドウ系の品種は、低温・弱光下では花弁が十分に展開しない。

市販品質保持剤一覧

■ 生産者用品質保持剤

商品名	特徴	販売元
美咲ファーム	主成分は糖質、抗菌剤および無機イオンで切り花全般用	**大塚アグリテクノ（株）** 〒101-0048 東京都千代田区神田司町2-2　大塚製薬神田第二ビル9階 TEL：03-5297-2234 FAX：03-5297-2200
クリザール　K-20C	STSが主成分でエチレンに感受性の高い多くの切り花品目用	**クリザール・ジャパン（株）** 〒584-0022 大阪府富田林市中野町東2-4-25 TEL：0721-20-1212 FAX：0721-25-8766
クリザール　かすみ	STSと糖質が主成分でシュッコンカスミソウ用	
クリザール　スターチス	STSと糖質が主成分でスターチス用	
クリザール　メリア	アルストロメリア、ユリ、グロリオサ用	
クリザール　ブバル	アジサイ、キンギョソウ、ブバルディア用	
クリザール　ユーストマ	トルコギキョウ用	
クリザール　ヒマワリ	抗菌剤が主成分、ヒマワリ、ガーベラに有効	
クリザール　バラ	抗菌剤が主成分、バラ用	
クリザール　CVBN	主成分は抗菌剤、切り花全般用	
クリザール　SVB	葉の黄化を抑制	
クリザール　BVB	球根切り花用	
クリザール　BVBエクストラ	チューリップ専用で茎の伸長と葉の黄化を抑制	
ハイフローラ/E	STS以外のエチレン阻害剤が主成分でカーネーション用	**パレス化学（株）** 〒236-0004 横浜市金沢区福浦1-11-16 TEL：045-784-7240 FAX：045-788-1528
ハイフローラ/20	STSが主成分でエチレンに感受性の高い切り花用	
ハイフローラ/カーネ	STSが主成分でカーネーション用	

商品名	特徴	販売元
ハイフローラ/スターチス	STSと糖質が主成分で宿根スターチス用	パレス化学(株) 〒236-0004 横浜市金沢区福浦1-11-16 TEL：045-784-7240 FAX：045-788-1528
ハイフローラ/カスミ	STSと糖質が主成分でシュッコンカスミソウ用	
ハイフローラ/AE	アルストロメリア用で落花と葉の黄化を抑制	
ハイフローラ/BRC	抗菌剤が主成分で枝もの用	
ハイフローラ/バラ	抗菌剤が主成分でバラ用	
ハイフローラ/マム	キク用で下葉の黄化を抑制	
ハイフローラ/ガーベラ	抗菌剤が主成分でガーベラ用	
ハイフローラ/クイック	水揚げ促進剤	
ハイフローラ/つぼみ	蕾の開花促進用で主成分は糖質	
キープ・フラワーバラ	輸送時にも使用可能	フジ日本精糖(株) 〒103-0025 東京都中央区日本橋茅場町1-4-9 TEL：03-3667-7811
P・Tカーネーション	STSが主成分でカーネーションなど、エチレンに感受性の高い切り花用	
キープ・フラワーBB	バラ切り花を除く切り花全般に対する湿式輸送用で主成分は抗菌剤	
キープ・フラワーつぼみ	蕾の開花促進用で主成分は糖質	
ピチピチブルファン	非金属性エチレン阻害剤と糖質が主成分で、ハイブリッドスターチス用	福花園種苗(株) 〒460-0017 名古屋市中区松原2-9-29 TEL：052-321-5541 FAX：052-331-1009
美-ターナル―ガーベラ	ガーベラ専用で抗菌剤含有	(株)フロリスト・コロナ 〒547-0001 大阪市平野区加美北8-11-6 TEL：06-6794-7773 FAX：06-6794-1200
美-ターナル―STS	主成分はSTSでエチレンに感受性の高い品目用	
美-ターナル―りんどう	リンドウ用でSTSが含まれている	
美-ターナル―セレクト1	STSが主成分でエチレンに感受性の高い品目用	
美-ターナル―セレクト2	STS、糖質および抗菌剤が主成分でエチレンに感受性の高い品目用	

■ 輸送用品質保持剤

商品名	特徴	販売元
美咲ファーム BC	主成分は抗菌剤と無機イオンで切り花全般用	大塚アグリテクノ（株）
クリザール　バケット	主成分は抗菌剤	クリザール・ジャパン（株）
美-ターナル―ばら	バラの湿式輸送用で主成分は糖質と抗菌剤	（株）フロリスト・コロナ

■ 小売用品質保持剤

商品名	特徴	販売元
美咲プロ	主成分は糖質、抗菌剤および無機イオンで切り花全般用	大塚アグリテクノ（株）
花当番プロ	主成分は糖質と抗菌剤で切り花全般用	クミアイ化学工業（株） 〒110-8782 東京都台東区池之端1-4-26 TEL：03-3822-5036
プロフェッショナル	主成分は糖質と抗菌剤で切り花全般用	クリザール・ジャパン（株）
FL200	主成分は糖質と抗菌剤で切り花全般用	スミザーズオアシスジャパン（株） 〒164-0012 東京都中野区本町4-39-6 TEL：03-5385-7300
クイックディップ	水揚げ促進用	
華の精・エチレンカット	エチレンに感受性の高い切り花用	パレス化学（株）
キープ・フラワー EX	主成分は抗菌剤で店頭での保管用	フジ日本精糖（株）
業務用キープ・フラワー	主成分は糖質と抗菌剤で小売用にも利用可能	
美-ターナル―ライフ	主成分は糖質と抗菌剤で切り花全般用	（株）フロリスト・コロナ

■ 消費者用品質保持剤

商品名	特徴	販売元
美咲	主成分は糖質、抗菌剤および無機イオン。切り花全般用	大塚アグリテクノ（株）

商品名	特徴	販売元
花当番	オリゴ糖を含み切り花全般用	クミアイ化学工業（株）
フラワーフード	切り花全般用	クリザール・ジャパン（株）
ユニバーサル・エリート	切り花全般用で特にバラに有効	
ユリ・アルストロメリア用	ユリ・アルストロメリア専用	
枝物用	枝物用	
ハカモリ君	仏花用	
FL300	主成分は糖質と抗菌剤で切り花全般用	スミザーズオアシスジャパン（株）
切花活力剤　フローリスト	主成分は糖質と抗菌剤で切り花全般用	住友化学園芸（株） 〒103-0023 東京都中央区日本橋本町2-1-7 TEL：03-3270-9695
花工場　切花ロングライフ液	主成分はトレハロースと抗菌剤で切り花全般用	
キュート　切花長もち液	主成分は糖質、抗菌剤および界面活性剤で切り花全般用	（株）ハイポネックスジャパン 〒532-0003 大阪市淀川区宮原4-1-9 新大阪フロントビル11階 TEL：06-6396-1122
切花長もち錠剤	主成分は糖質と抗菌剤で切り花全般用	
切花長もち剤　バラ用	主成分は銀イオンと活性炭でバラ切り花用	
華の精	切り花全般用。 主成分は糖質と抗菌剤	パレス化学（株）
華の精・エキスパート	切り花全般用	
華の精・ローズ	バラ専用	
華の精・枝もの	枝もの専用	
華の精・キク	キク用。下葉の黄化を抑制	
キープ・フラワー	切り花全般用で主成分は糖質と抗菌剤	フジ日本精糖（株）
キープ・ローズ	バラ専用で主成分は糖質と抗菌剤	
美-ターナル	切り花全般用	（株）フロリスト・コロナ

引用文献

全般

日本花普及センター（監修）（1997）切り花の鮮度保持マニュアル. 流通システム研究センター. 東京
日本花普及センター（監修）（2006）切り花の鮮度保持マニュアル. 流通システム研究センター. 東京
Borochov A and Woodson WR (1989) Physiology and biochemistry of flower petal senescence. Hort Rev 11: 15-43
Goszcynska DM and Rudnicki RM (1988) Storage of cut flowers. Hort Rev 10: 35-62
Halevy AH and Mayak S (1979) Sencescence of postharvest physiology of cut flowers, part 1. Hort Rev 1: 204-236
Halevy AH and Mayak S (1981) Sencescence of postharvest physiology of cut flowers, part 1. Hort Rev 3: 59-143
van Doorn WG (1997) Water relation of cut flowers. Hort Rev 18: 1-85

【第1章】切り花の生産動向と流通

日本花普及センター（編）（2009）2008～2009 フラワーデータブック．東京

【第2章】切り花の収穫後の生理機構
2 エチレンと切り花の老化

Alonso JM et al. (1999) EIN2, a bifunctional transducer of ethylene stress responses in *Arabidopsis*. Science 284: 2148-2152
Arora AS et al. (2006) A novel ethylene receptor homolog gene isolated from ethylene-insensitive flowers of gladiolus (*Gladiolus grandiflora* hort.). Biochem Biophys Res Commn 351: 739-744
Baker JE et al. (1977) Delay of senescence in carnations by a rhizobitoxine analog and sodium benzoate. HortScience 12: 38-39
Barden LE and Hanan JJ (1972) Effect of ethylene on carnation keeping life. J Am Soc Hort Sci 97: 785-788
Broun R and Mayak S (1981) Aminooxyacetic acid as an inhibitors of ethylene synthesis and senescence in carnation flowers. Sci Hortic 22: 173-180
Bui AQ and O'Neill SD (1998) Three 1-aminocyclopropane-1-carboxylate synthase genes regulated by primary and secondary pollination signals in orchid flowers. Plant Physiol 116: 419-428
Burg SP and Dijkman MJ (1967) Ethylene and auxin participation in pollen induced fading of *Vanda* orchid blossoms. Plant Physiol 42: 1648-1650
Chao Q et al. (1997) Activation of the ethylene gas response pathway in *Arabidopsis* by the nuclear protein ETHYLENE-INSENSITIVE3 and related proteins. Cell 89: 1133-1144

Chen YF et al. (2002) Localization of the ethylene receptor ETR1 to the endoplasmic reticulum of *Arabidopsis*. J Biol Chem 277: 19861-19866

Chen YF et al. (2005) Ethylene signal transduction. Ann Bot 95: 901-915

Clark DG et al. (1997) Effect of pollination on accumulation of ACC synthase and ACC oxidase transcripts, ethylene production and flower petal abscission in geranium (*Pelargonium* × *hortorum* L.H. Bailey). Plant Mol Biol 34: 855-865

Clark KL et al. (1998) Association of the *Arabidopsis* CTR1 Raf-like kinase with ETR1 and ERS ethylene receptors. Proc Natl Acad Sci USA 95: 5401-5406

Dervinis C et al. (2000) Effect of pollination and exogenous ethylene on accumulation of ETR1 homologue transcripts during flower petal abscission in geranium (*Pelargonium* × *hortorum* L.H. Bailey). Plant Mol Biol 42: 847-856

Doi M et al. (2003) Ethylene-induced leaf yellowing in cut chrysanthemums (*Dendranthema grandiflora* Kitamura). J Jpn Soc Hort Sci 72: 533-535

Elgar HJ et al. (1999) Ethylene production by three lily species and their response to ethylene exposure. Postharv Biol Technol 16: 257-267

Fromm J et al (1995) The biochemical response of electrical signaling in the reproductive system of *Hibiscus* plants. Plant Physiol 109: 375-384

Gao Z et al. (2003) Localization of the Raf-like kinase CTR1 to the endoplasmic reticulum of *Arabidopsis* through participation in ethylene receptor signaling complexes. J Biol Chem 278: 34725-34732

Gillisen LJW (1977) Style-controlled wilting of the flower. Planta 133: 275-280

Gilissen LJW and Hoekstra FA (1984) Pollination-induced corolla wilting in *Petunia hybrida* rapid transfer through the style of a wilting-inducing substance. Plant Physiol 75: 496-498

Goh CJ et al. (1985) Ethylene evolution and sensitivity in cut orchid flowers. Sci Hortic 26: 57-67

Goto R et al. (1999) Role of ethylene on flower senescence of *Torenia*. J Jpn Soc Hort Sci 68: 263-268

Halevy AH et al. (1984) Does pollination induce corolla abscission of cyclamen flowers by promoting ethylene production? Plant Physiol 75: 1090-1093

Hall BP et al. (2007) Ethylene receptors: Ethylene perception and signal transduction. J Plant Growth Regul 26: 118-130

Han SS and Miller JA (2003) Role of ethylene in postharvest quality of cut oriental lily 'Stargazer'. Plant Growth Regul 40: 213-222

Henskens JAM et al. (1994) Molecular cloning of two different ACC synthase PCR fragments in carnation flowers and organ-specific expression of the corresponding genes. Plant Mol Biol 26: 453-458

Hoekstra FA and Weges R (1986) Lack of control by early pistillate ethylene of the accelerated wilting of *Petunia hybrida* flowers. Plant Physiol 80: 403-408

Hua J and Meyerowitz E (1998) Ethylene responses are negatively regulated by a receptor gene family in *Arabidopsis thaliana*. Cell 94: 261-271

Hunter DA et al. (2004) Role of ethylene in perianth senescence of daffodil (*Narcissus pseudonarcissus* L. 'Duch Master'). Postharv Biol Technol 32: 269-280

Ichimura K and Goto R (2000) Acceleration of flower senescence by pollination in cut 'Asuka-no-nami' *Eustoma* flowers. J Jpn Soc Hort Sci 69: 166-170

Ichimura K and Hiraya T (1999) Effect of silver thiosulfate complex (STS) in combination with sucrose on the vase life of cut sweet pea flowers. J Jpn Soc Hort Sci 68: 23-27

Ichimura K and Hisamatsu T (1999) Effect of continuous treatment with sucrose on the vase life, soluble carbohydrate concentrations, and ethylene production of cut snapdragon flowers. J Jpn Soc Hort Sci 68: 61-66

Ichimura K and Suto K (1998) Role of ethylene in acceleration of flower senescence by filament wounding in *Portulaca* hybrid. Physiol Plant 104: 603-607

Ichimura K and Suto K (1999) Effects of the time of sucrose treatment on the vase life, soluble carbohydrate concentrations and ethylene production in cut sweet pea flowers. Plant Growth Regul 28: 117-122

Ichimura K et al. (1998) Role of ethylene in senescence of cut *Eustoma* flowers. Postharv Biol Technol 14: 193-198

Ichimura K et al. (2000) Soluble carbohydrate in *Delphinium* and their influence on sepal abscission in cut flowers. Physiol Plant 108: 307-313

Ichimura K et al. (2002) Effect of 1-methylcyclopropene (1-MCP) on the vase life of cut carnation, *Delphinium* and sweet pea flowers. Bull Natl Inst Flor Sci 2: 1-8

Ichimura K et al. (2005) Soluble carbohydrates and variation in vase-life of cut 'Delilah' and 'Sonia' rose cultivars. J Hort Sci Biotechnol 80: 280-286

Ichimura K et al. (2009) Ethylene production by the gynoecium and receptacle is associated with sepal abscission in cut *Delphinium* flowers. Postharv Biol Technol 52: 262-267

Ichimura K et al. (2009) Ethylene regulates programmed cell death (PCD) associated with petal senescence in carnation flowers. Acta Hort 847: 185-190

市村一雄ら（2007）キンギョソウ切り花の花持ちに関わる要因．園学研 6（別2）：341

市村一雄ら（2010）カーネーション切り花の高温によるエチレン情報伝達に関わる遺伝子発現の変動．園学研 9（別1）：219

Iordachescu M and Verlinden S (2005) Transcriptional regulation of three EIN3-like genes of carnation (*Dianthus caryophyllus* L. cv. Improved White Sim) during flower development and upon wounding, pollination, and ethylene exposure. J Exp Bot 56: 2011-2018

Jones ML (2003) Ethylene biosynthetic genes are differentially regulated by ethylene and ACC in carnation styles. Plant Growth Regul 40:129-138

Jones ML and Woodson WR (1997) Pollination-induced ethylene in carnation. Role of stylar ethylene in corolla senescence. Plant Physiol 115:205-212

Jones ML and Woodson WR (1999) Differential expression of three members of the 1-aminocyclopropane-1-carboxylate synthase gene family in carnation. Plant Physiol 119: 755-764

Jones ML and Woodson WR (1999) Interorgan signaling following pollination in carnations. J

Am Soc Hort Sci 124:598-604

Jones ML et al. (1995) Ethylene-regulated expression of a carnation cysteine proteinase during flower petal senescence. Plant Mol Biol 28: 505-512

Kato M et al. (2002) Role of ethylene in senescence of pollinated and unpollinated *Campanula medium* flowers. J Jpn Soc Hort Sci 71: 385-387

加藤美紀ら (2008) キンギョソウの受粉後の落花とエチレン生成との関係. 園学研 7（別2）: 331

Kevany BM et al. (2007) Ethylene receptor degradation controls the timing of ripening in tomato fruit. Plant J 51: 458-467

Kende H (1993) Ethylene biosynthesis. Annu Rev Plant Physiol Mol Biol 44: 283-307

Kieber JJ et al. (1993) CTR1, a negative regulator of the ethylene response pathway in *Arabidopsis*, encodes a member of the Raf family of protein kinases. Cell 72: 427-441

Kim JH et al. (2009) Trifurcate feed-forward regulation of age-dependent cell death involving *miR164* in *Arabidopsis*. Science 323: 1053-1057

Konze JR et al (1980) Effect of 1-aminocyclopropane-1-carboxylic acid on the production of ethylene in senescing flowers of *Ipomoea tricolor*. Plant Physiol 66: 566-571

Kosugi Y et al. (2000) Expression of genes responsible for ethylene production and wilting are differently regulated in carnation (*Dianthus caryophyllus* L.) petals. Plant Sci 158: 139-145

Kuroda S et al. (2003) Ethylene production and enhanced transcription of an ethylene receptor gene, *ERS1*, in *Delphinium* during abscission of florets. Plant Physiol Biochem 41: 812-820

Kuroda S et al. (2004) Co-expression of an ethylene receptor gene, *ERS1*, and ethylene signaling regulator gene, *CTR1*, in *Delphinium* during abscission of florets. Plant Physiol Biochem 42: 745-751

Larsen PB et al. (1995) Pollination-induced ethylene in carnation. Role of pollen tube growth and sexual compatibility. Plant Physiol 108: 1405-1412

Lee MM et al. (1997) Effects of spermine on ethylene biosynthesis in cut carnation (*Dianthus caryophyllus* L.) flowers during senescence. J Plant Physiol 151: 68-73

Lin Z et al. (2008) SlTPR1, a tomato tetratricopeptide repeat protein, interacts with the ethylene receptors NR and LeETR1, modulating ethylene and auxin responses and development. J Exp Bot 59: 4271-4287

Lin Z et al. (2009) Recent advances in ethylene research. J Exp Bot 60: 3311-3336

Lovell PJ et al. (1987) The control of flower senescence in petunia (*Petunia hybrida*). Ann Bot 60: 49-59

Lindstrom JT et al. (1999) Accumulation of 1-aminocyclopropane-1-carboxylic acid (ACC) in petunia pollen is associated with expression of a pollen-specific ACC synthase late in development. J Am Soc Hort Sci 124: 145-151

Lurie S (1998) Postharvest heat treatments. Postharv Biol Technol 14: 257-269

Ma B et al. (2006) Subcellular localization and membrane topology of the melon ethylene receptor CmERS1. Plant Physiol 141: 587-597

Mayak S and Tirosh T (1993) Unusual ethylene-related behavior in senescing flowers of the carnation Sandrosa. Physiol Plant 88: 420-426

Meyer Jr RC et al. (1991) An ethylene-responsive flower senescence-related gene from carnation encodes a protein homologous to glutathione s-transferases. Plant Mol Biol 17: 277-281

Midoh N et al. (1996) Effects of 1,1-dimethyl-4-(phenylsulfonyl)semicarbazide (DPSS) on carnation flower longevity. Plant Growth Regul 20: 195-199

Momonoi K et al. (2007) Cloning and characterization of ACC oxidase genes from tulip. Plant Biotechnol 24: 241-246

Mor Y et al. (1980) Role of the ovary in carnation senescence. Sci Hortic 13: 377-383

Mor Y et al. (1984) Pulse treatment with silver thiosulfate and sucrose improve the vase life of sweet peas. J Am Soc Hort Sci 109: 866-868

Mor Y et al. (1985) The site of 1-aminocyclopropane-1-carboxylic acid synthesis in senescing carnation flowers. Physiol Plant 65: 196-202

Müller R et al. (2000) Expression of genes for ethylene biosynthetic enzymes and an ethylene receptor in senescing flowers of miniature potte roses. J Hort Sci Biotechnol 75: 12-18

Müller R et al. (2000) Characterization of an ethylene receptor family with differential expression in rose (*Rosa hybrida* L.) flowers. Plant Cell Rep 19: 1232-1239

Müller R et al. (2002) Characterization of two CTR-like protein kinases in *Rosa hybrida* and their expression during flower senescence and in response to ethylene. J Exp Bot 53: 1223-1225

Müller R et al. (2003) The transcription factor EIN3 is constitutively expressed in miniature roses with differences in postharvest life. J Hort Sci Biotechnol 78: 10-14

Nadeau JA et al. (1993) Temporal and spatial regulation of 1-aminocyclopropene-1-carboxylate oxidase in the pollination-induced senescence of orchid flowers. Plant Physiol 103: 31-39

Nichols R (1966) Ethylene production during senescence of flowers. J Hort Sci 41: 279-290

乗越 亮ら（2008）カーネーション切り花の老化にともなう花弁、花柱および子房におけるACO活性ならびに2種類のACO遺伝子発現量の変動. 園学研 7（別2）：330

岡本充智・市村一雄（2010）シネンシス系デルフィニウム切り花における受粉によるエチレン生成量の変化. 園学研 9（別1）：218

O'Neill SD et al. (1993) Interorgan regulation of ethylene biosynthetic genes by pollination. Plant Cell 5: 419-432

Onozaki T et al. (2004) Video evaluation of ethylene sensitivity after anthesis in carnation (*Dianthus caryophyllus* L.) flowers. Sci Hortic 99: 187-197

Park KY et al. (1992) Molecular cloning of an 1-aminocyclopropane-1-carboxylate synthase from senescing carnation flower petals. Plant Mol Biol 18: 377-386

Podd LA and van Staden J (1998) The role of ethanol and acetaldehyde in flower senescence and fruit ripening – A review. Plant Growth Regul 26: 183-189

Porat R et al. (1994) Pollination-induced changes in ethylene production and sensitivity to ethylene in cut dendrobium orchid flowers. Sci Hortic 58: 215-221

Porat R et al. (1995) An increase in ethylene sensitivity following pollination is the initial event triggering an increase in ethylene production and enhanced senescence of *Phalaenopsis* orchid flowers. Physiol Plant 93: 778-784

Pun UK and Ichimura K (2003) Role of sugars in senescence and biosynthesis of ethylene in cut flowers. JARQ 37: 219-224

Pun UK・市村一雄（2003）スプレーカーネーション切り花のエチレン生合成におけるエタノールの生化学的役割. 園学雑 72（別2）: 564

Pun UK et al. (2005) Effect of sucrose on ethylene biosynthesis in cut spray carnation flowers. Acta Hort 669: 171-174

Reid MS et al. (1984) 1-Aminocyclopropane-1-carboxylic acid (ACC) – The transmitted stimulus in pollinated flowers? J Plant Growth Regul 3: 189-196

Rodriguez FI et al. (1999) A copper cofactor for the ethylene receptor ETR1 from *Arabidopsis*. Science 283: 996-998

Sacalis JN and Lee JS (1987) Promotion of floral longevity by the ovary in carnation flowers. J Am Soc Hort Sci 112: 118-121

Serek M et al. (1994) Novel gaseous ethylene binding inhibitor prevents ethylene effects in potted flowering plants. J Am Soc Hort Sci 119: 1230-1233

Serrano M et al. (1990) Action and mechanism of α –aminoisobutyric acid as a retardant of cut carnation senescence. Sci Hortic 44: 127-134

Sexton R et al. (2000) Lack of ethylene involvement in tulip tepal abscission. Physiol Plant 108: 321-329

Shibuya K and Clark DG (2006) Ethylene: Current status and future directions of using transgenic techniques to improve flower longevity of ornamental crops. J Crop Improv 19: 391-412

Shibuya K and Ichimura K (2010) Depression of autocatalytic ethylene production by high-temperature treatment in carnation flowers. J Jpn Soc Hort Sci 79: 97-102

Shibuya K et al. (2000) Role of the gynoecium in natural senescence of carnation (*Dianthus caryophyllus* L.) flowers. J Exp Bot 51: 2067-2073

Shibuya K et al. (2002) Comparison of mRNA levels of three ethylene receptors in senescing flowers of carnation (*Dianthus caryophyllus* L). J Exp Bot 53: 399-406

Shibuya K et al. (2004) The central role of PhEIN2 in ethylene responses throughout plant development in petunia. Plant Physiol 136: 2900-2912

清水弘子・市村一雄（2001）ハナスベリヒユの花糸接触刺激による花の老化促進とエチレンとの関係. 園学雑 70（別2）: 467

Shimizu-Yumoto H and Ichimura K (2006) Senescence of *Eustoma* flowers as affected by pollinated area of the stigmatic surface. J Jpn Soc Hort Sci 75: 66-71

Singh A et al. (1992) Ethylene synthesis and floral senescence following compatible and incompatible pollination in *Petunia inflata*. Plant Physiol 99: 38-45

Singh K and Moore KG (1994) Sites of ethylene production in flowers of sweet pea (*Lathyrus odoratus* L.). Sci Hortic 58: 351-355

Sisler EC et al. (1986) Effect of antagonists of ethylene action on binding of ethylene in cut carnations. Plant Growth Regul 4: 213-218

Solano R et al. (1998) Nuclear events in ethylene signalling: a transcriptional cascade mediated by ETHYLENE-INSENSITIVE3 and ETHYLENE-RESPONSE FACTOR1. Genes Dev 12: 3703-3714

Son LL and Peng YH (2004) Effect of cold storage on sensitivity of cut lily to ethylene. J Hort Sci Biotechnol 79: 723-728

Spanjers AW (1981) Bioelectric potential changes in the style of *Lilium longiflorum* Thunb. after self- and cross-pollination of the stigma. Planta 153: 1-5

Stead AD (1992) Pollination-induced flower senescence: a review. Plant Growth Regul 11: 13-20

Stead AD and Moore KG (1979) Studies on flower longevity in *Digitalis*. Pollination induced corolla abscission in *Digitalis* flowers. Planta 146: 409-414

Stead AD and Moore KG (1983) Studies on flower longevity in *Digitalis*. The role of ethylene in corolla abscission. Planta 157: 15-21

Tanase K and Ichimura K (2006) Expression of ethylene receptors *Dl-ERS1-3* and *Dl-ERS2*, and ethylene response during flower senescence in *Delphinium*. J Plant Physiol 163: 1159-1166

Tang X and Woodson WR (1996) Temporal and spatial expression of 1-aminocyclopropene-1-carboxylate oxidase following pollination of immature and mature petunia flowers. Plant Physiol 112: 503-511

Tang X et al. (1993) Organization and structure of the 1-aminocyclopropene-1-carboxylate oxidase gene family from *Petunia hybrida*. Plant Mol Biol 23: 1151-1164

Tang X et al. (1994) Pistil-specific and ethylene-regulated expression of 1-aminocyclopropene-1-carboxylate oxidase genes in petunia flowers. Plant Cell 6: 1227-1239

ten Have A and Woltering EJ (1997) Ethylene biosynthetic genes are differentially expressed during carnation (*Dianthus caryophyllus* L.) flower senescence. Plant Mol Biol 34: 89-97

宇田 明ら（1997）新規エチレン阻害剤の前処理によるカーネーション、ラークスパーおよびスイートピー切り花の品質保持期間の延長．近畿中国農研 93: 65-70

van Doorn WG (1997) Effects of pollination on floral attraction and longevity. J Exp Bot 48: 1615-1622

van Doorn WG (2002) Does ethylene treatment mimic the effects of pollination on floral lifespan and attractiveness? Ann Bot 89: 375-383

van Doorn WG and Reid MS (1992) Role of ethylene in flower senescence of *Gypsophila paniculata* L. Postharv Biol Technol 1: 265-272

van Doorn WG and Woltering EJ (2008) Physiology and molecular biology of petal senescence. J Exp Bot 59: 453-480

Veen H (1979) Effects of silver on ethylene synthesis and action in cut carnations. Planta 145: 467-470

Verlinden S and Garcia JJV (2004) Sucrose loading decreases ethylene responsiveness in carnation (*Dianthus caryophyllus* cv. White Sim) petals. Postharv Biol Technol 31: 305-312

Wagstaff C et al. (2005) Ethylene and flower longevity in *Alstroemeria*: relationship between tepal senescence, abscission and ethylene biosynthesis. J Exp Bot 56: 1007-1016

Waki K et al. (2001) Cloning of a cDNA encoding EIN3-like protein (DC-EIL1) and decrease in its mRNA level during senescence in carnation flowers tissues. J Exp Bot 52: 377-379

Wang D et al. (2004) Cloning and expression of 1-aminocyclopropane-1-carboxylate synthase cDNA from rose (*Rosa* × *hybrida*). Plant Cell Rep 22: 422-429

Wang TW and Arteca RN (1995) Identification and characterization of cDNAs encoding ethylene biosynthetic enzymes from *Pelargonium* × *hortorum* cv Sow Mass leaves. Plant Physiol 109: 627-636

Wang H and Woodson WR (1989) Reversible inhibition of ethylene action and interruption of petal senescence in carnation flowers by norbornadiene. Plant Physiol 89: 434-438

Wang H and Woodson WR (1991) A flower senescence-related mRNA from carnation shares sequence similarity with fruit ripening-related mRNAs involved in ethylene biosynthesis. Plant Physiol 96: 1000-1001

Wang Y and Kumar PP (2007) Characterization of two ethylene receptors *PhERS1* and *PhETR2* from petunia: *PhETR2* regulates timing of anther dehiscence. J Exp Bot 58: 533-544

Whitehead CS et al. (1984) Role of ethylene and 1-aminocyclopropane-1-carboxylic acid in pollination and wound-induced senescence of *Petunia hybrida*. Physiol Plant 61: 643-648

Woltering EJ and Harren F (1989) Roles of rostellum desiccation in emasculation-induced phenomena in orchid flowers. J Exp Bot 40: 907-912

Woltering EJ and van Doorn WG (1988) Role of ethylene in senescence of petals-morphological and taxonomical relationships. J Exp Bot 39: 1605-1616

Woltering EJ et al. (1993) Roles of ethylene production and sensitivity in senescence of carnation flower (*Dianthus caryophyllus*) cultivars White Sim, Chinera and Epomea. J Plant Physiol 141: 329-335

Woltering EJ et al. (1995) The role of ethylene in interorgan signaling during flower senescence. Plant Physiol 109: 1219-1225

Woltering EJ et al. (1997) Pollination and stigma wounding: same response, different signal? J Exp Bot 48: 1027-1033

Woltering EJ et al. (2005) An auxin-responsive 1-aminocyclopropane-1-carboxylate synthase is responsible for differential ethylene production in gravistimulated *Antirrhinum majus* L. flower stem. Planta 220: 403-413

Woodson WR and Brandt AS (1991) Role of gynoecium in cytokinin-induced carnation petal senescence. J Am Soc Hort Sci 116: 676-679

Woodson WR et al. (1985) Role of ethylene in the senescence of isolated hibiscus petals. J

Am Soc Hort Sci 79: 679-683

Woodson WR et al. (1992) Expression of ethylene biosynthetic pathway transcripts in senescing carnation flowers. Plant Physiol 99: 526-532

Wu MJ et al. (1991) Variation in the senescence of carnation (*Dianthus caryophyllus* L.) cultivars. II. Comparison of sensitivity to exogenous ethylene and of ethylene binding. Sci Hortic 48: 109-116

Xie C et al. (2003) Serine/threonine kinase activity in the putative histidine kinase-like ethylene receptor NTHK1 from tobacco. Plant J 33: 385-393

Xue J et al. (2008) Expression of ethylene biosynthetic and receptor genes in rose floral tissues during ethylene-enhanced flower opening. J Exp Bot 59: 2161-2169

Yamada T et al. (2006) Nuclear fragmentation and DNA degradation during programmed cell death in petals of morning glory (*Ipomoea nil*). Planta 224: 1279-1290

Yang SF and Hoffman NE (1984) Ethylene biosynthesis and its regulation in higher plants. Ann Rev Plant Physiol 35: 155-189

Yangkhamman P et al. (2005) Ethylene production and vase life of cut carnation flowers under high temperature conditions. J Jpn Soc Hort Sci 74: 337-341

Yangkhamman P et al. (2007) Depression of enzyme activities and gene expression of ACC synthase and ACC oxidase in cut carnation flowers under high-temperature. Plant Growth Regul 53: 155-162

湯本弘子・市村一雄（2006）スイートピー切り花の旗弁が閉じる現象におけるエチレン感受性の関与．園学雑 75（別1）：246

湯本弘子・市村一雄（2009）トルコギキョウ未受粉小花の花持ちの品種間差におけるエチレンの関与．園学研 8: 359-364

Zhong S et al. (2008) Tomato ethylene receptor-CTR interaction: visualization of NEVER-RIPE interactions with multiple CTRs at the endoplasmic reticulum. J Exp Bot 59: 965-972

3 エチレン以外の植物ホルモンと切り花の収穫後生理

Borochov A et al. (1976) Combined effects of abscisic acid and sucrose on growth and senescence of rose flowers. Physiol Plant 36: 221-224

Borochov A et al. (1976) Abscisic acid content of senescing petals on cut rose flowers as affected by sucrose and water stress. Plant Physiol 58: 175-178

Chang H et al. (2003) Overproduction of cytokinins in petunia flowers transformed with P_{SAG12}-IPT delays corolla senescence and decreases sensitivity to ethylene. Plant Physiol 132: 2174-2183

Chang YS and Chen HC (2001) Variability between silver thiosulfate and 1-naphthaleneacetic acid applications in prolonging bract longevity of potted bougainvillea. Sci Hortic 87: 217-224

Cook D et al. (1985) Regulation of ethylene biosynthesis and action in cut carnation flower senescence by cytokinins. J Am Soc Hort Sci 110: 24-27

Eisinger W (1977) Role of cytokinins in carnation flower senescence. Plant Physiol 59: 707-

Eze JMO et al. (1986) Senescence in cut carnation flowers: Temporal and physiological relationships among water status, ethylene, abscisic acid and membrane permeability. Physiol Plant 68: 323-328

Halevy AH et al. (1974) Opposing effects of abscisic acid on senescence of rose flowers. Plant Cell Physiol 15: 813-821

Hanley KM and Bramlage WJ (1989) Endogenous levels of abscisic acid in aging carnation flower parts. J Plant Growth Regul 8: 225-236

Hunter DA et al. (2004) Role of abscisic acid in perianth senescence of daffodil (*Narcissus pseudonarcissus* L. 'Dutch Master'). Physiol Plant 121: 313-321

Ichimura K and Goto R (2002) Extension of vase life of cut *Narcissus tazetta* var. *chinensis* flowers by combined treatment with STS and gibberellin A_3. J Jpn Soc Hort Sci 71: 226-230

Macnish AJ et al. (2010) Treatment with thidiazuron improves opening and vase life of iris flowers. Postharv Biol Technol 56: 77-84

Mayak S and Dilley DR (1976) Regulation of senescence in carnation (*Dianthus caryophyllus*). Effect of abscisic acid and carbon dioxide on ethylene production. Plant Physiol 58: 663-665

Mayak S and Dilley DR (1976) Effect of sucrose on response of carnation to kinetin, ethylene, and abscisic acid. J Am Soc Hort Sci 101: 583-585

Mayak S and Halevy AH (1970) Cytokinin activity in rose petals and its relation to senescence. Plant Physiol 46: 497-499

Mayak S and Halevy AH (1972) Interrelationships of ethylene and abscisic acid in the control of rose petal senescence. Plant Physiol 50: 341-346

Mayak S and Halevy AH (1974) The action of kinetin in improving the water balance and delaying senescence processes of cut rose flowers. Physiol Plant 32: 330-336

Mayak S et al. (1972) Correlative changes in phytohormones in relation to senescence processes in rose petals. Physiol Plant 27: 1-4

Mor Y et al. (1983). Inhibition of ethylene biosynthesis in carnation petals by cytokinin. Plant Physiol 71: 541-546

Panavas T et al. (1998) Possible involvement of abscisic acid in senescence of daylily petals. J Exp Bot 49: 1987-1997

Porat R et al. (1993) Enhancement of petunia and dendrobium flower senescence by jasmonic acid ethyl ester is via the promotion of ethylene production. Plant Growth Regul 13: 297-301

Porat R et al. (1995) Examination of the possible involvement of lipoxygenase and jasmonates in pollination-induced senescence of *Phalaenopsis* and *Dendrobium* orchid flowers. Physiol Plant 93: 778-784

Sabehat A and Zieslin N (1995) Promotion of postharvest increase in weight of rose (*Rosa* ×*hybrida* cv. Mercedes) petals by gibberellin. J. Plant Physiol 145: 296-298

Sacalis JN and Nichols R (1980) Effects of 2,4-D uptake on petal senescence in cut carnation flowers. HortScience 15: 499-450

Saks Y and van Staden J (1993) Effect of gibberellic acid on ACC content, EFE activity and ethylene release by floral parts of the senescing carnation flower. Plant Growth Regul 12: 99-104

Saks Y et al. (1992) Effect of gibberellic acid on carnation flower senescence: evidence that the delay of carnation flower senescence by gibberellic acid depends on the stage of flower development. Plant Growth Regul 11: 45-51

Shimizu-Yumoto H and Ichimura K (2009) Abscisic acid, in combination with sucrose, is effective as a pulse treatment to suppress leaf damage and extend foliage vase-life in cut *Eustoma* flowers. J Hort Sci Biotechnol 84: 107-111

Shimizu-Yumoto H and Ichimura K (2010) Combination pulse treatment of 1-naphthaleneacetic acid and aminoethoxyvinylglycine greatly improves postharvest life in cut *Eustoma* flowers. Postharv Biol Technol 56: 104-107

Shimizu-Yumoto H et al. (2010) Effect of abscisic acid on the distribution of exogenous carbon derived from sucrose applied to cut *Eustoma* flowers. J Hort Sci Biotech 85: 83-87

Steinitz B and Cohen A (1982) Gibberellic acid promotes flower bud opening on detached flower stalks of statice (*Limonium sinuatum* L.). HortScience 17: 903-904

van Doorn WG et al. (1992) Effect of exogenous hormones on leaf yellowing in cut flowering branches of *Alstroemeria pelegrina* L. Plant Growth Regul 11: 59-62

van Staden J et al. (1987) Cytokinins in cut carnation flowers. II. Relationship between endogenous ethylene and cytokinin levels in the petals. Plant Growth Regul 5: 75-86

Wulster G et al. (1982) Senescence in isolated carnation petals. Effects of indoleacetic acid inhibitors of protein synthesis. Plant Physiol 70: 1039-1043

■ 4 切り花の収穫後生理における糖質の役割

Adachi M et al. (1999) Changes in carbohydrate content in cut chrysanthemum [*Dendranthema × grandiflorum* (Ramat.) Kitamura] 'Shuho-no-chikara' stems kept at different temperatures during anthesis and senescence. J Jpn Soc Hort Sci 68: 505-512

Bieleski RL (1993) Fructan hydrolysis drives petal expansion in the ephemeral daylily flower. Plant Physiol 103: 213-219

Bieleski BL (1995) Onset of phloem export from senescent petals of daylily. Plant Physiol 109: 557-565

Enomoto H et al. (2004) 2-C-methyl-D-erythritol is a major carbohydrate in petals of *Phlox subulata* possibly involved in flower development. J Plant Physiol 161: 977-980

Hoeberichts FA et al. (2007) Sucrose prevents up-regulation of senescence-associated genes in carnation. J Exp Bot 58: 2873-2885

Ichimura K and Hiraya T (1999) Effect of silver thiosulfate complex (STS) in combination with sucrose on the vase life of cut sweet pea flowers. J Jpn Soc Hort Sci 68: 23-27

Ichimura K and Hisamatsu T (1999) Effect of continuous treatment with sucrose on the vase life, soluble carbohydrate concentrations, and ethylene production of cut snapdragon flowers. J Jpn Soc Hort Sci 68: 61-66

Ichimura K and Suto K (1999) Effects of the time of sucrose treatment on the vase life, soluble carbohydrate concentrations and ethylene production in cut sweet pea flowers. Plant Growth Regul 28: 117-122

Ichimura K et al. (1997) Identification of methyl glucopyranoside and xylose as soluble sugar constituents in roses (*Rosa hybrida* L.). Biosci Biotechnol Biochem 61: 1734-1735

Ichimura K et al. (1998) Identification of pinitol as a main sugar constituent and changes in its content during flower bud development in carnation (*Dianthus caryophyllus*). J Plant Physiol 152: 363-367

Ichimura K et al. (1999) Identification of L-bornesitol and changes in its content during flower bud development in sweet pea (*Lathyrus odoratus* L.) Biosci Biotechnol Biochem 63: 189-191

Ichimura K et al. (1999) Possible roles of methyl glucoside and *myo*-inositol in the opening of cut rose flowers. Ann Bot 83: 551-557

Ichimura K et al. (2000) Soluble carbohydrate in *Delphinium* and their influence on sepal abscission in cut flowers. Physiol Plant 108: 307-313

Ichimura K et al. (2000) Identification of L-inositol and scylitol and their distribution of various organs in chrysanthemum. Biosci Biotechnol Biochem 64: 865-868

Ichimura K et al. (2003) Shortage of soluble carbohydrates is largely responsible for short vase life of cut 'Sonia' rose flowers. J Jpn Soc Hort Sci 72: 292-298

Ichimura K et al. (2005) Soluble carbohydrates and variation in vase-life of cut 'Delilah' and 'Sonia' rose cultivars. J Hort Sci Biotechnol 80: 280-286

Ichimura K et al. (2006) Extension of the vase life in cut roses by treatment with glucose, isothiazolinonic germicide, citric acid and aluminum sulphate solution. JARQ 40: 263-269

市村一雄ら（1997）トルコギキョウ切り花の品質保持に及ぼすスクロース処理の影響ならびにその糖組成. 園学雑 66（別2）: 614-615

市村一雄ら（2005）リンドウの開花におけるゲンチオビオースとゲンチオトリオースの生理的役割. 園学雑 74（別1）: 373

市村一雄ら（2007）キンギョソウ切り花の花持ちに関わる要因. 園学研 6（別2）: 341

Mayak S and Dilley DR (1976) Effect of sucrose on response of carnation to kinetin, ethylene, and abscisic acid. J Am Soc Hort Sci 101: 583-585

Pun UK et al. (2005) Effect of sucrose on ethylene biosynthesis in cut spray carnation flowers. Acta Hort 669: 171-174

Shimizu H and Ichimura K (2005) Effects of silver thiosulfate complex (STS), sucrose and their combination on the quality and vase life of cut *Eustoma* flowers. J Jpn Soc Hort Sci 74: 381-385

Verlinden S and Garcia JJV (2004) Sucrose loading decreases ethylene responsiveness in carnation (*Dianthus caryophyllus* cv. White Sim) petals. Postharv Biol Technol 31: 305-312

Yamada K et al. (2009) Determination of subcellular concentrations of soluble carbohydrates in rose petals during opening by nonaqueous fractionation method combined with infiltration–centrifugation method. Planta 230: 1115-1127

Yamane K et al. (1995) Export of ^{14}C-sucrose, ^{3}H-water, and fluorescent tracers from gladiolus florets to other plant parts associated with senescence. Acta Hort 405: 269-276

Yanagisawa S et al. (2003) Differential regulation of EIN3 stability by glucose and ethylene signaling in plants. Nature 425: 521-525

5 老化と高分子化合物、無機化合物および活性酸素

Bailly C et al. (2001) Free radical scavenging and senescence of *Iris* tepals. Plant Physiol Biochem 39: 649-656

Bartoli CG et al. (1996) Oxidative stress, antioxidant capacity and ethylene production during ageing of cut carnation (*Dianthus caryophyllus*) petals. J Exp Bot 47: 595-601

Borochov A. and Faragher J (1983) Comparison between ultraviolet irradiation and ethylene effects on senescence parameters in carnation flowers. Plant Physiol 71: 536-540

Breeze E et al. (2004) Gene expression pattern to define stages of post-harvest senescence in *Alstroemeria* petals. Plant Biotechnol J 2: 155-168

Celikel F and van Doorn WG (1995) Solute leakage, lipid peroxidation, and protein degradation during the senescence of *Iris* tepals. Physiol Plant 94: 515-521

Chapin LJ and Jones ML (2009) Ethylene regulates phosphorus remobilization and expression of a phosphate transporter (*PhPT1*) during petunia corolla senescence. J Exp Bot 60: 2179-2190

Courtney SE et al. (1994) Changes in protein ubiquitination and the expression of ubiquitin-encoding transcripts in daylily petals during floral development and senescence. Physiol Plant 91: 196-204

De Vetten NC and Huber DJ (1990) Cell wall changes during the expansion and senescence of carnation (*Dianthus caryophyllus*) petals. Physiol Plant 78: 447-454

Droillard MJ et al. (1987) Free radical production, catalase and superoxide dismutase activities and membrane integrity during senescence of petals of cut carnations (*Dianthus caryophyllus*). Physiol Plant 71: 197-202

Droillard MJ et al. (1989) Changes in activities of superoxide dismutase during aging of petals of cut carnations (*Dianthus caryophyllus*). Physiol Plant 776: 149-154

Eason JR et al. (2000) Amino acid metabolism in senescing *Sandersonia aurantiaca* flowers: cloning and characterization of asparagine synthetase and glutamine synthetase cDNAs. Aust J Plant Physiol 27: 389-396

Eason JR et al. (2002) Programmed cell death during flower senescence: isolation and characterization of cysteine proteinases from *Sandersonia aurantiaca*. Funct Plant Biol 29: 1055-1064

Hoeberichts FA et al. (2007) Sucrose prevents up-regulation of senescence-associated genes in carnation. J Exp Bot 58: 2873-2885

Hunter DA et al. (2002) Identification of genes associated with perianth senescence in daffodil (*Narcissus pseudonarcissus* L. 'Dutch Master'). Plant Sci 163: 13-21

Hunter DA et al. (2004) Role of abscisic acid in perianth senescence of daffodil (*Narcissus pseudonarcissus* L. 'Dutch Master'). Physiol Plant 121: 313-321

Jones ML et al. (1995) Ethylene-regulated expression of a carnation cysteine proteinase during flower petal senescence. Plant Mol Biol 28: 505-512

Langston BJ et al. (2005) Increases in DNA fragmentation and induction of a senescence-specific nuclease are delayed during corolla senescence in ethylene-insensitive (*etr1-1*) transgenic petunias. J Exp Bot 56: 15-23

Matile P and Winkenbach F (1971) Function of lysosomes and lysosomal enzymes in the senescing corolla of the morning glory (*Ipomoea purpurea*). J Exp Bot 22: 759-771

Mayak S and Halevy AH (1974) The action of kinetin in improving the water balance and delaying senescence processes of cut rose flowers. Physiol Plant 32: 330-336

O'Donoghue EM et al. (2002) Organization of cell walls in *Sandersonia aurantiaca* floral tissues. J Exp Bot 53: 513-523

O'Donoghue EM et al. (2005) Galactosidases in opening, senescing and water-stressed *Sandersonia aurantiaca* flowers. Fuct Plant Biol 32: 911-922

Pak C and van Doorn WG (2005) Delay of *Iris* flower senescence by protease inhibitors. New Phytol 165: 473-480

Panavas T and Rubinstein B (1998) Oxidative events during programmed cell death of daylily (*Hemerocallis* hybrid) petals. Plant Sci 133: 125-138

Panavas T et al. (1999) Identification of senescence-associated genes from daylily petals. Plant Mol Biol 40: 237-248

Paulin A. et al. (1986) Effect of a free radical scavenger, 3,4,5-trichlorophenol, on ethylene production and on changes in lipids and membrane integrity during senescence of petals of cut carnation (*Dianthus caryophyllus*). Physiol Plant 67: 465-471

Stephenson P and Rubinstein B (1998) Characterization of proteolytic activity during senescence in daylilies. Physiol Plant 104: 463-473

van Doorn WG and Woltering EJ (2008) Physiology and molecular biology of petal senescence. J Exp Bot 59: 453-480

van Doorn WG et al. (2003) Gene expression during anthesis and senescence in *Iris* flowers. Plant Mol Biol 53: 845-863

Verlinden S (2003) Changes in mineral nutrient concentrations in petunia corollas during development and senescence. HortScience 38: 71-74

Wagstaff C et al. (2002) Cysteine protease gene expression and proteolytic activity during senescence of *Alstroemeria* petals. J Exp Bot 53: 233-240

Xu X et al. (2007) Functional analysis of a RING domain ankyrin repeat protein that is highly expressed during flower senescence. J Exp Bot 58: 3623-3630

Yamada T et al. (2006) DNA degradation and nuclear degeneration during programmed cell death of *Antirrhinum*, *Argyranthemum*, and *Petunia*. J Exp Bot 57: 3543-3552

Yamada T et al. (2006) Nuclear fragmentation and DNA degradation during programmed cell death in petals of morning glory (*Ipomoea nil*). Planta 224: 1279-1290

Yamada T et al. (2007) Gene expression in opening and senescing petals of morning glory (*Ipomoea nil*) flowers. Plant Cell Rep 26: 823-835

Yamane K et al. (1999) Changes in activities of superoxide dismutase, catalase and peroxidase during senescence of gladiolus florets. J Jpn Soc Hort Sci 68: 798-802

6 切り花の老化と生体膜

Adam Z et al. (1983) Correlative changes in sucrose uptake, ATPase activity and membrane fluidity in carnation petals during senescence. Physiol Plant 58: 257-262

Beutelmann P and Kende H (1977) Membrane lipids in senescing flower tissue of *Ipomoea tricolor*. Plant Physiol 59: 888-893

Borochov A and Faragher J (1983) Comparison between ultraviolet irradiation and ethylene effects on senescence parameters in carnation flowers. Plant Physiol 71: 536-540

Borochov A et al. (1976) Increase in microviscosity with ageing in protoplast plasmalemma of rose petals. Nature 263: 158-159

Borochov A et al. (1978) Microviscosity of plasmalemmas in rose petals as affected by age and environmental factors. Plant Physiol 61: 812-815

Borochov A et al. (1982) Senescence and the fluidity of rose petal membranes. Relationship to phospholipid metabolism. Plant Physiol 69: 296-299

Borochov A et al. (1994) Plasma membrane lipid metabolism of petunia petals during senescence. Physiol Plant 90: 279-284

Brown JH et al. (1987) Molecular species specificity of phospholipid breakdown in microsomal membranes of senescing carnation flowers. Plant Physiol 85: 679-683

Faragher JD et al. (1987) Changes in the physical state of membrane lipids during senescence of rose petals. Plant Physiol 83: 1037-1042

Fobel M et al. (1987) Membrane deterioration in senescing carnation flowers. Coordinated effects of phospholipid degradation and the action of membranous lipoxygenase. Plant Physiol 85: 204-211

Hoeberichts FA et al. (2007) Sucrose prevents up-regulation of senescence-associated genes in carnation. J Exp Bot 58: 2873-2885

Legge RL et al. (1982) Sequential changes in lipid fluidity and phase properties of microsomal membranes from senescing rose petals. J Exp Bot 33: 303-312

Panavas T et al. (1999) Identification of senescence-associated genes from daylily petals. Plant Mol Biol 40: 237-248

Paulin A et al. (1986) Effect of a free radical scavenger, 3,4,5-trichlorophenol, on ethylene production and on changes in lipids and membrane integrity during senescence of petals of cut carnation (*Dianthus caryophyllus*). Physiol Plant 67: 465-471

Suttle J and Kende H (1980) Ethylene action and loss of membrane integrity during petal senescence in *Tradescantia*. Plant Physiol 65: 1067-1072

Sylvestre I and Paulin A (1987) Accelerated ethylene production as related to changes in lipids and electrolyte leakage during senescence of petals of cut carnations (*Dainthus caryophylls*). Physiol Plant 70: 530-536

Thompson JE et al. (1982) Acceleration of membrane senescence in cut carnation flowers by treatment with ethylene. Physiol Plant 69: 859-863

van Doorn WG and Woltering EJ (2008) Physiology and molecular biology of petal senescence. J Exp Bot 59: 453-480

van Doorn WG et al. (2003) Gene expression during anthesis and senescence in *Iris* flowers. Plant Mol Biol 53: 845-863

7 プログラム細胞死と遺伝子発現

Bai S et al. (2010) Proteomic analysis of pollination-induced corolla senescence in petunia. J Exp Bot 61: 1089-1109

Bassham DC et al. (2006) Autophagy in development and stress responses of plants. Autophagy 2: 2-11

Breeze E et al. (2004) Gene expression pattern to define stages of post-harvest senescence in *Alstroemeria* petals. Plant Biotechnol J 2: 155-168

Eason JR et al. (2000) Amino acid metabolism in senescing *Sandersonia aurantiaca* flowers: cloning and characterization of asparagines synthase and glutamine synthase cDNAs. Aust J Plant Physiol 27: 389-396

Eason JR et al. (2002) Programmed cell death during flower senescence: isolation and characterization of cysteine proteinases from *Sandersonia aurantiaca*. Funct Plant Biol 29: 1055-1064

Hanaoka H et al. (2002) Leaf senescence and starvation-induced chlorosis are accelerated by the disruption of an *Arabidopsis* autophagy gene. Plant Physiol 129: 1181-1193

Hoeberichts FA et al. (2007) Sucrose prevents up-regulation of senescence-associated genes in carnation. J Exp Bot 58: 2873-2885

Hopkins M et al. (2007) Regulation and execution of molecular disassembley and catabolism during senescence. New Phytol 175: 201-214

Hunter DA et al. (2002) Identification of genes associated with perianth senescence in daffodil (*Narcissus pseudonarcissus* L. 'Dutch Master'). Plant Sci 163: 13-21

Hunter DA et al. (2004) Role of ethylene in perianth senescence of daffodil (*Narcissus pseudonarcissus* L. 'Dutch Master'). Postharv Biol Technol 32: 269-280

Ichimura K et al. (2009) Ethylene regulates programmed cell death (PCD) associated with petal senescence in carnation flowers. Acta Hort 847: 185-190

Jones RB et al. (1994) The effect of protein synthesis inhibition on petal senescence in cut bulb flowers. J Am Soc Hort Sci 119: 1243-1247

Jones M (2008) Ethylene signaling is required for pollination-accelerated corolla senescence in petunia. Plant Sci 175: 190-196

Meir S et al. (2006) Molecular changes occurring during acquisition of abscission competence following auxin depletion in *Mirabilis jalapa*. Plant Physiol 141: 1604-1616

Meyer Jr RC et al. (1991) An ethylene-responsive flower senescence-related gene from carnation encodes a protein homologous to glutathione *s*-transferases. Plant Mol Biol 17: 277-281

Panavas T et al. (1999) Identification of senescence-associated genes from daylily petals. Plant Mol Biol 40: 237-248

Shibuya K et al. (2009) InPSR26, a putative membrane protein, regulates programmed cell death during petal senescence in Japanese morning glory. Plant Physiol 149: 816-824

Thompson AR et al. (2005) Autophagic nutrient recycling in *Arabidopsis* directed by the ATG8 and ATG12 conjugation pathways. Plant Physiol 138: 2097-2110

van Doorn WG et al. (2003) Gene expression during anthesis and senescence in *Iris* flowers. Plant Mol Biol 53: 845-863

Wagstaff C et al. (2002) Cysteine protease gene expression and proteolytic activity during senescence of *Alstroemeria* petals. J Exp Bot 53: 233-240

Wagstaff C et al. (2003) Programmed cell death (PCD) processes begin extremely early in *Alstroemeria* petal senescence. New Phytol 160: 49-59

Xiong Y et al. (2005) AtATG18a is required for the formation of autophagosomes during nutrient stress and senescence in *Arabidopsis thaliana*. Plant J 42: 535-546

Xu X et al. (2007) Genes associated with opening and senescence of *Mirabilis jalapa* flowers. J Exp Bot 58: 2193-2201

Yamada T et al. (2004) A homolog of the *defender against apoptotic death* gene (*DAD1*) in senescing gladiolus petals is down-regulated prior to the onset of programmed cell death. J Plant Physiol 161: 1281-1283

Yamada T et al. (2006) Nuclear fragmentation and DNA degradation during programmed cell death in petals of morning glory (*Ipomoea nil*). Planta 224: 1279-1290

Yamada T et al. (2006) DNA degradation and nuclear degeneration during programmed cell death of *Antirrhinum*, *Argyranthemum*, and *Petunia*. J Exp Bot 57: 3543-3552

Yamada T et al. (2007) Gene expression in opening and senescing petals of morning glory (*Ipomoea nil*) flowers. Plant Cell Rep 26: 823-835

Yamada T et al. (2007) Relationship between petal abscission and programmed cell death in *Prunus yedoensis* and *Delphinium belladonna*. Planta 226: 1195-1205

Yamada T et al. (2009) Homologs of genes associated with programmed cell death in animal cells are differentially expressed during senescence of *Ipomoea nil* petals. Plant Cell Physiol 50: 610-625

山田哲也・市村一雄（2006）バラの老化花弁におけるプログラム細胞死の品種間差．園学雑 75（別2）: 344

Yamane K and Ogata R (1995) Effects of cycloheximide on physiological parameters of gladiolus florets during growth and senescence. J Jpn Soc Hort Sci 64: 411-416

8 花弁展開のメカニズム

Azad AK et al. (2004) Phosphorylation of plasma membrane aquaporin regulates temperature-dependent opening of tulip petals. Plant Cell Physiol 45: 608-617

Bieleski RL (1993) Fructan hydrolysis drives petal expansion in the ephemeral daylily flower. Plant Physiol 103: 213-219

Biran M et al. (1974) Factors determining petal color of Baccara roses. II. The effect of pigment concentration. J Exp Bot 87: 624-631

Enomoto H et al. (2004) 2-C-methyl-D-erythritol is a major carbohydrate in petals of *Phlox subulata* possibly involved in flower development. J Plant Physiol 161: 977-980

Evans RY and Reid MS (1988) Changes in carbohydrates and osmotic potential during rhythmic expansion of rose petals. J Am Soc Hort Sci 113: 884-888

Harada T et al. (2010) Differential expression of genes identified by suppression subtractive hybridization in petals of opening carnation. J Exp Bot 61: 2345-2354

Ho LC and Nichols R (1977) Translocation of ^{14}C-sucrose in relation to changes in carbohydrate content in rose corollas cut at different stages of development. Ann Bot 41: 227-242

Ichimura K et al. (1998) Identification of pinitol as a main sugar constituent and changes in its content during flower bud development in carnation (*Dianthus caryophyllus*). J Plant Physiol 152: 363-367

Ichimura K et al. (1999) Identification of L-bornesitol and changes in its content during flower bud development in sweet pea (*Lathyrus odoratus* L.). Biosci Biotechnol Biochem 63: 189-191

Ichimura K et al. (2000) Soluble carbohydrate in *Delphinium* and their influence on sepal abscission in cut flowers. Physiol Plant 108: 307-313

Ichimura K et al. (2000) Identification of L-inositol and scylitol and their distribution of various organs in chrysanthemum. Biosci Biotechnol Biochem 64: 865-868

市村一雄ら（2005）リンドウの開花におけるゲンチオビオースとゲンチオトリオースの生理的役割．園学雑 74（別1）：373

Kenis JD et al. (1985) Nitrogen metabolite and senescence-associated change during growth of carnation flowers. Physiol Plant 65: 455-459

Koning RE (1984) The role of plant hormones in the growth of the corolla of *Gaillardia grandiflora* (Asteraceae) ray flowers. Am J Bot 71: 1-8

Ma N et al. (2006) Transcriptional regulation of ethylene receptor and *CTR* genes involved in ethylene-induced flower opening in cut rose (*Rosa hybrida*) cv. Samantha. J Exp Bot 57: 2763-2773

Ma N et al. (2008) *Rh-PIP2;1*, a rose aquaporin gene, is involved in ethylene-regulated petal expansion. Plant Physiol 148: 894-907

Reid MS et al. (1989) Ethylene and silver thiosulfate influence opening of cut rose flowers. J Am Soc Hort Sci 114: 436-440

Sabehat A and Zieslin N (1995) Promotion of postharvest increase in weight of rose (*Rosa*

×*hybrida* cv. Mercedes) petals by gibberellin. J Plant Physiol 145: 296-298

Serek M et al. (1994) Role of ethylene in opening and senescence of *Gladiolus* sp. flowers. J Am Soc Hort Sci 119: 1014-1019

Shimizu H and Ichimura K (2005) Effects of silver thiosulfate complex (STS), sucrose and their combination on the quality and vase life of cut *Eustoma* flowers. J Jpn Soc Hort Sci 74: 381-385

Steinitz B and Cohen A (1982) Gibberellic acid promotes flower bud opening on detached flower stalks of statice (*Limonium sinuatum* L.). HortScience 17: 903-904

Tan H et al. (2006) Ethylene-influenced flower opening and expression of genes encoding *Etrs*, *Ctrs*, and *Ein3s* in two cut rose cultivars. Postharv Biol Technol 40: 97-105

Van Doorn WG et al. (2003) Gene expression during anthesis and senescence in *Iris* flowers. Plant Mol Biol 53: 845-863

van Doorn WG et al. (1991) Effects of carbohydrate and water status on flower opening of cut Madelon roses. Postharv Biol Technol 1: 47-57

Vergauwen R et al. (2000) The role of fructan in flowering of *Campanula rapunculoides*. J Exp Bot 51: 1261-1266

Wagner GJ (1979) Content and vacuole/extravacuole distribution of neutral sugars, free amino acids, and anthocyanin in protoplasts. Plant Physiol 64: 88-93

渡邉祐輔ら．(2008) ユリの開花にともなう花被内向軸側および胚軸側表皮細胞ならびに柔細胞における糖質濃度の変動．園学研 7（別2）：351

Wood WML (1953) Thermonasty in tulip and crocus flowers. J Exp Bot 4: 65-77

Xue J et al. (2008) Expression of ethylene biosynthetic and receptor genes in rose floral tissues during ethylene-enhanced flower opening. J Exp Bot 59: 2161-2169

Yamada K et al. (2007) Analysis of sucrose metabolism during petal growth of cut roses. Postharv Biol Technol 43: 174-177

Yamada K et al. (2009) Determination of subcellular concentrations of soluble carbohydrates in rose petals during opening by nonaqueous fractionation method combined with infiltration–centrifugation method. Planta 230: 1115-1127

Yamada K et al. (2009) Cell division and expansion growth during rose petal development. J Jpn Soc Hort Sci 78: 356-362

Yamada K et al. (2009) Cell wall extensibility and effect of cell-wall-loosening proteins during rose flower opening. J Jpn Soc Hort Sci 78: 242-251

9 花弁に含まれる色素と退色

Kawabata S et al. (1999) The regulation of anthocyanin biosynthesis in *Eustoma grandiflorum* under low light conditions. J Jpn Soc Hort Sci 68: 519-526

Moalem-Beno D et al. (1997) Sugar-dependent gibberellin-induced chalcone synthase gene expression in petunia corollas. Plant Physiol 113: 419-424

Oren-Shamir M et al. (2001) Differentiation between petal blueing and senescence of cut 'Mercedes' rose flowers. J Hort Sci Biotechnol 76: 195-200

Shimizu-Yumoto H et al. (2009) Petal color fading by negative co-pigmentation in sweet pea. 5th International Workshop on Anthocyanins Abstract 37

10 切り花の水分生理

Accati E et al. (1980) The role of bacterial metabolite(s) in affecting water uptake by carnation flowers. Acta Hort 113: 137-142

Bleeksma HC and van Doorn WG (2003) Embolism in rose stems as a result of vascular occlusion by bacteria. Postharv Biol Technol 29: 334-340

Clerkx ACM et al. (1989) Scanning electron microscopy of the stem of cut flowers of *Rosa* cv. Sonia and *Gerbera* cv. Fleur. Acta Hort 261: 97-105

de Witte Y and Van Doorn WG (1988) Identification of bacteria in the vase water of roses, and effect of the isolated strains on water uptake. Sci Hortic 35: 285-291

Dixon MA et al. (1988) Water relations of cut greenhouse roses: The relationships between stem water potential, hydraulic conductance and cavitation. Sci Hortic 36: 109-118

土井元章ら（1999）バラ切り花の吸水、蒸散および水ポテンシャルの変化に及ぼす光周期の影響．園学雑 68: 861-867

土井元章・釣賀美帆（2009）キクシュートの水あげと生け水の物理的特性との関係．園学研 8: 235-241

Durkin DJ (1979) Some characteristics of water flow through isolated rose stem segments. J Am Soc Hort Sci 104: 777-783

Durkin DJ (1979) Effect of Millipore filtration, citric acid, and sucrose on peduncle water potential of cut rose flower. J Am Soc Hort Sci 104: 860-863

Gilman KF and Steponkus PL (1972) Vascular blockage in cut roses. J Am Soc Hort Sci 97: 662-667

Halevy AH et al. (1974) Opposing effects of abscisic acid on senescence of rose flowers. Plant Cell Physiol 15: 813-821

Hammer PE and Evensen KB (1996) Effects of the production environment on the susceptibility of rose flowers to postharvest infection by *Botrytis cinerea*. J Am Soc Hort Sci 121: 314-320

Hu Y et al. (1998) Competitive water relations between leaves and flower bud during transport of cut roses. J Jpn Soc Hort Sci 67: 532-536

Ichimura K et al. (2003) Shortage of soluble carbohydrates is largely responsible for short vase life of cut 'Sonia' rose flowers. J Jpn Soc Hort Sci 72: 292-298

Jones RB and Hill M (1993) The effect of germicides on the longevity of cut flowers. J Am Soc Hort Sci 118: 350-354

Lineberger RD and Steponkus PL (1976) Identification and localization of vascular occlusions in cut roses. J Am Soc Hort Sci 101: 246-250

Loubaud M and van Doorn WG (2004) Wound-induced and bacteria-induced xylem blockage in roses, *Astilbe*, and *Viburnum*. Postharv Biol Technol 32: 281-288

Marousky FJ (1969) Vascular blockage, water absorption, stomatal opening, and respiration of cut 'Better Times' roses treated with 8-hydroxyquinoline citrate and sucrose. J Am Soc Hort Sci 94: 223-226

Marousky FJ (1971) Inhibition of vascular blockage, and increased moisture retention in cut roses induced by pH, 8-hydroxyquinoline citrate and sucrose. J Am Soc Hort Sci 96: 38-41

峯　大樹ら (2008) 銀イオンの短期間処理による秋ギク切り花の品質保持期間延長. 園学研　7 (別 1) : 249

Parups EV and Molnar JM (1972) Histochemical study of xylem blockage in cut roses. J Am Soc Hort Sci 97: 532-534

Put HMC (1990) Micro-organisms from freshly harvested cut flower stems and developing during the vase life of chrysanthemum, gerbera and rose cultivars. Sci Hortic 43: 129-144

Put HMC and Jansen L (1989) The effects on the vase life of cut *Rosa* cultivar 'Sonia' of bacteria added to the vase water. Sci Hortic 39: 167-179

Put HMC and Rombouts FM (1989) The influence of purified microbial pectic enzymes on the xylem anatomy water uptake and vase life of *Rosa* cultivar 'Sonia'. Sci Hortic 38: 147-160

Put HMC et al. (1992) Aluminium sulphate restricts migration of *Bacillus subtilis* in xylem of cut roses: a scanning electron microscope study. Sci Hortic 51: 261-274

Rasmussen HP and Carpenter WJ (1974) Changes in the vascular morphology of cut rose stems: A scanning electron microscope study. J Am Soc Hort Sci 99: 454-459

Ueyama S and Ichimura K (1998) Effects of 2-hydroxy-3-ionene chloride polymer on the vase life of cut rose flower. Postharv Biol Technol 14: 65-70

van Doorn WG (1990) Aspiration of air at the cut surface of rose stems and its effect on the uptake of water. J Plant Physiol 137: 160-164

van Doorn WG (1994) Vascular occlusion in cut flowering rose stems exposed to air: role of the xylem wall pathway for water. Physiol Plant 90: 45-50

van Doorn WG (1997) Water relations of cut flowers. Hort Rev 18: 1-85

van Doorn WG and Cruz P (2000) Evidence for a wounding-induced xylem occlusion in stems of cut chrysanthemum flowers. Postharv Biol Technol 19: 73-83

van Doorn WG and de Witte Y (1991) Effect of bacterial suspensions on vascular occlusion in stems of cut rose flowers. J Appl Bacteriol 71: 119-123

van Doorn WG and de Witte Y (1994) Effect of bacteria on scape bending in cut *Gerbera jamesonii* flowers. J Am Soc Hort Sci 119: 568-571

van Doorn WG and Otma E (1995) Vascular occlusion in cut flowering rose stems exposed to air: role of water entry into the lumina of the xylem conduits opened by cutting. J Plant Physiol 145: 78-82

van Doorn WG and Perik RRJ (1990) Hydroxyquinoline citrate and low pH prevent vascular blockage in stems of cut rose flowers by reducing the number of bacteria. J Am Soc Hort Sci 115: 979-981

van Doorn WG and Suiro V (1996) Relationship between cavitation and water uptake in rose stems. Physiol Plant 96: 305-311

van Doorn WG and Vaslier N (2002) Wounding-induced xylem occlusion in stems of cut chrysanthemum flowers: roles of peroxidase and cathechol oxidase. Postharv Biol Technol 26: 275-284

van Doorn WG et al. (1989) Role of endogenous bacteria in vascular blockage of cut rose flowers. J Plant Physiol 134: 375-381

van Doorn WG et al. (1991) Micro-organisms at the cut surface and in xylem vessels of rose stems: a scanning electron microscope study. J Appl Bacteriol 70: 34-39

van Doorn WG and Reid MS (1995) Vascular occlusion in stems of cut rose flowers exposed to air: Role of xylem anatomy and rates of transpiration. Physiol Plant 93: 624-629

van Meeteren U (1978) Water relations and keeping-quality of cut gerbera flowers. I. The cause of stem break. Sci Hortic 8: 65-74

van Meeteren U et al. (2006) Inhibition of water uptake after dry storage of cut flowers: Role of aspired air and wound-induced processes in *Chrysanthemum*. Postharv Biol Technol 41: 70-77

Vaslier N and van Doorn WG (2003) Xylem occlusion in bouvardia flowers: evidence for a role of peroxidase and cathechol oxidase. Postharv Biol Technol 28: 231-237

Zagory D and Reid MS (1986) Role of vase solution microorganisms in the vase life of cut flowers. J Am Soc Hort Sci 114: 154-158

🔟 負の屈地性による茎の屈曲

Friedman H et al. (1998) Inhibition of the gravitropic response of snapdragon spikes by calcium-channel blocker lanthanum chloride. Plant Physiol 118: 483-492

Friedman H et al. (2003) Characterization of the asymmetric growth of gravistimulated snapdragon spikes by stem and cell dimension analyses. Am J Bot 90: 849-856

Friedman H et al. (2005) New approaches for post-harvest inhibition of undersired gravitropic bending in various snapdragon (*Antirrhinum majus* L.) cultivars. J Hort Sci Biotechnol 80: 433-438

Friedman H et al. (2005) Calcium antagonists inhibit bending and differential ethylene production of gravistimulated *Ornithogalum* 'Nova' cut flower spikes. Postharv Biol Technol 36: 9-20

Philosoph-Hadas S et al. (1996) Regulation of the gravitropic response and ethylene biosynthesis in gravistimulated snapdragon flower spikes by calcium chelators and ethylene inhibitors. Plant Physiol 110: 301-310

Woltering EJ et al. (2005) An auxin-responsive 1-aminocyclopropane-1-carboxylate synthase is responsible for differential ethylene production in gravistimulated *Antirrhinum majus* L. flower stem. Planta 220: 403-413

12 葉の黄化

Doi M et al. (2003) Ethylene-induced leaf yellowing in cut chrysanthemums (*Dendranthema grandiflora* Kitamura). J Jpn Soc Hort Sci 72: 533-535

Doi M et al. (2004) Leaf yellowing of cut standard chrysanthemum (*Dendranthema grandiflora* Kitamura) 'Shuho-no-chikara' induced by ethylene and the postharvest increase in ethylene sensitivity. J Jpn Soc Hort Sci 73: 229-234

Han SS (1995) Growth regulators delay foliar chlorosis of Easter lily leaves. J Am Soc Hort Sci 120: 254-258

Han SS and Miller JA (2003) Role of ethylene in postharvest quality of cut oriental lily 'Stargazer'. Plant Growth Regul 40: 213-222

Hicklenton PB (1991) GA_3 and benzylaminopurine delay leaf yellowing in cut *Alstroemeria* stems. HortScience 26: 1198-1199

Ichimura K and Goto R (2000) Effect of gibberellin A_3 on leaf yellowing and vase life of cut *Narcissus tazetta* var. *chinensis* flowers. J Jpn Soc Hort Sci 69: 423-427

Ichimura K and Goto R (2002) Extension of vase life of cut *Narcissus tazetta* var. *chinensis* flowers by combined treatment with STS and gibberellin A_3. J Jpn Soc Hort Sci 71: 226-230

Kappers IF et al. (1997) Gibberellins in leaves of *Alstroemeria hybrida*: Identification and quantification in relation to leaf age. J Plant Growth Regul 16: 219-225

Kappers IF et al. (1998) GA_4 does not require conversion into GA_1 to delay senescence of *Alstroemeria hybrida* leaves. J Plant Growth Regul 17: 89-93

Narumi T et al. (2005) Cloning of a cDNA encoding an ethylene receptor (DG-ERS1) from chrysanthemum and comparison of its mRNA level in ethylene-sensitive and –insensitive cultivars. Postharv Biol Technol 36: 21-30

van Doorn WG et al. (1992) Effect of exogenous hormones on leaf yellowing in cut flowering branches of *Alstroemeria pelegrina* L. Plant Growth Regul 11: 59-62

【第3章】品質保持剤

Altman SA and Solomos T (1993) 3-Amino-1,2,4-triazole prolongs carnation vase life. HortScience 28: 201-203

Altman SA and Solomos T (1994) Inhibition of ethylene biosynthesis and action in cut carnations (*Dianthus caryophyllus* L.) by aminotriazole. J Am Soc Hort Sci 119: 282-287

Baker JE et al. (1977) Delay of senescence in carnations by a rhizobitoxine analog and sodium benzoate. HortScience 12: 38-39

Broun R and Mayak S (1981) Aminooxyacetic acid as an inhibitors of ethylene synthesis and senescence in carnation flowers. Sci Hortic 22: 173-180

深井誠一・上原廣大（2006）キンギョソウ切り花の品質保持に対するカルシウム処理の効果．園学研 5: 465-471

Gerasopoulos D and Chebli B (1999) Effects of pre and postharvest calcium application on the vase life of cut gerberas. J Hort Sci Biotechnol 74: 78-81

Han SS (1995) Growth regulators delay foliar chlorosis of Easter lily leaves. J Am Soc Hort Sci 120: 254-258

Hicklenton PB (1991) GA$_3$ and benzylaminopurine delay leaf yellowing in cut *Alstroemeria* stems. HortScience 26: 1198-1199

Ichimura K and Goto R (2002) Extension of vase life of cut *Narcissus tazetta* var. *chinensis* flowers by combined treatment with STS and gibberellin A$_3$. J Jpn Soc Hort Sci 71: 226-230

Ichimura K and Hiraya T (1999) Effect of silver thiosulfate complex (STS) in combination with sucrose on the vase life of cut sweet pea flowers. J Jpn Soc Hort Sci 68: 23-27

Ichimura K and Hisamatsu T (1999) Effect of continuous treatment with sucrose on the vase life, soluble carbohydrate concentrations, and ethylene production of cut snapdragon flowers. J Jpn Soc Hort Sci 68: 61-66

Ichimura K and Hisamatsu T (2006) Effects of continuous treatments with glucose, sucrose, mannitol, or a combination, on the vase life of cut snapdragon flowers. Bull Natl Inst Flor Sci 5: 45-53

Ichimura K and Suto K (1999) Effects of the time of sucrose treatment on the vase life, soluble carbohydrate concentrations and ethylene production in cut sweet pea flowers. Plant Growth Regul 28: 117-122

Ichimura K et al. (1999) Effects of temperature, 8-hydroxyquinoline sulfate and sucrose on the vase life of cut rose flowers. Postharv Biol Technol 15: 33-40

Ichimura K et al. (1999) Possible roles of methyl glucoside and *myo*-inositol in the opening of cut rose flowers. Ann Bot 83: 551-557

Ichimura K et al. (2000) Soluble carbohydrate in *Delphinium* and their influence on sepal abscission in cut flowers. Physiol Plant 108: 307-313

Ichimura K et al. (2002) Effect of 1-methylcyclopropene (1-MCP) on the vase life of cut carnation, *Delphinium* and sweet pea flowers. Bull Natl Inst Flor Sci 2: 1-8

Ichimura K et al. (2006) Extension of the vase life in cut roses by treatment with glucose, isothiazolinonic germicide, citric acid and aluminum sulphate solution. JARQ 40: 263-269

Ichimura K et al. (2008) Effects of silver thiosulfate complex (STS), sucrose and combined pulse treatments on the vase life of cut snapdragon flowers. Environ Control Biol 46: 155-162

市村一雄ら（2009）キンギョソウ切り花におけるアントシアニンとオーロン生合成に及ぼす糖質の影響．園学研 8（別2）：300

Iwaya-Inoue M and Takata M (2001) Trehalose plus chloramphenicol prolong the vase life of tulip flowers. HortScience 36: 946-950

Jones RB and Hill M (1993) The effect of germicides on the longevity of cut flowers. J Am Soc Hort Sci 118: 350-354

Kaltaler REL and Steponkus PL (1976) Factors affecting respiration in cut roses. J Am Soc Hort Sci 101: 352-354

Kawabata S et al. (1999) The regulation of anthocyanin biosynthesis in *Eustoma grandiflorum* under low light conditions. J Jpn Soc Hort Sci 68: 519-526

Kirchner J et al. (1993) Effects of novel oxime ether derivatives of aminooxyacetic acid on ethylene formation in leaves of oilseed rape and barley and on carnation flower. Plant Growth Regul 13: 41-46

Knee M (2000) Selection of biocides for use in floral preservatives. Postharv Biol Technol 18: 227-234

Liu J et al. (2009) Nano-silver pulse treatments inhibit stem-end bacteria on cut gerbera cv. Ruikou flowers. Postharv Biol Technol 54: 59-62

Lü P et al. (2010) Nano-silver pulse treatments improve water relations of cut rose cv. Movie Star flowers. Postharv Biol Technol 57: 196-202

Midoh N et al. (1996) Effects of 1,1-dimethyl-4-(phenylsulfonyl)semicarbazide (DPSS) on carnation flower longevity. Plant Growth Regul 20: 195-199

Moalem-Beno D et al. (1997) Sugar-dependent gibberellin-induced chalcone synthase gene expression in petunia corollas. Plant Physiol 113: 419-424

Ohkawa K et al. (1999) Mobility and effects on vase life of silver-containing compounds in cut rose flowers. HortScience 34: 112-113

Onozaki T et al. (1998) Effect of calcium nitrate addition to α-aminoisobutyric acid (AIB) on the prolongation of the vase life of cut carnation flowers. J Jpn Soc Hort Sci 67: 198-203

Otsubo M and Iwaya-Inoue M (2000) Trehalose delays senescence in cut gladiolus spikes. HortScience 35: 1107-1110

Paulin A and Jamain C (1982) Development of flowers and changes in various sugars during opening of cut carnations. J Am Soc Hort Sci 107: 258-261

Serek M et al. (1994) Novel gaseous ethylene binding inhibitor prevents ethylene effects in potted flowering plants. J Am Soc Hort Sci 119: 1230-1233

Serrano M et al. (1990) Action and mechanism of α-aminoisobutyric acid as a retardant of cut carnation senescence. Sci Hortic 44: 127-134

Serrano M et al. (2001) Preservative solutions containing boric acid delay senescence of carnation flowers. Postharv Biol Technol 23: 133-142

Shimamura M et al. (1997) Effects of α-aminoiso-butyric acid and sucrose on the vase life of hybrid *Limonium*. Postharv Biol Technol 12: 247-253

Shimizu H and Ichimura K (2005) Effects of silver thiosulfate complex (STS), sucrose and their combination on the quality and vase life of cut *Eustoma* flowers. J Jpn Soc Hort Sci 74: 381-385

Shimizu-Yumoto H and Ichimura K (2010) Combination pulse treatment of 1-naphthaleneacetic acid and aminoethoxyvinylglycine greatly improves postharvest life in cut *Eustoma* flowers. Postharv Biol Technol 56: 104-107

Shimizu-Yumoto H et al. (2010) Effect of abscisic acid on the distribution of exogenous carbon derived from sucrose applied to cut *Eustoma* flowers. J Hort Sci Biotech 85: 83-87

Sisler EC et al. (1986) Effect of antagonists of ethylene action on binding of ethylene in cut carnations. Plant Growth Regul 4: 213-218

Torre S et al. (1999) Calcium regulation of senescence in rose petals. Physiol Plant 107: 214-219

Toshima H et al. (1993) Inhibitory effect of coronamic acid derivatives on senescence in cut carnation flowers. Biosci Biotechnol Biochem 57: 1394-1395

宇田　明ら（1990）切り花の花もち延長．第5報　界面活性剤前処理がストック切り花の吸水に及ぼす影響．兵庫中農技研報（農業）38: 59-64

宇田　明ら（1994）品質保持剤STSの前処理が草花類の品質保持期間に及ぼす影響．近畿中国農研 87: 32-35

宇田　明ら（1997）新規エチレン阻害剤の前処理によるカーネーション、ラークスパーおよびスイートピー切り花の品質保持期間の延長．近畿中国農研 93: 65-70

Ueyama S and Ichimura K (1998) Effects of 2-hydroxy-3-ionene chloride polymer on the vase life of cut rose flower. Postharv Biol Technol 14: 65-70

van Doorn WG et al. (1989) Role of endogenous bacteria in vascular blockage of cut rose flowers. J Plant Physiol 134: 375-381

van Doorn WG et al. (1990) Effect of antimicrobial compounds on the number of bacteria in stems of cut rose flowers. J Appl Bacteriol 68: 117-122

van Doorn WG et al. (1992) Effect of exogenous hormones on leaf yellowing in cut flowering branches of *Alstroemeria pelegrina* L. Plant Growth Regul 11: 59-62

Veen H (1979) Effects of silver on ethylene synthesis and action in cut carnations. Planta 145: 467-470

Veen H (1983) Silver thiosulphate: an experimental tool in plant science. Sci Hortic 20: 211-224

Wang H and Woodson WR (1989) Reversible inhibition of ethylene action and interruption of petal senescence in carnation flowers by norbornadiene. Plant Physiol 89: 434-438

Yamamoto K et al. (1992) Inhibition of wilting and autocatalytic ethylene production in cut carnation flowers by *cis*-propenylphosphonic acid. Plant Growth Regul 11: 405-409

Yamamoto K et al. (1994) Delaying flower opening of cut roses by *cis*-propenylphosphonic acid. J Jpn Soc Hort Sci 63: 159-166

Yamane K et al. (2004) Effects of exogenous ethylene and 1-MCP on ACC oxidase activity, ethylene production and vase life in *Cattleya alliances*. J Jpn Soc Hort Sci 73: 128-133

【第4章】予冷、保管および輸送

土井元章ら（1999）シュッコンカスミソウ切り花の品質保持に及ぼす輸送環境の影響．園学雑 68: 635-639

土井元章ら（1999）シュッコンカスミソウ切り花における「黒花」発生機構とつぼみ収穫による発生の回避．園学雑 68: 854-860

Hu Y et al. (1998) Competitive water relations between leaves and flower bud during transport of cut roses. J Jpn Soc Hort Sci 67: 532-536

Hu Y et al. (1998) Improving the longevity of cut roses by cool and wet transport. J Jpn Soc Hort Sci 67: 681-684

Ichimura K and Shimizu-Yumoto H (2007) Extension of the vase life of cut rose flowers by treatment with sucrose before and during simulated transport. Bull Natl Inst Flor Sci 7: 17-27

Ichimura K et al. (2009) Effect of gellan gum and MS inorganic salt gel formulations on the vase life of cut roses and physical properties of gel. J Jpn Soc Hort Sci 78: 443-449

市村一雄ら（2008）バラ切り花におけるスクロースと抗菌剤の出荷前および輸送中の処理による品質保持効果の実証．花き研報　8: 41-50

金森健一・小早川洋美（2006）脱気・密封による花きの鮮度保持効果に関する研究．第1報　保存温度、期間が切り花ボタンの開花に及ぼす影響．園学雑 75（別2）: 412

宮前治ら（2007）シュッコンカスミソウ切り花の乾式および湿式輸送条件下における輸送時間と温度が花持ちに及ぼす影響．園学研 6: 289-294

宮前治ら（2009）湿式輸送時の糖処理によるシュッコンカスミソウ切り花の花持ち延長効果．園学研 8: 509-515

岡林秀典・山本　香（1998）グロリオーサ・ロスチャイルディアナの花持ちに及ぼす吸水材の効果．高知農技セ研報 7: 147-154

van Doorn WG and de Witte Y (1991) Effect of dry storage on bacterial counts in stems of cut rose flowers. HortScience 26: 1521-1522

van Doorn WG and Reid MS (1995) Vascular occlusion in stems of cut rose flowers exposed to air: Role of xylem anatomy and rates of transpiration. Physiol Plant 93: 624-629

山下市二ら（1999）スプレーギク切り花の activeMAP 包装貯蔵．園学雑 68: 622-627

湯本弘子（2009）トルコギキョウ（*Eustoma grandiflorum* (Raf.) Shinn.）切り花の品質保持に関する研究．花き研報 9: 91-135

湯本弘子・市村一雄（2009）脱酸素剤を用いた切り花包装技術．園学研 8（別2）: 299

【第5章】育種による花持ち性の改良
■ 従来育種による花持ち性の改良
（1）カーネーションの花持ち性育種

Brandt AS and Woodson WR (1992) Variation in flower senescence and ethylene biosynthesis among carnations. HortScience 27: 1100-1102

Mayak S and Tirosh T (1993) Unusual ethylene-related behavior in senescing flowers of the carnation Sandrosa. Physiol Plant 88: 420-426

Nukui H et al. (2004) Repressed ethylene production in the gynoecium of long-lasting flowers of the carnation 'White Candle': role of the gynoecium in carnation flower senescence. J Exp Bot 55: 641-650

Onozaki T et al. (2001) Genetic improvement of vase life of carnation flowers by crossing and selection. Sci Hortic 87: 107-120

Onozaki T et al. (2004) Video evaluation of ethylene sensitivity after anthesis in carnation (*Dianthus caryophyllus* L.) flowers. Sci Hortic 99: 187-197

Onozaki T et al. (2008) Selection of ethylene resistant carnation (*Dianthus caryophyllus* L.) by video recording system and their response to ethylene. Sci Hortic 116: 205-212

小野崎　隆ら(2006)花持ち性の優れるカーネーション農林１号'ミラクルルージュ'および同２号'ミラクルシンフォニー'の育成経過とその特性. 花き研報 5: 1-16

Tanase K et al. (2008) Differential expression levels of ethylene biosynthetic pathway genes during senescence of long-lived carnation cultivars. Postharv Biol Technol 47: 210-217

Woltering EJ et al. (1993) Roles of ethylene production and sensitivity in senescence of carnation flower (*Dianthus caryophyllus*) cultivars White Sim, Chinera and Epomea. J Plant Physiol 141: 329-335

Wu MJ et al. (1991) Variation in the senescence of carnation (*Dianthus caryophyllus* L.) cultivars. I. Comparison of flower life, respiration and ethylene biosynthesis. Sci Hortic 48: 99-107

Wu M.J et al. (1991) Variation in the senescence of carnation (*Dianthus caryophyllus* L.) cultivars. II. Comparison of sensitivity to exogenous ethylene and of ethylene binding. Sci Hortic 48: 109-116

（２）バラの花持ち性の品種間差

Ichimura K et al. (2002) Variations with the cultivar in the vase life of cut rose flowers. Bull Natl Inst Flor Sci 2: 9-20

Ichimura K et al. (2005) Soluble carbohydrates and variation in vase-life of cut 'Delilah' and 'Sonia' rose cultivars. J Hort Sci Biotechnol 80: 280-286

van Doorn WG and Reid MS (1995) Vascular occlusion in stems of cut rose flowers exposed to air: Role of xylem anatomy and rates of transpiration. Physiol Plant 93: 624-629

（３）トルコギキョウの花持ち性の品種間差

本図竹司・槇原智子（2001）品質保持特性を考慮したトルコギキョウの品種比較. 茨城農総セ園研報 9: 23-28

清水弘子・市村一雄（2002）トルコギキョウ切り花の花持ちにおける受粉の関与. 園学雑 71: 449-451

湯本弘子（2009）トルコギキョウ（*Eustoma grandiflorum* (Raf.) Shinn.）切り花の品質保持に関する研究. 花き研報 9: 91-135

湯本弘子・市村一雄（2009）トルコギキョウ未受粉小花の花持ちの品種間差におけるエチレンの関与. 園学研 8: 359-364

（４）デルフィニウムの花持ち性育種

岡本充智・市村一雄（2010）シネンシス系デルフィニウム切り花における受粉によるエチレン生成量の変化. 園学研 9（別1）: 218

Tanase K et al. (2009) Ethylene sensitivity and changes in ethylene production during senescence in long-lived *Delphinium* flowers without sepal abscission. Postharv Biol Technol 52: 310-312

徳弘晃二ら（2006）がく片が脱離しないデルフィニウム種間雑種の作出. 園学研 5: 357-361

（5）キンギョソウの花持ち性の品種間差

加藤美紀ら（2008）キンギョソウの受粉後の落花とエチレン生成との関係．園学研 7（別 2）：331

Martin WJ and Stimart DP (2003) Early generation evaluation in *Antirrhinum majus* for prediction of cutflower postharvest longevity. J Am Soc Hort Sci 128: 876-880

Schroeder KR and Stimart DP (2001) Genetic analysis of cut-flower longevity in *Antirrhinum majus* L. J Am Soc Hort Sci 126: 200-204

Schroeder KR and Stimart DP (2005) Comparison of stomatal density and postharvest transpiration between long- and short-lived cut flower genotypes of *Antirrhinum majus* L. J Am Soc Hort Sci 130: 742-746

Weber JA et al. (2005) Genetics of postharvest longevity and quality traits in late generation crosses of *Antirrhinum majus* L. J Am Soc Hort Sci 130: 694-699

（6）ガーベラの花持ち性育種

van Doorn WG and de Witte Y (1994) Effect of bacteria on scape bending in cut *Gerbera jamesonii* flowers. J Am Soc Hort Sci 119: 568-571

Wernett HC et al. (1996) Postharvest longevity of cut-flower *Gerbera*. I. Response to selection for vase life components. J Am Soc Hort Sci 121: 216-221

Wernett HC et al. (1996) Postharvest longevity of cut-flower *Gerbera*. II. Heritability of vase life. J Am Soc Hort Sci 121: 222-224

◾ 遺伝子組換えによる花持ち性の改良

Aida R et al. (1998) Extension of flower longevity in transgenic torenia plants incorporating ACC oxidase transgene. Plant Sci 138: 91-101

Bovy AG et al. (1999) Heterologous expression of the *Arabidopsis etr1-1* allele inhibits the senescence of carnation flowers. Mol Breed 5: 301-308

Chang H et al. (2003) Overproduction of cytokinins in petunia flowers transformed with P_{SAG12}-IPT delays corolla senescence and decreases sensitivity to ethylene. Plant Physiol 132: 2174-2183

Cui ML et al. (2004) Overexpression of a mutated melon ethylene receptor gene *Cm-ETR1/H69A* confers reduced ethylene sensitivity in a heterologous plants, *Nemesia strumosa*. Plant Sci 167: 253-258

Eason JR et al. (2005) Suppression of the cysteine protease, aleurain, delays floret senescence in *Brassica oleracea*. Plant Mol Biol 57: 645-657

Hopkins M et al. (2007) Regulation and execution of molecular disassembly and catabolism during senescence. New Phytol 175: 201-214

Huang LC et al. (2007) Delayed flower senescence of *Petunia hybrida* plants transformed with antisense broccoli ACC synthase and ACC oxidase genes. Postharv Biol Technol 46: 47-53

Iwazaki Y et al. (2004) Generation and ethylene production of transgenic carnations harboring ACC synthase cDNA in sense and antisense orientation. J Appl Hort 6: 67-71

Narumi T et al. (2005) Transformation of chrysanthemum with mutated ethylene receptor genes: mDG-ERS1 transgenes conferring reduced ethylene sensitivity and characterization of the transformants. Postharv Biol Technol 37: 101-110

鳴海貴子ら (2007) シロイヌナズナ由来 EIN3 キメラリプレッサー遺伝子導入によるエチレン非感受性キクの作出．園学研 6(別 2): 602

Savin K et al. (1995) Antisense ACC oxidase RNA delays carnation petal senescence. HortScience 30: 970-972

Shibuya K et al. (2004) The central role of PhEIN2 in ethylene responses throughout plant development in petunia. Plant Physiol 136: 2900-2912

Sriskandarajah S et al. (2007) Transgenic *Campanula carpatica* plants with reduced ethylene sensitivity. Plant Cell Rep 26: 805-813

Wilkinson JQ et al. (1997) A dominant mutant receptor from *Arabidopsis* confers ethylene insensitivity in heterologous plants. Nature Biotechnol 15: 444-447

【第 6 章】切り花を生産する条件と品質保持

Çelikel FG and Karaçali I (1991) A study of longevity of cut carnations (*Dianthus caryophyllus* L.) grown in Yalova (Istanbul). Acta Hort 298: 111-118

Çelikel FG and Karaçalý Ý (1995) Effect of preharvest factors on flower quality and longevity of cut carnations (*Dianthus caryophyllus* L.). Acta Hort 405: 156-163

深井誠一・上原廣大 (2006) キンギョソウ切り花の品質保持に対するカルシウム処理の効果．園学研 5: 465-471

船越桂市 (1984) キク切り花の形質および日持ちにおよぼす栽培環境条件の影響に関する研究．静岡農試特別報告 15: 1-66

Gerasopoulos D and Chebli B (1999) Effects of pre and postharvest calcium application on the vase life of cut gerberas. J Hort Sci Biotechnol 74: 78-81

Hanan JJ (1959) Influence of day temperatures on growth and flowering of carnations. Proc Am Soc Hort Sci 74: 692-703

In BC et al. (2007) Multivariate analysis of relations between postharvest environmental factors, postharvest morphological and physiological factors, and vase life of cut 'Asami Red' roses. J Jpn Soc Hort Sci 76: 66-72

In BC et al. (2009) A neural network technique to develop a vase life prediction model of cut roses. Postharv Biol Technol 52: 273-278

印 炳賤ら (2006) 'アサミレッド' バラ植物への送風処理が切花の収量、蒸散特性ならびに日持ち性に及ぼす効果．農業生産技術管理学会誌 13 : 64-69

石川高史ら (2006) 栽培時の遮光処理がキク切り花の日持ちと植物体内中の糖含量に及ぼす影響．愛知農総試研報 38: 127-132

小杉 清ら (1976) 栽培・貯蔵温度が切花の日持ちに及ぼす影響 第 2 報 球根アイリス．千葉大園学報 24: 1-3

Mayak S and Kofranek AM (1976) Altering the sensitivity of carnation flowers (*Dianthus caryophyllus* L.) to ethylene. J Am Soc Hort Sci 101: 503-506

Ménard C et al. (1996) Influence of nitrogen supply on ABA levels and flower senescence in *Rosa hybrida* cv Royalty. Acta Hort 424: 151-155

三浦泰昌ら（2000）小売店におけるスプレーカーネーション切り花の品質評価と品質保持期間，体内水分率および器官別糖含有量の関係．園学雑 69: 497-504

Monteiro JA et al. (2001) High production temperature increases postproduction flower longevity and reduces bud drop of potted miniature roses 'Meirutral' and 'Meidanclar'. HortScience 36: 953-954

Mortensen LM and Fjeld T (1998) Effects of air humidity, lighting period and lamp type on growth and vase life of roses. Sci Hortic 73: 229-237

Mortensen LM and Gislerød HR (1999) Influence of air humidity and lighting period on growth, vase life and water relations of 14 rose cultivars. Sci Hortic 82: 289-298

Pettersen RI and Gislerød HR (2003) Effects of lighting period and temperature on growth, yield and keeping quality of *Gerbera jamesonii* Bolus. Europ J Hort Sci 68: 32-37

Ranwala AP et al. (2000) Ancymidol drenches, reversed greenhouse temperatures, postgreenhouse cold storage, and hormone sprays affect postharvest leaf chlorosis in Easter lily. J Am Soc Hort Sci 125: 248-253

Serek M. (1991) Effects of pre-harvest supplementary irradiance on decorative value and ethylene evolution of *Campanula carpatica* 'Karl Foerster' flowers. Sci Hortic 48: 341-347

Shvarts M et al. (1997) Temperature effects on growth, pigmentation and post-harvest longevity of petunia flowers. Sci Hortic 69: 217-227

Starkey KR and Pedersen AR (1997) Increased levels of calcium in the nutrient solution improves the postharvest life of potted roses. J Am Soc Hort Sci 122: 863-868

Tanase K et al. (2005)Effects of light intensity on flower life of potted *Delphinium* plants. J Jpn Soc Hort Sci 74: 395-397

Torre S and Fjeld T (2001) Water loss and postharvest characteristics of cut roses grown at high or moderate relative air humidity. Sci Hortic 89: 217-226

横井政人ら（1975）栽培・貯蔵温度が切花の日持ちに及ぼす影響　第１報　フリージア．千葉大園学報 23: 1-3

横井政人ら（1977）栽培・貯蔵温度が切花の日持ちに及ぼす影響　第３報　チューリップ．千葉大園学報 25: 1-4

【第 7 章】切り花取り扱いの実際

Darras AI et al. (2005) Vapour pressure treatment suppresses specking caused by *Botrytis cinerea* on cut *Freesia hybrida* L. flowers. Postharv Biol Technol 38: 175-182

Darras AI et al. (2007) Efficacy of postharvest treatments with acibenzolar-S-methyl and methyl jasmonate against *Botrytis cinerea* infecting cut *Freesia hybrida* L. flowers. Aust Plant Pathol 36: 332-340

Darras AI et al. (2010) Postharvest UV-C irradiation on cut *Freesia hybrida* L. inflorescences suppresses petal specking caused by *Botrytis cinerea*. Postharv Biol Technol 55: 186-188

Doi M et al. (2000) Water relations of cut roses as influence by vapor pressure deficits and temperatures. J Jpn Soc Hort Sci 69: 584-589

土井元章・釣賀美帆（2009）キクシュートの水あげと生け水の物理的特性との関係．園学研 8: 235-241

土井元章ら（2000）異なる水蒸気圧で保持したバラ切り花の水関係に影響する要因．園学雑 69: 517-519

Hazendonk A et al. (1995) Method to test rose cultivars on their susceptibility to *Botrytis cinerea* during the pos-tharvest stage. Acta Hort 405: 39-45

市村一雄ら（2008）バラ切り花におけるスクロースと抗菌剤の出荷前および輸送中の処理による品質保持効果の実証．花き研報 8: 41-50

黒島　学ら（2008）STSとスクロースの組み合わせ前処理がデルフィニウム切り花の品質と花持ちに及ぼす影響．園学研 7: 305-308

Macnish AJ et al. (2010) Sodium hypochlorite: A promising agent for reducing *Botrytis cinerea* on rose flowers. Postharv Biol Technol 58: 262-267

Mensink MG and van Doorn WG (2001) Small hydrostatic pressures overcome the occlusion by air emboli in cut rose stems. J Plant Physiol 158: 1495-1498

村濱　稔（2007）塩化ベンザルコニウム処理がストック切り花の水揚げに及ぼす影響．園学研 6: 487-490

Norikoshi R et al. (2006) Effects of the temperature of vase water on the vase life of cut rose flowers. Environ Control Biol 44: 85-91

Reid MS and Kofranek AM (1980) Recommendations for standardized vase life evaluations. Acta Hort 113: 171-173

van Doorn WG (1998) Effects of daffodil flowers on the water relations and vase life of roses and tulips. J Am Soc Hort Sci 123: 146-149

van Doorn WG and de Witte Y (1997) Sources of the bacteria involved in vascular occlusion of cut rose flowers. J Am Soc Hort Sci 122: 263-266

【第8章】切り花の品質保持各論
■ アイリス

Macnish AJ et al. (2010) Treatment with thidiazuron improves opening and vase life of iris flowers. Postharv Biol Technol 56: 77-84

豊原憲子ら（2005）前処理方法および観賞時の温度がアイリス切り花の開花に及ぼす影響．大阪食とみどり技セ研報 41: 1-6

■ アルストロメリア

Hicklenton PB (1991) GA_3 and benzylaminopurine delay leaf yellowing in cut *Alstroemeria* stems. HortScience 26: 1198-1199

van Doorn WG et al. (1992) Effect of exogenous hormones on leaf yellowing in cut flowering branches of *Alstroemeria pelegrina* L. Plant Growth Regul 11: 59-62

Wagstaff C et al. (2005) Ethylene and flower longevity in *Alstroemeria*: relationship between tepal senescence, abscission and ethylene biosynthesis. J Exp Bot 56: 1007-1016

3 カーネーション

Jones RB and Hill M (1993) The effect of germicides on the longevity of cut flowers. J Am Soc Hort Sci 118: 350-354

小山佳彦・宇田　明（1994）カーネーションのつぼみ開花および品質に及ぼす温度，照度，ショ糖濃度の影響．園学雑 63: 203-209

小山佳彦・宇田　明（1994）つぼみ切りカーネーションの貯蔵および開花法．園学雑 63: 211-217

Larsen PB et al. (1995) Pollination-induced ethylene in carnation. Role of pollen tube growth and sexual compatibility. Plant Physiol 108: 1405-1412

水口　聡ら（2005）カーネーションの蕾開花促進における採取ステージおよび温度が出荷までの日数や切り花品質に及ぼす影響．農業施設 36: 153-159

水口　聡ら（2007）スクロース処理が蕾切りカーネーションの切り花品質および糖質濃度に及ぼす影響．園学研 6: 591-596

水口　聡ら（2008）高濃度スクロース処理が蕾切りカーネーションの花色発現および花弁中の糖質とアントシアニン濃度に及ぼす影響．園学研 7: 277-281

宇田　明ら（1994）界面活性剤を添加した STS によるスプレーカーネーションの品質保持期間延長．園学雑 63: 645-652

宇田　明ら（1995）STS 溶液の $AgNO_3$ と $Na_2S_2O_3 \cdot 5H_2O$ の混合比率がカーネーション切り花の銀の吸収と分布および品質保持期間に及ぼす影響．園学雑 64: 185-191

宇田　明ら（1996）STS 溶液の濃度と処理時間がカーネーション切り花の Ag の吸収と分布および品質保持期間延長に及ぼす影響．園学雑 64: 927-933

ten Have A and Woltering EJ (1997) Ethylene biosynthetic genes are differentially expressed during carnation (*Dianthus caryophyllus* L.) flower senescence. Plant Mol Biol 34: 89-97

Wu MJ et al. (1991) Variation in the senescence of carnation (*Dianthus caryophyllus* L.) cultivars. II. Comparison of sensitivity to exogenous ethylene and of ethylene binding. Sci Hortic 48: 109-116

4 ガーベラ

van Doorn WG and de Witte Y (1994) Effect of bacteria on scape bending in cut *Gerbera jamesonii* flowers. J Am Soc Hort Sci 119: 568-571

van Meeteren U (1978) Water relations and keeping-quality of cut gerbera flowers. I. The cause of stem break. Sci Hortic 8: 65-74

van Meeteren U (1978) Water relations and keeping-quality of cut gerbera flowers. II. Water balance of ageing flowers. Sci Hortic 9: 189-197

5 キク

Doi M et al. (2003) Ethylene-induced leaf yellowing in cut chrysanthemums (*Dendranthema grandiflora* Kitamura). J Jpn Soc Hort Sci 72: 533-535

Doi M et al. (2004) Leaf yellowing of cut standard chrysanthemum (*Dendranthema grandiflora* Kitamura) 'Shuho-no-chikara' induced by ethylene and the postharvest increase in ethylene sensitivity. J Jpn Soc Hort Sci 73: 229-234

船越桂市(1984)キク切り花の形質および日持ちにおよぼす栽培環境条件の影響に関する研究. 静岡農試特別報告 15: 1-66

峯 大樹ら(2008)銀イオンの短時間処理による秋ギク切り花の品質保持期間延長. 園学研 7(別 1): 249

van Doorn WG and Cruz P (2000) Evidence for a wounding-induced xylem occlusion in stems of cut chrysanthemum flowers. Postharv Biol Technol 19: 73-83

van Doorn WG and Vaslier N (2002) Wounding-induced xylem occlusion in stems of cut chrysanthemum flowers: roles of peroxidase and cathechol oxidase. Postharv Biol Technol 26: 275-284

6 キンギョソウ

Friedman H et al. (1998) Inhibition of the gravitropic response of snapdragon spikes by calcium-channel blocker lanthanum chloride. Plant Physiol 118: 483-492

Ichimura K and Hisamatsu T (2006) Effects of continuous treatments with glucose, sucrose, mannitol, or a combination, on the vase life of cut snapdragon flowers. Bull Natl Inst Flor Sci 5: 45-53

Ichimura K et al. (2008) Effects of silver thiosulfate complex (STS), sucrose and combined pulse treatments on the vase life of cut snapdragon flowers. Environ Control Biol 46: 155-162

市村一雄ら(2007)キンギョソウ切り花の花持ちに関わる要因. 園学研 6(別 2): 341

加藤美紀ら(2008)キンギョソウの受粉後の落花とエチレン生成との関係. 園学研 7(別 2): 331

Nowak J. (1981) Chemical pre-treatment of snapdragon spikes to increase cut-flower longevity. Sci Hortic 15: 255-262

Philosoph-Hadas S et al. (1996) Regulation of the gravitropic response and ethylene biosynthesis in gravistimulated snapdragon flower spikes by calcium chelators and ethylene inhibitors. Plant Physiol 110: 301-310

7 グラジオラス

Jones RB et al. (1994) The effect of protein synthesis inhibition on petal senescence in cut bulb flowers. J Am Soc Hort Sci 119: 1243-1247

Mayak S et al. (1973) improvement of opening of cut gladioli flowers by pretreatment with high sugar concentrations. Sci Hortic 1: 357-365

Serek M et al. (1994) Role of ethylene in opening and senescence of *Gladiolus* sp. flowers. J Am Soc Hort Sci 119: 1014-1019

Yamane K et al. (1995) Export of ^{14}C-sucrose, ^{3}H-water, and fluorescent tracers from gladiolus florets to other plant parts associated with senescence. Acta Hort 405: 269-276

8 シュッコンカスミソウ

土井元章ら(1999)シュッコンカスミソウ切り花の品質保持に及ぼす輸送環境の影響. 園学雑 68: 635-639

土井元章ら（1999）シュッコンカスミソウ切り花における「黒花」発生機構とつぼみ収穫による発生の回避．園学雑 68: 854-860

Downs CG et al. (1988) Bud-opening treatment to improve *Gypsophila* quality after transport. Sci Hortic 34: 301-310

Farnham DS et al. (1978) Bud opening of *Gypsophila paniculata* L. cv. Perfecta with Physan-20. J Am Soc Hort Sci 103: 382-383

Marousky FJ (1977) Control of bacteria in gypsophila vase water. Proc Fla State Hort Sci 90: 297-299

宮前治加ら（2007）シュッコンカスミソウ切り花の乾式および湿式輸送条件下における輸送時間と温度が花持ちに及ぼす影響．園学研 6: 289-294

宮前治加ら（2009）湿式輸送時の糖処理によるシュッコンカスミソウ切り花の花持ち延長効果．園学研 8: 509-515

van Doorn WG and Reid MS (1992) Role of ethylene in flower senescence of *Gypsophila paniculata* L. Postharv Biol Technol 1: 265-272

9 スイートピー

Ichimura K and Hiraya T (1999) Effects of silver thiosulfate complex (STS) in combination with sucrose on the vase life of cut sweet pea flowers. J Jpn Soc Hort Sci 68: 23-27

Ichimura K and Suto K (1999) Effects of the time of sucrose treatment on the vase life, soluble carbohydrate concentrations and ethylene production in cut sweet pea flowers. Plant Growth Regul 28: 117-122

Ichimura K et al. (2002) Effect of 1-methylcyclopropene (1-MCP) on the vase life of cut carnation, *Delphinium* and sweet pea flowers. Bull Natl Inst Flor Sci 2: 1-8

石原義啓ら（1991）スイートピー切り花の老化とエチレン生成．園学雑 60: 141-147

Mor Y et al. (1984) Pulse treatments with silver thiosulfate and sucrose improve the vase life of sweet peas. J Am Soc Hort Sci 109: 866-868

宇田 明（1986）切り花の花もち延長に関する研究．第2報 STS（Silver thiosulfate）がスイートピーの花もちに及ぼす効果．兵庫農総セ研報 34: 81-84

宇田 明ら（1997）新規エチレン阻害剤の前処理によるカーネーション、ラークスパーおよびスイートピー切り花の品質保持期間の延長．近畿中国農研 93: 65-70

11 ストック

Çelikel FG and Reid MS (2002) Postharvest handling of stock (*Matthiola incana*). HortScience 37: 144-147

村濱 稔（2007）塩化ベンザルコニウム処理がストック切り花の水揚げに及ぼす影響．園学研 6: 487-490

宇田 明ら（1990）切り花の花もち延長 第5報 界面活性剤前処理がストック切り花の吸水に及ぼす影響．兵庫中農技研報（農業）38: 59-64

13 チューリップ

Nichols R and Kofranek AM (1982) Reversal of ethylene inhibition of tulip stem elongation by silver thiosulphate. Sci Hortic 17: 71-79

Sexton R et al. (2000) Lack of ethylene involvement in tulip tepal abscission. Physiol Plant 108: 321-329

14 デルフィニウム

Ichimura K et al. (2000) Soluble carbohydrate in *Delphinium* and their influence on sepal abscission in cut flowers. Physiol Plant 108: 307-313

Ichimura K et al. (2009) Ethylene production by the gynoecium and receptacle is associated with sepal abscission in cut *Delphinium* flowers. Postharv Biol Technol 52: 262-267

黒島　学ら（2008）STSとスクロースの組み合わせ前処理がデルフィニウム切り花の品質と花持ちに及ぼす影響．園学研 7: 305-308

黒島　学ら（2009）デルフィニウム切り花におけるSTS処理後の花持ちの延長と銀含量．園学研 8: 353-357

徳弘晃二ら（2006）がく片が脱離しないデルフィニウム種間雑種の作出．園学研 5: 357-361

15 トルコギキョウ

Ichimura K and Goto R (2000) Acceleration of flower senescence by pollination in cut 'Asuka-no-nami' *Eustoma* flowers. J Jpn Soc Hort Sci 69: 166-170

Ichimura K and Korenaga M (1998) Improvement of vase life and petal color expression in several cultivars of cut *Eustoma* flowers using sucrose with 8-hydroxyquinoline sulfate. Bull Natl Inst Veg Ornam Plants Tea 13: 31-39

Ichimura K et al. (1998) Role of ethylene in senescence of cut *Eustoma* flowers. Postharv Biol Technol 14: 193-198

Kawabata S et al. (1999) The regulation of anthocyanin biosynthesis in *Eustoma grandiflorum* under low light conditions. J Jpn Soc Hort Sci 68: 519-526

Shimizu H and Ichimura K (2005) Effects of silver thiosulfate complex (STS), sucrose and their combination on the quality and vase life of cut *Eustoma* flowers. J Jpn Soc Hort Sci 74: 381-385

Shimizu-Yumoto H and Ichimura K (2006) Senescence of *Eustoma* flowers as affected by pollinated area of the stigmatic surface. J Jpn Soc Hort Sci 75: 66-71

Shimizu-Yumoto H and Ichimura K (2009) Abscisic acid, in combination with sucrose, is effective as a pulse treatment to suppress leaf damage and extend foliage vase-life in cut *Eustoma* flowers. J Hort Sci Biotech 84: 107-111

Shimizu-Yumoto H and Ichimura K (2010) Combination pulse treatment of 1-naphthaleneacetic acid and aminoethoxyvinylglycine greatly improves postharvest life in cut *Eustoma* flowers. Postharv Biol Technol 56: 104-107

湯本弘子（2009）トルコギキョウ（*Eustoma grandiflorum* (Raf.) Shinn.）切り花の品質保持に関する研究．花き研報 9: 91-135

湯本弘子・市村一雄（2007）トルコギキョウ切り花においてスクロース前処理時の相対湿度およびスクロース濃度が葉の障害発生および花持ちに及ぼす影響．園学研 6: 301-305

湯本弘子・市村一雄（2009）トルコギキョウ未受粉小花の花持ちの品種間差におけるエチレンの関与．園学研 8: 359-364

16 ニホンスイセン

Hunter DA et al. (2004) Role of ethylene in perianth senescence of daffodil (*Narcissus pseudonarcissus* L. 'Duch Master'). Postharv Biol Technol 32: 269-280

Ichimura K and Goto R (2000) Effect of gibberellin A_3 on leaf yellowing and vase life of cut *Narcissus tazetta* var. *chinensis* flowers. J Jpn Soc Hort Sci 69: 423-427

Ichimura K and Goto R (2002) Extension of vase life of cut *Narcissus tazetta* var. *chinensis* flowers by combined treatment with STS and gibberellin A_3. J Jpn Soc Hort Sci 71: 226-230

17 ハイブリッドスターチス

Doi M and Reid MS (1995) Sucrose improves the postharvest life of cut flowers of a hybrid *Limonium*. HortScience 30: 1058-1060

Shimamura M et al. (1997) Effects of α-aminoiso-butyric acid and sucrose on the vase life of hybrid *Limonium*. Postharv Biol Technol 12: 247-253

18 バラ

土井元章ら（2000）異なる水蒸気圧で保持したバラ切り花の水関係に影響する要因．園学雑 69: 517-519

Ichimura K and Shimizu-Yumoto H (2007) Extension of the vase life of cut rose flowers by treatment with sucrose before and during simulated transport. Bull Natl Inst Flor Sci 7: 17-27

Ichimura K and Ueyama S (1998) Effects of temperature and application of aluminum sulfate on the postharvest life of cut rose flowers. Bull Natl Inst Veg Ornam Plants Tea 13: 51-60

Ichimura K et al. (2003) Shortage of soluble carbohydrates is largely responsible for short vase life of cut 'Sonia' rose flowers. J Jpn Soc Hort Sci 72: 292-298

Ichimura K et al. (2006) Extension of the vase life in cut roses by treatment with glucose, isothiazolinonic germicide, citric acid and aluminum sulphate solution. JARQ 40: 263-269

Marousky FJ (1969) Vascular blockage, water absorption, stomatal opening, and respiration of cut 'Better Times' roses treated with 8-hydroxyquinoline citrate and sucrose. J Am Soc Hort Sci 94: 223-226

Ohkawa K et al. (1999) Mobility and effects on vase life of silver-containing compounds in cut rose flowers. HortScience 34: 112-113

Serek M (1993) Ethephon and silver thiosulfate affect postharvest characteristics of *Rosa hybrida* 'Victory Parade'. HortScience 28: 199-200

Ueyama S and Ichimura K (1998) Effects of 2-hydroxy-3-ionene chloride polymer on the vase life of cut rose flower. Postharv Biol Technol 14: 65-70

van Doorn WG et al. (1989) Role of endogenous bacteria in vascular blockage of cut rose flowers. J Plant Physiol 134: 375-381

Yamamoto K et al. (1994) Delaying flower opening of cut roses by *cis*-propenylphosphonic acid. J Jpn Soc Hort Sci 63: 159-166

19 フリージア

Woodson WR (1987) Postharvest handling of bud-cut freesia flowers. HortScience 22: 456-458

20 ブルースター

Hiraya T et al. (2002) Role of ethylene in senescence of cut *Oxpetalum* florets. J Jpn Soc Hort Sci 71: 59-61

平谷敏彦ら (2002) ブルースター (*Oxypetalum caeruleum*) 切り花の品質保持に及ぼすSTS、1-MCPおよびスクロース処理の影響. 園学研 1: 67-70

21 ユリ類

Elgar HJ (1999) Ethylene production by three lily species and their response to ethylene exposure. Postharv Biol Technol 16: 257-267

Han SS and Miller JA (2003) Role of ethylene in postharvest quality of cut oriental lily 'Stargazer'. Plant Growth Regul 40: 213-222

Song LL and Peng YH (2004) Effect of cold storage on sensitivity of cut lily to ethylene. J Hort Sci Biotechnol 79: 723-728

22 洋ラン類

Burg SP and Dijkman MJ (1967) Ethylene and auxin participation in pollen induced fading of *Vanda* orchid blossoms. Plant Physiol 42: 1648-1650

Goh CJ et al. (1985) Ethylene evolution and sensitivity in cut orchid flowers. Sci Hortic 26: 57-67

Porat R et al. (1994) Pollination-induced changes in ethylene production and sensitivity to ethylene in cut dendrobium orchid flowers. Sci Hortic 58: 215-221

Woltering EJ and Harren F (1989) Role of rostellum desiccation in emasculation-induced phenomena in orchid flowers. J Exp Bot 40: 907-912

Yamane K et al. (2004) Effects of exogenous ethylene and 1-MCP on ACC oxidase activity, ethylene production and vase life in *Cattleya alliances*. J Jpn Soc Hort Sci 73: 128-133

【著者略歴】

市村一雄 ［いちむら かずお］

1959 年 ◆ 埼玉県に生まれる
1983 年 ◆ 千葉大学園芸学部卒業
1989 年 ◆ 名古屋大学大学院農学研究科博士課程単位取得
　　　　　科学技術庁科学技術特別研究員を経て
1992 年 ◆ 農林水産省野菜・茶業試験場花き部　研究員
2001 年 ◆ (独)農業技術研究機構花き研究所流通技術研究室　室長
2005 年 ◆ 東京農業大学連携大学院客員教授(併任、現在まで)
2011 年 ◆ (独)農業・食品産業技術総合研究機構花き研究所　花き研究領域長
　　　　　現在にいたる

博士(農学)(名古屋大学)
園芸学会奨励賞、日本ばら切花協会大矢賞などを受賞

〒305-8519　茨城県つくば市藤本 2-1
(独)農業・食品産業技術総合研究機構花き研究所
TEL：029-838-6801
FAX：029-838-6841

切り花の品質保持

2011 年 6 月 14 日　第 1 版第 1 刷発行

著　者 ◆ 市村一雄
発行人 ◆ 鶴見治彦
発行所 ◆ 筑波書房
　　　　　東京都新宿区神楽坂 2-19 銀鈴会館 〒162-0825
　　　　　☎ 03-3267-8599
　　　　　郵便振替 00150-3-39715
　　　　　http://www.tsukuba-shobo.co.jp

定価はカバーに表示してあります。
印刷・製本＝平川工業社
ISBN978-4-8119-0387-3　C3061
Ⓒ Kazuo Ichimura, 2011 printed in Japan